ビジネス極意シリーズ

売上向上、業務効率化に直結

エクセルだけで 実践！「データ分析」

住中　光夫
Mitsuo Suminaka

■本書について

・本書は2003年発行の「Excelでマスターするビジネスデータ分析　実践の極意」（株式会社アスキー刊）に加筆修正を加え、新たに再編集したものです。

・操作はウインドウズXP、エクセル2003の画面を基本に説明しています。エクセル2007では、多少ウィンドウズの項目名や操作方法などに違いがある場合もありますが、基本的な手順は変わりません。

はじめに

●なぜ、ビジネスデータ分析が必要か

世界的な不況の中で、実務現場で緻密でかつ戦略的なビジネス活動が求められています。その中のひとつに、多量な実務データを分析して問題点や課題を発見し、その原因や要因を求め、より具体的な対策を立てる「ビジネスデータ分析」があります。

ビジネスデータ分析とは、実務現場のひとりひとりが行う数千数十万件の多量な実務データを用いた分析のことです。誰もがすぐに始められ、すぐに役立つビジネスデータ分析。しかし、その進め方や実践手法、利用ツールの活用方法はまだまだ広まってはいません。

●エクセルで実践するビジネスデータ分析

何万何十万件にもおよぶデータを、いとも簡単に分析できるツールがエクセルにあります。エクセルの中にある「ピボットテーブル」というデータ分析機能を利用すれば、誰もが今日からビジネスデータ分析を簡単に素早く行えます。ツールは、すでにパソコンの中にあり、数多くのデータもすでにあります。そこで、それらをどのような観点や切り口で分析し、そのためにはどのようなデータ加工やグラフ作成を行えばよいか、その手法や操作方法が強く求められています。

●売上を上げ、業務を画期的に効率化するビジネスデータ分析

筆者は、数万人の大手企業や数十人の中小企業の実務現場で、その企業の実務データを利用したデータ分析の研修や実践の仕組み作りを数多く実施し、多くの社員の売上拡大や業務効率化のお手伝いをしています。その方々からも、エクセルを利用したビジネスデータ分析の手法や操作方法を是非本にして欲しいという要望を多くいただきました。そこで2003年に「Excelでマスターするビジネスデータ分析　実践の極意」という本を出版し好評をいただいています。エクセル2007も出て、よりデータ分析の可能性と重要性が広がる中、今回この本に加筆修正した新装版を出版することになりました。

●今日から始めるビジネスデータ分析

本書では、ビジネスデータ分析の基本的な考え方から、実践的な要因分析などの手法、そして具体的なエクセルのピボットテーブルの操作方法などを簡易に読みやすくまとめてみました。

30年近くのライフワークである実務現場でのビジネスデータ分析を、数多くの方々が実践し、ビジネスを「早く」「楽に」「よいものに」そして「楽しく」する事に少しでもお役に立てれば幸いと思っています。

2009年4月
住中　光夫

目 次

STEP4 データ分析の手法と手順を覚えよう……71

STEP5 グラフの読み方、使い方をマスター……121

STEP6
一歩上を行くグラフ分析の実践テクニック …………145

STEP7
業務別データ分析の実践AtoZ …………179

STEP
1

データ分析の基本を押さえよう

1 あなたも今すぐデータ分析ができる

実務データを利用したデータ分析が求められている

データ分析というと、難しい統計学が思い浮かび、自分が行うことではないと思っている人も多いと思います。しかし、販売データなどの実務から得られる多量な生データを利用したビジネスデータ分析は、実は誰にでもできるのです。

それには、ツールとしてエクセルを利用します。エクセルの「ピボットテーブル」機能を使えば、難解な数式も必要なく、何万件もの多量データをいとも簡単に集計・グラフ化して、データの分析とその裏にある要因や原因を見つけ出すことができます。

しかし、ほとんどの人が、このピボットテーブルの考え方や機能を知りません。そのため、今日からすぐに多量なデータ分析ができるにも関わらず、その実践に手をつけていないのが現状です。

◆難しいのではなく「知らないだけ」

ビジネスデータ分析は、難しいものではありません。その考え方や進め方を知らないだけです。これまでは、統計学の難しい数式を利用したものだけが紹介され、それを理解して利用できる人、あるいはQC（Quality Control＝品質管理）活動などに関わった人だけが実践していました。

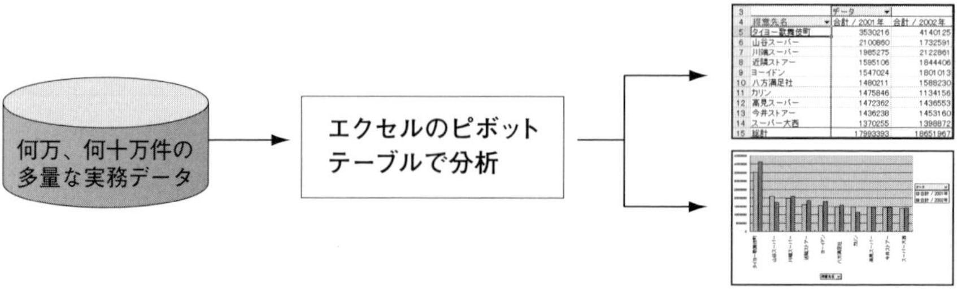

しかし、ビジネス環境が厳しくなり、数字に強いビジネスの必要性が叫ばれている現在、エクセルのピボットテーブルのように簡単ですぐに使えるツールもあり、実務現場で誰もが行うデータ分析が必要になってきました。

ビジネスデータ分析できめ細かいビジネス活動を

統計学を利用したデータ分析は、統計的に全体の動向を分析したり予測したりするものでした。これはマスマーケティングの時代には十分通用しましたし、もちろん今日でも有効な手法です。

しかし、多様化する現在においては、個々の事象をきめ細かく分析し、実務現場におけるワン・トゥ・ワン　マーケティングとして、個別に対応できるビジネス活動が求められています。それが、多量な生データを利用したビジネスデータ分析なのです。

「あなたが主役」の第一歩がデータ分析

◆インターネット時代は個人がビジネス活動の主役に

すでに国内のインターネット利用者は、8200万人を超えていると言われてます。IT革命とは、インターネットのコミュニケーションをベースとした情報民主主義の時代の到来でもあります。情報民主主義とは、ひとりひとりがビジネスや生活の中で情報の発信や活用を行う主役となることです。

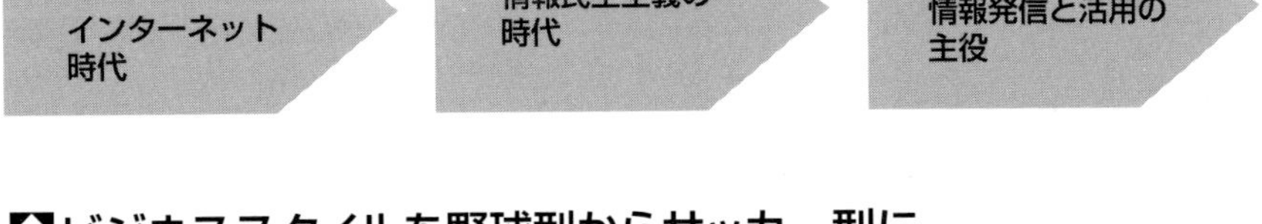
ＩＴ革命
インターネット時代
情報民主主義の時代
ひとりひとりが情報発信と活用の主役

◆ビジネススタイルを野球型からサッカー型に

野球のように、監督の指示で一球一球動く上意下達的な指示による行動や、与えられたポジションのみを忠実に守り、そこへ球が来たときだけ対処するという従来の役割分担型組織では、現在のビジネスへの対応が難しくなってきました。

大まかなポジションは決まっているが、ゴールという目標に全員が一丸となって取り組むサッカーは、フォワードが攻撃も守備も行い、ディフェンダーもゴールを目指し、それらの行動はそれぞれの意思とあうんの呼吸で行われます。これからは、このように各個人が自立し、なおかつ組織として活動していくサッカー型が求められています。このサッカー型ビジネス活動の実践の第一歩が、ひとりひとりが行うデータ分析です。

社内の体制作りと情報活用の仕組みを作る

いくら各個人がデータ分析を行っても、企業や組織としての情報活用の仕組みや体制が整っていなければ効果は上がりません。そこで、まずトップ層からの企業や組織全体で情報活用を行う方針の徹底と、データ利用のためのシステム構築の整備やパソコンの1人1台化など、ひとりひとりが情報を活用できる仕組みを作ります。次に、利用できる社内情報の整理を行い、活用する目的やシーンなどを組織的に共有します。

そして、すでにある帳票などから事実や問題点をつかみ、エクセルを利用して自由な観点でその要因分析などを行います。そして、対策の実行を行います。分析の切り口が決まったら、定型的な分析の仕組みとすることもできます。

データ分析を行うひとりひとりの知識を向上させる

多量な販売データなどを利用してビジネスデータ分析を行い、実業務に役立たせるには、実務現場のひとりひとりが積極的に取り組まねばなりません。データ分析を行うためには、次ページの表の5つの知識や力が必要となります。

本書では、次ページ表の2、3、4にあるデータ分析ツールとしてのエクセルの活用法と、表やグラフの読み方、社内データ分析の方法について説明します。

●データ分析で必要になる知識と力

必要になる知識や力	習得する内容	利用するシステム・ツール等
1. データや情報の入手や収集の仕方	社内データの入手方法、外部情報の入手方法	社内基幹システム、データウェアハウス、インターネット
2. パソコンとソフトの操作	パソコンの基本操作、データ分析ソフトの利用方法	パソコン、エクセル、OLAP（オンライン 分析処理）ツール
3. データの読み方	表の読み方、数字の読み方、グラフの読み方	データ分析の基本と応用、社内データの利用
4. データの分析の仕方	社内データの分析方法、外部情報の利用方法	エクセル、OLAPツール、インターネット
5. 情報の伝え方	ビジュアルプレゼンの方法、グループウェアやウェブでの発信方法	パワーポイント、グループウェア、イントラネット

経験と勘でデータの中の「真実」を見抜く

コンピュータの中に「真実」はありません。あるのは「事実」のみです。何が何個売れたかという事実のデータはあっても、なぜ売れたのか売れなかったのか、という真実はコンピュータの中にはありません。その真実は、人の頭の中にある「経験」に隠されています。売れなかった理由の要因や原因は、データの中にあるのではなく顧客先や実務現場にあります。そこで培った経験が、真実をつかむ大きな力となります。

21世紀のネットワーク社会を迎え、パソコンやネットワークもますます高機能になっていくでしょう。しかし、それは操作性や機能が向上するだけです。重要なことは、グラフを作成する力ではなく、グラフの裏を読んで原因を分析し、それに対処した行動が起こせる力です。それには、日頃の実務や現場での「経験」と「勘」が重要になります。

データの裏が見える現場の人こそデータ分析を

データとは「事実の羅列」、情報とは「見ることにより行動が起こせるもの」と定義しましょう。誰がデータを情報に変えるのでしょうか。それは、データの裏に現場が見える人です。顧客名を見た途端、顧客のビルや担当者の顔が浮かぶ人、つまり営業担当です。在庫商品名を見て即座に、倉庫のある場所や商品の荷姿が目に浮かぶ人は商品管理の人です。

この人達がデータ分析を行ってこそ、データが情報に変わり、情報から行動へと進んでいけるのです。ここに、実務現場を知るひとりひとりがビジネスデータ分析を行う必要性があります。

◆ビジネスリテラシーがビジネスデータ分析を強化する

「リテラシー」とは、読み書き能力のことです。「情報リテラシー」は、「デジタル化された情報の使いこなし力」と定義することができます。これは、デジタル化された数字や文字などを理解し加工する力のことです。

この情報リテラシーには、下表の3つのリテラシーがあります。この中で最も重要なのが、「ビジネスリテラシー」という実務能力です。

若くてパソコンが得意な人は実務経験や知識を増やし、またビジネス経験が豊富なベテラン社員はコンピュータリテラシーを強化する。これがビジネスデータ分析を役立つものにするこれからの対策です。

ビジネスリテラシー	コミュニケーションリテラシー	コンピュータリテラシー
・日頃の業務上の経験や勘、コツを知っている ・業務知識や業界知識がある ・報告書企画書の作成知識や技術がある ・情報加工分析の知識や技術がある	・プレゼン、発表、提案、説得の知識や技術がある ・会議や討論のための知識や技術がある ・対人折衝の知識や技術がある ・ネットワークでの情報伝達の知識や技術がある	・パソコンが操作できる ・表計算、ワープロが使える ・電子メールが使える ・インターネットが利用できる ・社内データが入手できる
全体の50%	全体の30%	全体の20%
情報判断能力 情報活用能力 情報創造能力	情報コミュニケーション能力	情報操作能力

2 | データ分析の基本は3ステップ

集計とグラフ化でデータを分析する

　ビジネスデータ分析は、サーバ上のデータベースやパソコンにある多量のビジネスデータを分析し、ビジネス活動に役立たせる情報活用のひとつです。多量なデータリスト形式のデータを、いろいろな角度からL型マトリックス表に集計し、グラフ化して誰もがわかる形にして、データの分析を行うものです。

●ビジネスデータ分析の基本

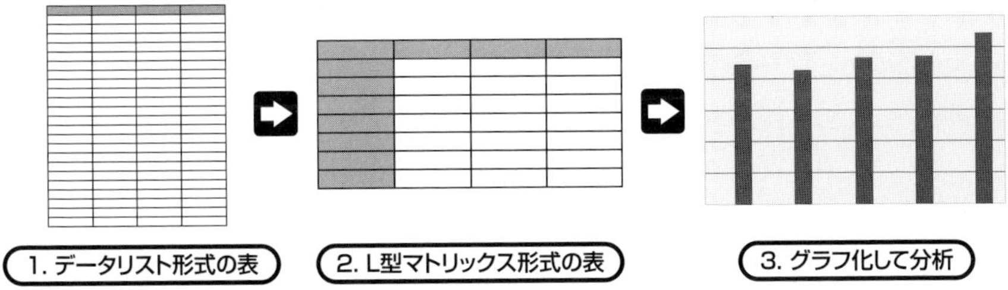

データリスト形式の表	頭1行に見出があり、その後何千、何万と繰り返しデータがある形式の表。コンピュータデータやデータベースのデータは、この形式になっている
L型マトリックス形式の表	行と列に見出があり、中に数値データがある形式の表。多量なデータを、まずこの形式に集計する
グラフ化して分析	L型マトリックス形式の表に集計されたものをグラフにすることで、誰もが理解できる形になる

ビジネスデータ分析の流れと進め方を覚える

　ビジネスデータ分析の具体的な流れと進め方は、次のようになります。

　まず、基幹業務データを利用する場合は、複雑な業務データベースから、必要なデータ項目をデータリスト形式の表として取り出します。

データウェアハウスなどでは、この形式でデータサーバ上にデータが取り出されています。

これらのデータリスト表をパソコンに取り込むか、ネットワークを介して直接サーバのデータを読みにいき、エクセルのピボットテーブル機能を使っていろいろなL型マトリックス表に加工・集計した後、グラフ化してデータ分析を行います。

データサーバのデータ以外に、パソコンに保存しているエクセルデータや、個別に作成したアンケートデータなどのデータリスト表も利用できます。

ここで重要なことは、データ分析の基となるデータが必ずデータリスト形式の表（小計や合計などの行がなく、列見出1行で構成されているもの）になっていることです。この形式の表であれば、L型マトリックス形式の表にして自由にグラフ化することができます。

●ビジネスデータ分析の流れ

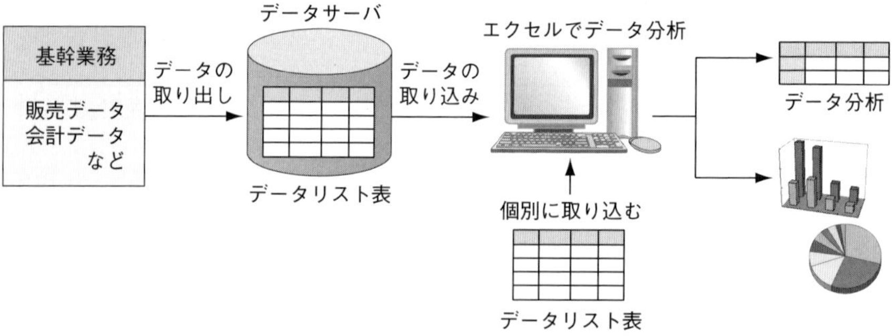

エクセルはデータベース活用ツール

◆エクセルの機能は50階建てのビルに相当

MS-DOS時代の表計算ソフトを3階建てのビルとすると、現在の表計算ソフトは、50階建てのビルに相当します。表計算機能は、20階から30階くらいまでで、その上はマルチメディア機能やデータベース機能のフロアです。しかし、ほとんどの人は3階位までの基本的な表計算機能しか利用していないのが実状です。

エクセルのデータベース機能は、40階以上のフロアにあります。しかし、階が高いからといって難しいわけではありません。歩いて階段で3階まで上がるのと、エレベータで40階まで上がるのとどちらが楽でしょうか。フロアが高くても、第一歩を踏み出せば、データベースの操作や活用は簡単なものです。

エクセルのビル

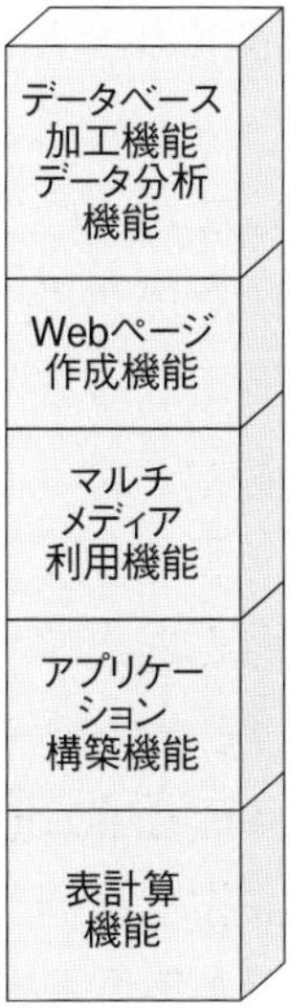

◆データベース活用に必要な4つの機能とは？

エクセルのデータベース機能では、データの加工や分析は、「抽出」「分類」「並べ替え」「集計」の4つの作業で行われます。

多量なデータを、いろいろな条件で「抽出」したり、さまざまな項目で「分類」したり、降順・昇順に「並べ替え」たり、「集計」したりすることが、データベースのデータ加工です。

そのデータベースの加工を行う機能が、メニューバーにある［データ］の役割です。［データ］にある各機能は、これら4つの機能を分担しています。そして、この4つの機能をすべて持っているのが「ピボットテーブル」です。

エクセルのピボットテーブル機能は正式には、［ピボットテーブルとピボットグラフ レポート］という名称です。ピボットテーブルによるL型マトリックスの集計機能、ピボットグラフによるグラフ作成機能、そしてそれらをレポートにする機能があります。

ピボットテーブル機能を定義すると次のようになります。

膨大な実務データを意思決定に役立たせるために、カテゴリー別に集計・分類し、グラフ化して、視点を変えてさまざまな切り口から分析するOLAPツール。このツールに不可欠なドリルダウン分析やスライス&ダイス分析が可能。

このピボットテーブル機能は、13ページの「ビジネスデータ分析の基本」の図がそのまま当てはまります。①エクセル上でデータリスト形式の表を→②さまざまな角度からL型マトリックス表にクロス集計し→③ピボットグラフでグラフ化する、という具合です。

ピボットテーブルもピボットグラフも共に、項目を自由に移動したり条件付けを行ったりして、別の観点の表やグラフが素早く簡単に作成できる機能を持った、ビジネスデータ分析の実践的なOLAPツールなのです。

今ある環境でもデータ分析は始められる

ある大手企業で数千万円かけて本格的なデータウェアハウスを導入しました。分析専門ソフトのOLAPソフトも100本導入し、一部の管理職から利用を始めました。

しかし、会議資料は良くなってもなかなか効果が現れません。現場ひとりひとりのデータ分析や情報活用が進んでいないため、具体的な効果につながらないのです。かといって、数千人の現場社員に1本10万〜20万円もするOLAPソフトを導入するわけにはいきません。情報システム担当役員が悩んでいると、エクセルのピボットテーブルでデータ分析ができるという話を聞きました。半信半疑で試してみると、十分に現場で利用できるとわかりました。

そのとき、その役員がつぶやいた言葉は「欲しいものは、すでにパソコンの中にあった。青い鳥はパソコンの中に存在していた」だそうです。

高い投資をしなくても、すでにあるエクセルでビジネスデータ分析はスタートできるのです。また、エクセルのピボットテーブルでビジネスデータ分析を現場から始め、その経験やノウハウが蓄積できた時点で、本格的なデータウェアハウスを導入するという手順を踏むこともできます。

STEP

2

ピボットテーブルの基本操作を知ろう

1 ピボットテーブルでデータ分析に挑戦

ピボットテーブルの操作の基本をつかもう

ピボットテーブルによるデータ分析の流れは、「データリスト形式の表」を「L型マトリックス表」に集計し、「グラフで分析する」ことです。

◆ピボットテーブルによるデータ分析の流れ

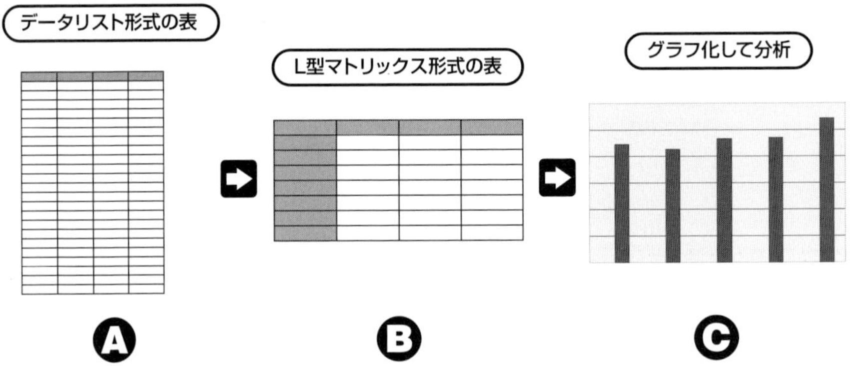

◆ピボットテーブルを使った実際の操作の流れ

	A	B	C	D	E	F
1	課名	担当者名	得意先名	地区名	業種名	売上額
2	営業１課	太田　俊正	ニコニコショップ	板橋区	コンビニ	6,296,857
3	営業１課	太田　俊正	スーパー川岡	板橋区	スーパー	7,240,920
4	営業１課	太田　俊正	スーパー高峰	板橋区	スーパー	2,203,821
5	営業１課	太田　俊正	東谷スーパー	板橋区	スーパー	2,782,679
6	営業１課	太田　俊正	スーパー橋本	板橋区	スーパー	2,431,234
7	営業１課	太田　俊正	スーパー中西	板橋区	スーパー	3,833,207
8	営業１課	太田　俊正	桜ヶ丘スーパー	板橋区	スーパー	4,297,159
9	営業１課	太田　俊正	スーパー志津	板橋区	スーパー	6,360,491
10	営業１課	太田　俊正	大滝スーパー	板橋区	スーパー	9,804,401
11	営業１課	太田　俊正	桑原スーパー	板橋区	スーパー	5,434,570
12	営業１課	太田　俊正	山幸スーパー	板橋区	スーパー	7,901,729
13	営業１課	太田　俊正	ホームセンターニシ	板橋区	ホームセンター	5,562,491
14	営業１課	太田　俊正	山谷スーパー	板橋区	ミニスーパー	10,926,233
15	営業１課	太田　俊正	スーパー田上	板橋区	ミニスーパー	1,613,436
16	営業１課	太田　俊正	スーパー大西	板橋区	ミニスーパー	8,205,710
17	営業１課	太田　俊正	上山田スーパー	板橋区	ミニスーパー	6,417,241
18	営業１課	太田　俊正	スーパー山川	板橋区	ミニスーパー	2,188,852
19	営業１課	太田　俊正	田上百貨店	板橋区	百貨店	4,998,073
20	営業１課	太田　俊正	スーパー光田	北区	スーパー	5,068,154
21	営業１課	太田　俊正	川端スーパー	北区	スーパー	11,503,162

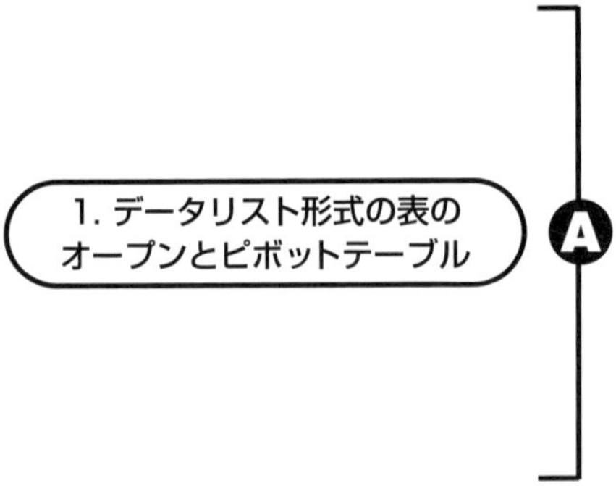

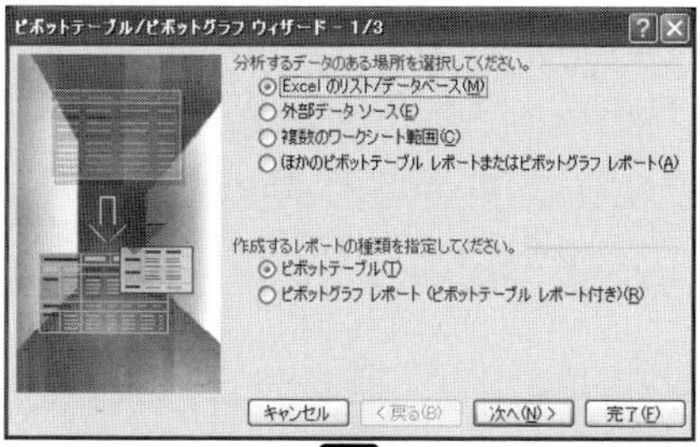

2. ピボットテーブル
ウィザードの表示

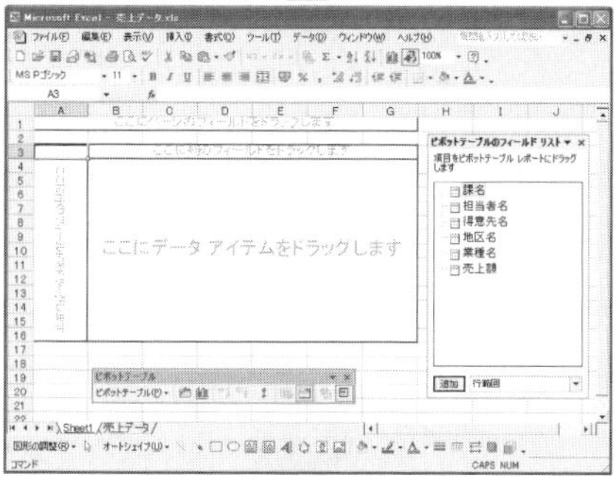

3. L型マトリックス
表作成用のシート

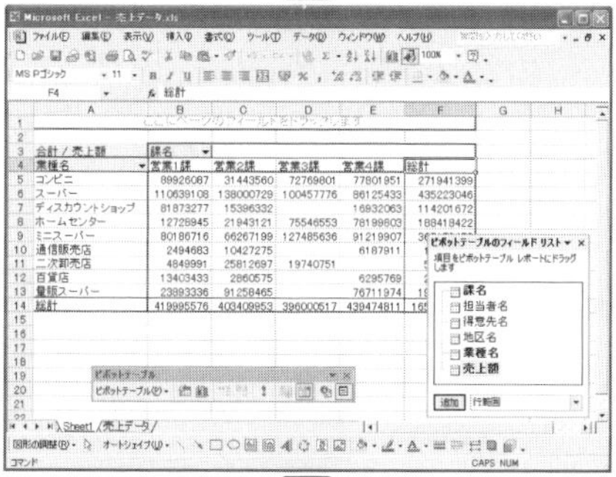

4. 完成したL型マトリックス表

B

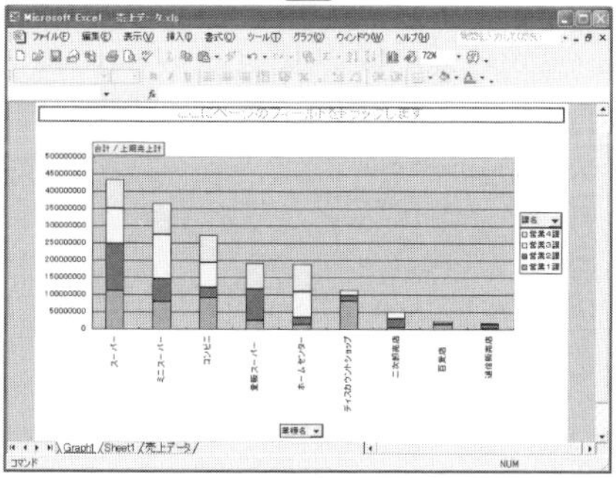

5. L型マトリックス表から
グラフ作成

C

◆ピボットテーブルウィザードの画面の意味

ピボットテーブル機能では、「ピボットテーブル/ピボットグラフウィザード」が表示されます。通常はエクセルの表からピボットテーブルを作成するので、1枚目の画面で［完了］ボタンをクリックします。

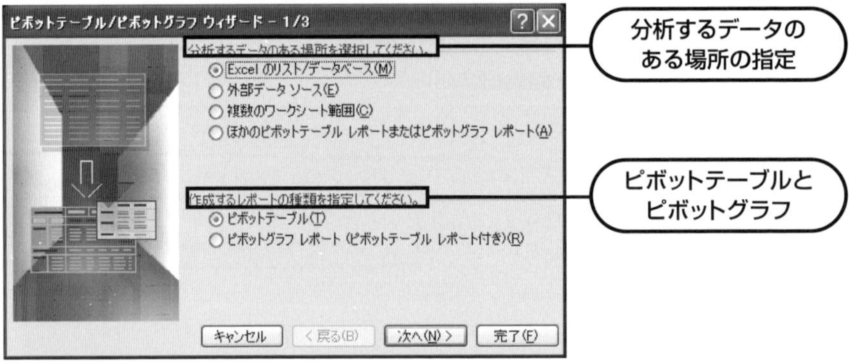

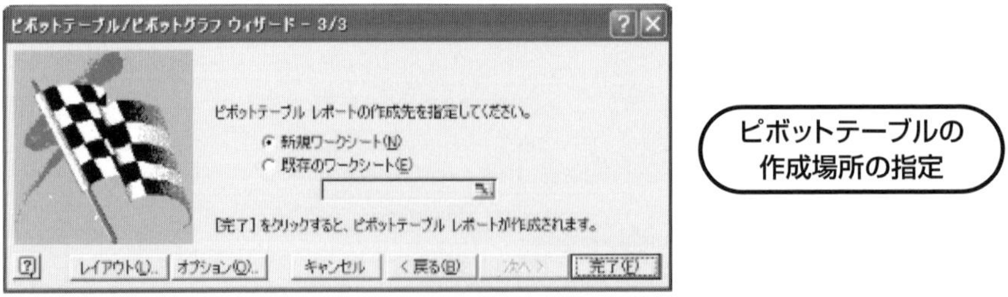

❗ワンポイント　ピボットテーブルウィザード

このウィザードは3画面で構成されます。2画面目では、使用するデータ範囲を指定します。ウィザード起動時にカーソルが表内にあれば、自動的に表全体が指定されるので通常は変更の必要はありません。
3画面目では、ピボットテーブルの作成場所を指定できます。通常は新規シートが分かりやすいので、既定値のままでかまいません。
上記理由により、これ以降の解説では2画面目と3画面目を表示させず、1画面目のウィザードで［完了］ボタンをクリックします。

多量データの分析を始めよう

さっそくデータ分析を開始してみましょう。ピボットテーブルを指定してデータ分析を行います。ここでは、その操作の開始部分を説明します。

操作事例 2-1　ピボットテーブルによるデータ分析を開始する

データリスト形式の売上データを利用して、ピボットテーブルを作成します。L型マトリックス表を作成するピボットテーブル操作の開始部分までの操作を説明します。

1 売上データの表示

売上データを表示します。

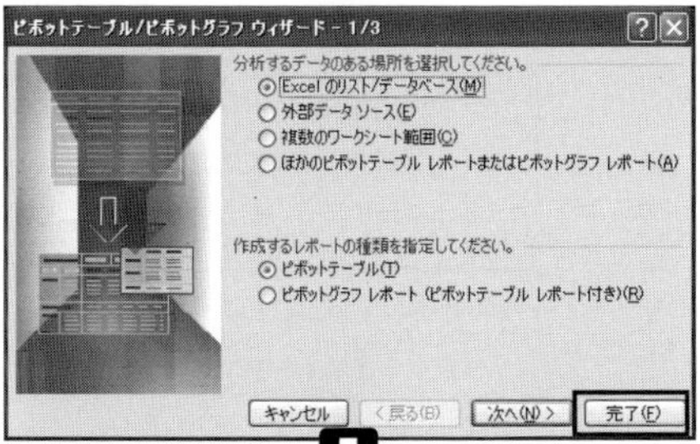

2 ウィザードの表示

［データ］メニューから［ピボットテーブルとピボットグラフテーブル］を選択し、起動したウィザードで［完了］ボタンをクリックします（エクセルのバージョンによる操作方法の違いは、23ページからを参照）。

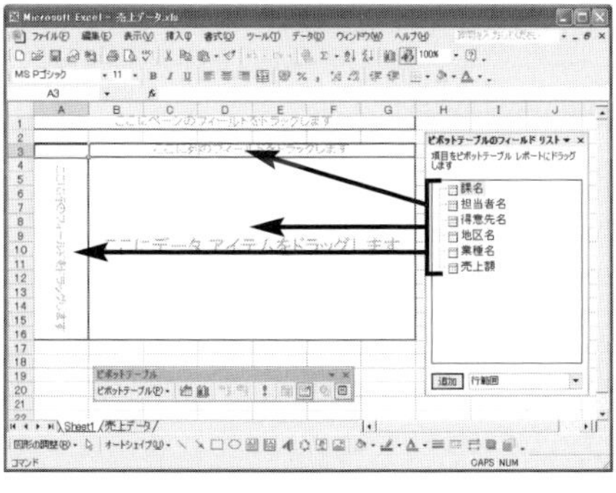

3 白紙の新規シート表示

ピボットテーブルの基本形式の白紙L型マトリックス表が表示されます。［ピボットテーブルのフィールドリスト］に表示されている任意の項目を各欄へドラッグし、L型マトリックス表を作成します。

ワンポイント　以降の解説について

これ以降のピボットテーブルに関する操作説明は、この白紙のL型マトリックス表を表示したところから開始します。

ワンポイント ピボットテーブルの各欄の名称と機能

本書では、下図のように各部分に名前を付け、これ以降の説明はすべてこの名前で説明します。

●行欄
基本的に文字列項目を入れます。

●ページ欄
抽出条件を設定するところで文字列項目を入れます。

●列欄
基本的に文字列項目を入れます。

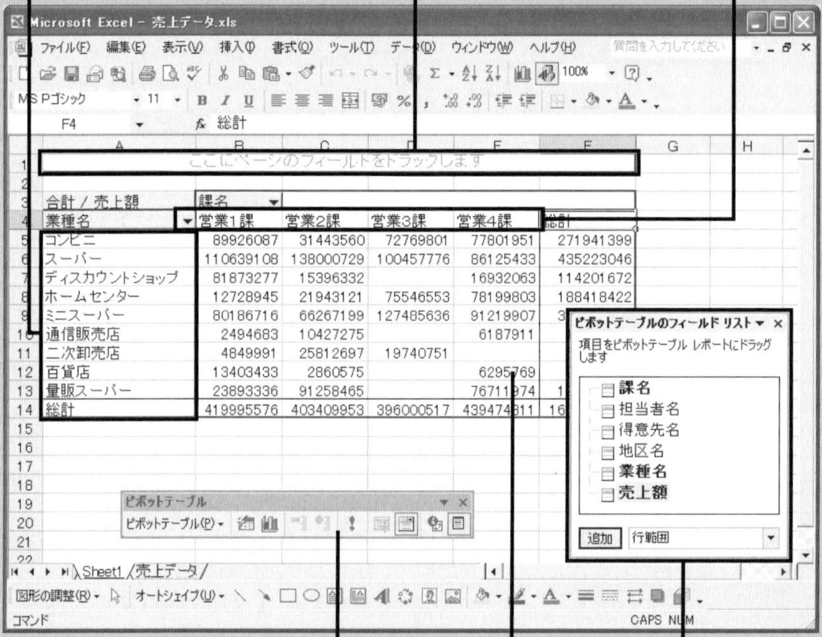

●ピボットテーブルツールバー
ピボットテーブル操作のツールバー。

●データ欄
基本的に数値項目を入れます。

●フィールドリスト
データリスト形式の表の頭1行目に入力されている項目名が表示されます。この項目名を各欄へドラッグ＆ドロップし、ピボットテーブルを作成します。

ワンポイント　バージョン別ピボットテーブル開始画面

●エクセル 2007の場合

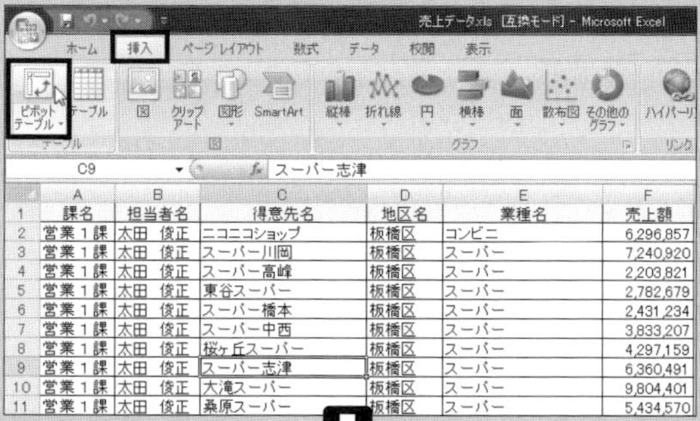

1 ピボットテーブル指定

［挿入］タブの［テーブル］グループにある［ピボットテーブル］ボタンをクリックします。

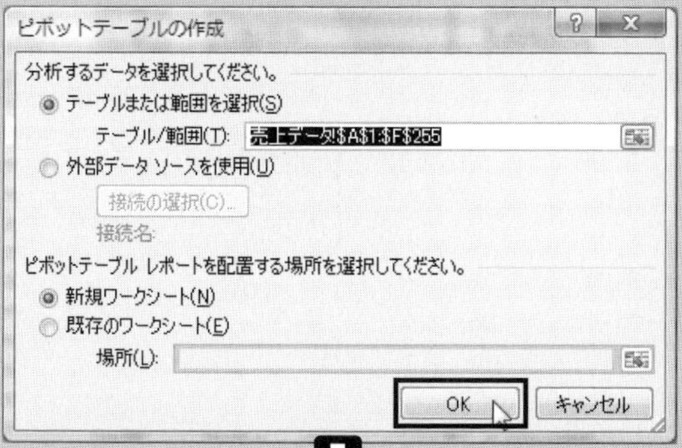

2 データ範囲と作成場所の指定

［ピボットテーブルの作成］が表示されるので、分析する範囲を指定します。表内にカーソルがあれば、範囲は自動的に認識されます。［OK］ボタンをクリックします。

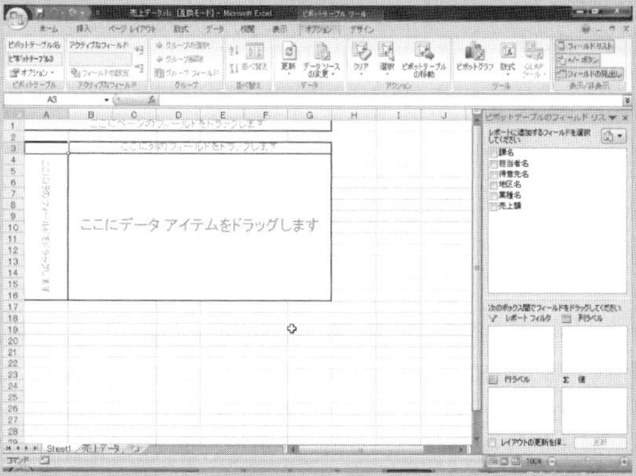

3 白紙の新規シート表示

ピボットテーブルの基本形式の白紙L型マトリックス表が表示されます。

●エクセル 2000の場合（2002/2003も基本的には共通）

1 ピボットテーブル指定

［データ］メニューから［ピボットテーブルとピボットグラフレポート］を選択します。

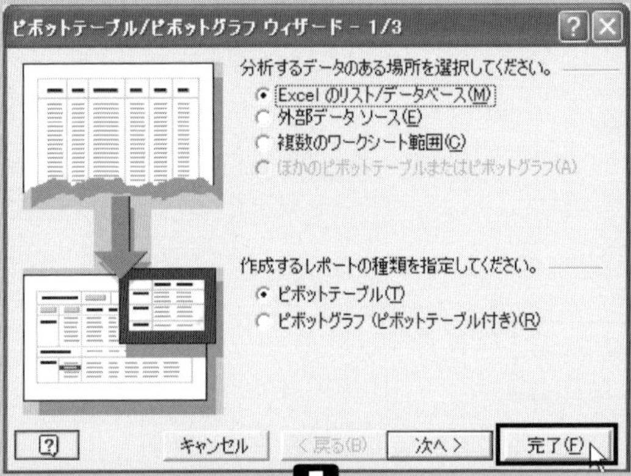

2 ウィザードの表示

［ピボットテーブル／ピボットグラフウィザード］が表示されるので、［完了］ボタンをクリックします。

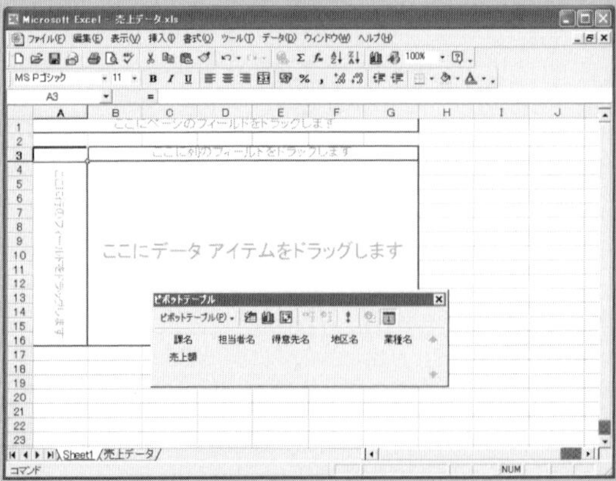

3 白紙の新規シート表示

ピボットテーブルの基本形式の白紙L型マトリックス表が表示されます。

エクセル 2002/2003と違う点は、ピボットテーブルのツールバーです。［ピボットテーブルのフィールドリスト］ではなく、［ピボットテーブルツールバー］の下段に項目名が表示されます。この項目名から各欄へドラッグし、L 型マトリックス表を作成します。

●エクセル97の場合

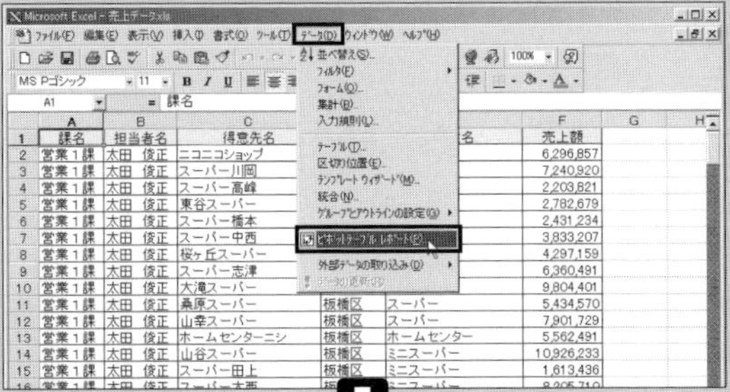

1 ピボットテーブル指定

[データ] メニューから [ピボットテーブルレポート] を選択します。なお、2003や2000との違いは、ウィザード上で操作する点とピボットグラフがないことです。

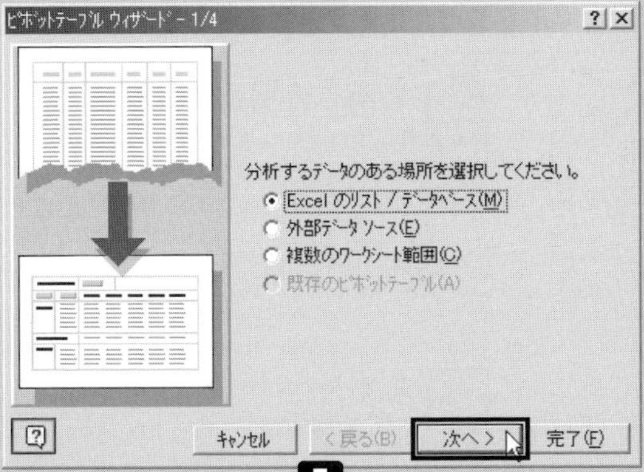

2 ウィザードの表示

[ピボットテーブルウィザード−1／4]が表示されるので、[次へ] ボタンをクリックします。なお、エクセル97では2003や2000と違って、4つの画面のウィザードに従って進めます。ここでは分析するデータのある場所を指定します。

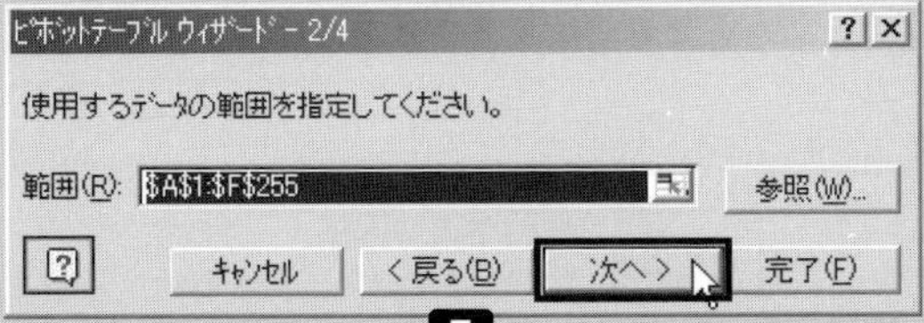

3 データ範囲の指定

分析するデータ範囲を指定し、[次へ] ボタンをクリックします。なお、表内にカーソルがあれば、自動的に範囲を認識して指定されます。

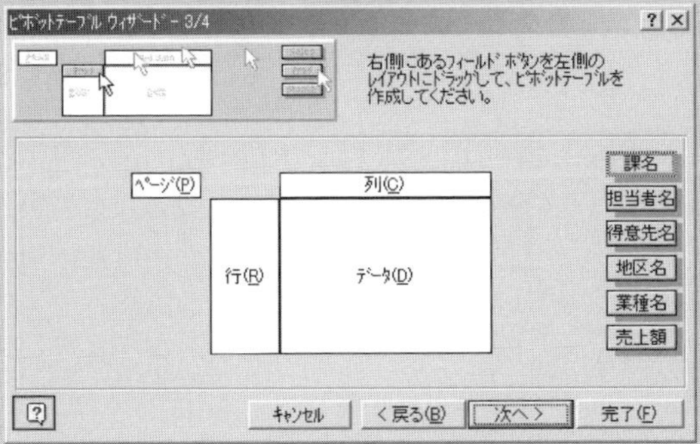

4 ピボットテーブルの作成

右側の項目名が表示されたボタンをドラッグし、このウィザード画面上でピボットテーブルを作成します。

作成したピボットテーブル表を新規シートに表示するには [完了] ボタンを、任意のシートと位置に表示する場合は [次へ] ボタンをクリックします。

自由に集計する項目を変えて分析しよう

フィールドリストから項目を各欄へドラッグして、L型マトリックス表を作成します。項目のドラッグを間違った場合や不要項目の削除方法も説明します。

操作事例 2-2 フィールドリストから項目を各欄へドラッグしてL型マトリックス表を作成する

L型マトリックス表に項目を追加して集計表を作成します。「売上データ」シートから、業種別課別に売上額を集計したピボットテーブル表を作成します。その後、「課名」を削除する操作を行います。

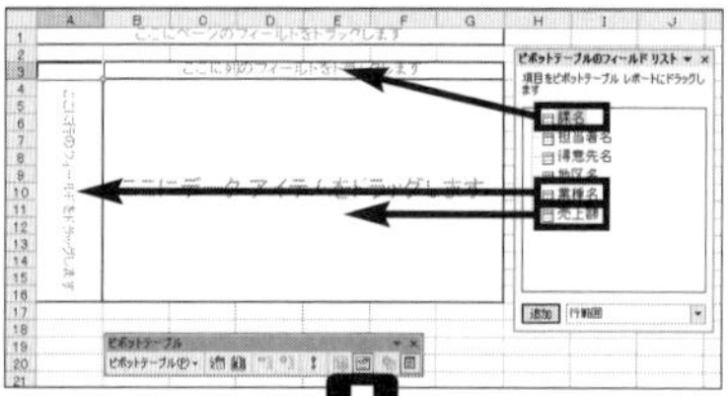

1 各欄への項目名の追加

[フィールドリスト] から [業種名] を行欄へドラッグし、次に [課名] を列欄へドラッグします。続いて、[売上額] をデータ欄へドラッグします。

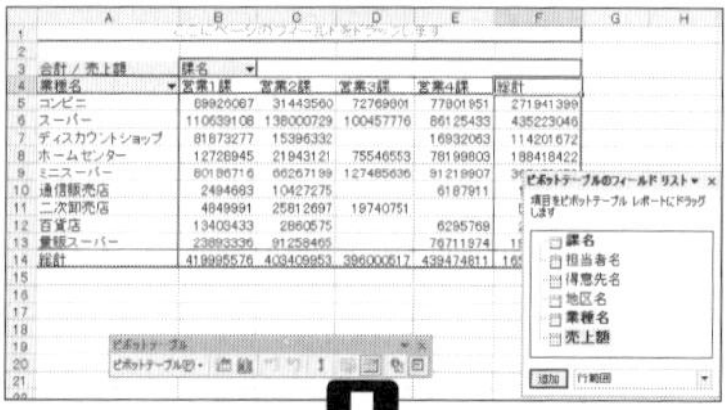

2 ピボットテーブルの完成

「業種別課別売上表」が作成できました。

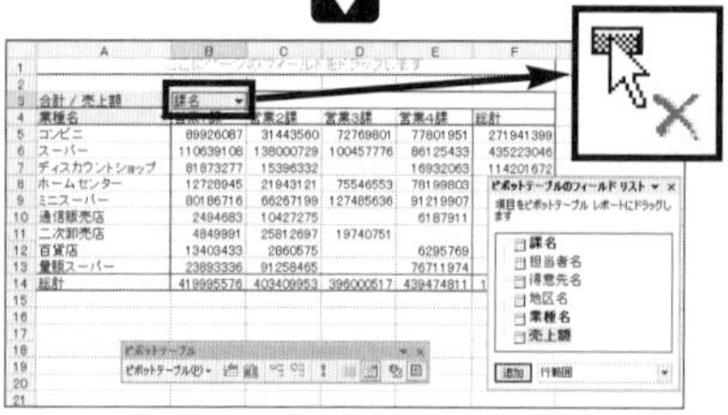

3 項目名の削除

ここでは「課名」を削除してみます。B3にある [課名] ボタンを表の外へドラッグします。マウスポインタが画面のように変化したら、マウスボタンを放します。

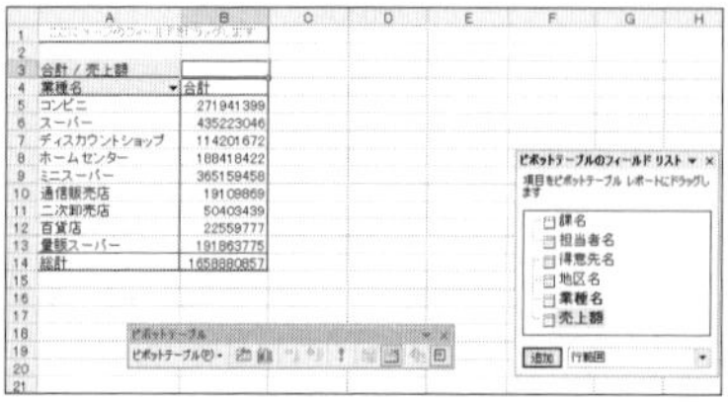

4 業種別売上表の完成

[課名] を削除したことで、業種別売上表となりました。

項目を入れ替え角度を変えて分析しよう

　できあがったピボットテーブルの項目はボタンになっており、自由に移動できます。行欄から列欄へ、列欄から行欄へ、列欄や行欄からページ欄へと、回転するように移動できます。これが「ピボット＝回転する」といわれる所以です。

操作事例 2-3　行欄と列欄を入れ替える

「地区別業種別売上表」のピボットテーブルを、「地区名」と「業種名」を入れ替えて「業種別地区別売上表」にする操作を説明します。

	A	B	C	D	E
1					
2					
3	合計 / 売上額	業種名			
4	地区名	コンビニ	スーパー	ディスカウントショップ	ホームセンター
5	江戸川区	10723166	22366211		24911454
6	港 区	50971351	18053395	42333701	7166454
7	荒川区	6191985	8025906		
8	三鷹市	19594088	3877503		
9	渋谷区		30692318	4353027	13579090
10	小金井市	11121299			21073567
11	小平市		21985102		
12	新宿区	32657879	19074008	39539576	
13	杉並区		26783588		
14	世田谷区	13558307	24278519		34904065
15	千代田区	14369497	37766521		
16	足立区		34045785		2986917

1 行欄と列欄の入れ替え

行欄にある［地区名］ボタンをドラッグで列欄へ移動させます。次に列欄の［業種名］を行欄へドラッグで移動させます。移動の順番は問いません。

	A	B	C	D	E	F	G	H
1								
2								
3	合計 / 売上額	地区名						
4	業種名	江戸川区	港 区	荒川区	三鷹市	渋谷区	小金井市	小平市
5	コンビニ	10723166	50971351	6191985	19594088		11121299	
6	スーパー	22366211	18053395	8025906	3877503	30692318		219851
7	ディスカウントショップ		42333701			4353027		
8	ホームセンター	24911454	7166454			13579090	21073567	
9	ミニスーパー	59734665	6920165	16762797	601939	6203179	12006426	
10	通信販売店					9300511		
11	二次卸売店	6912071				6436024	12828680	
12	百貨店		4093340	6295769				
13	量販スーパー				22207823	37699915		
14	総計	124647567	129538406	37276457	46281353	108264064	57029972	219851
15								

2 入れ替えによる表の変化

「地区名」が列欄へ、「業種名」が行欄へ移動したことで、「業種別地区別売上表」となります。縦軸と横軸を入れ替えただけですが、これにより地区ごとの分析が行えます。

条件を付けて分析しよう

分析の視点のひとつに、条件を付けて作表することがあります。たとえば、「課名」グループの中から「営業1課」だけの業種別売上高を見たいという場合です。このとき利用するのが「ページ欄」です。

この欄に条件付けを行う項目を追加・移動した後、その項目内から条件抽出したい項目を選びます。すると、表示されていたピボットテーブルが、選んだ項目で抽出されたデータの集計表となります。

ページ欄には複数の項目を指定することができます。その場合は、最上段の項目が第1条件設定で次項目が2番目の条件となります。

[ピボットテーブル] ツールバーから [ピボットテーブル] − [オプション] を選択し、表示された [ピボットテーブルオプション] ダイアログボックスの [ページレイアウト] で [左から右] を指定すると列方向に表示できます。

! ワンポイント 条件抽出の有効範囲

ページ欄は、ピボットテーブルが作表されるページ（シート）全体に条件として影響を与えます。ページ欄でいろいろ項目を変えて見ると、あたかもページをめくるような感覚で表が変わっていきます。

! ワンポイント ページ欄の表示位置の変更

ページ欄に複数項目がある場合、通常は行方向に表示されますが、[ピボットテーブルオプション] ダイアログボックスで指定すれば、列方向（横位置）に表示することもできます。その場合、左側から第一条件となります。

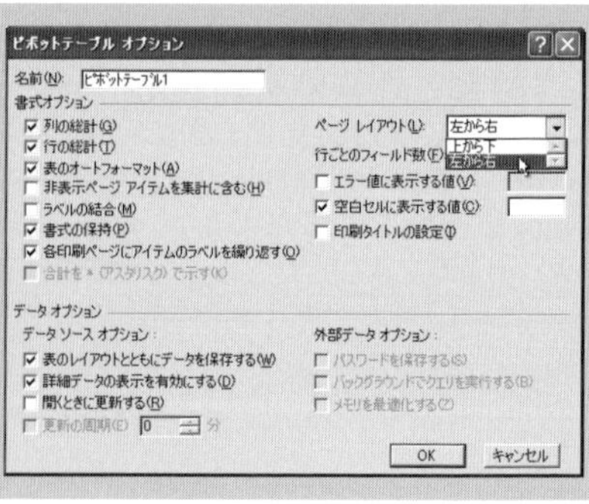

操作事例 2-4　ページ欄で抽出条件を指定する

全担当者の業種別地区別売上表のピボットテーブルから、担当者「横田真二」の業種別地区別売上表を作成します。

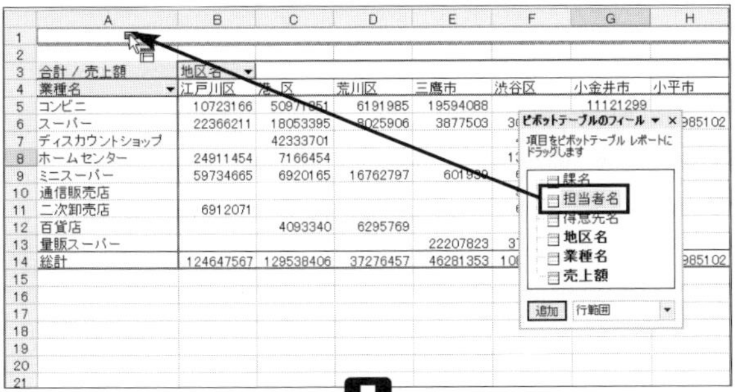

1 ページ欄で抽出する項目の選択

ページ欄で抽出する項目をドラッグします。ここでは[担当者名]をページ欄へドラッグします。

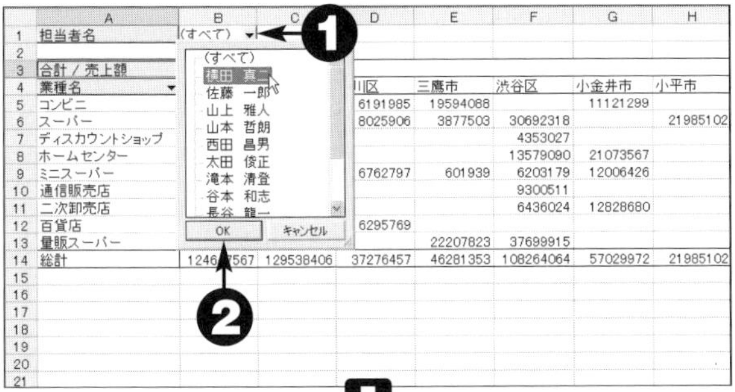

2 ページ欄での抽出条件の指定

B1に表示されている❶をクリックします。表示されたプルダウンメニューから、抽出条件とする[横田真二]をクリックし、❷をクリックします。

担当者名	横田 真二			
合計 / 売上額	地区名			
業種名	小金井市	小平市	府中市	総計
コンビニ	11121299		13588475	24709774
スーパー		21985102	20965193	42950295
ホームセンター	21073567		29561532	50635099
ミニスーパー	12006426		12353932	24360358
二次卸売店	12828680			12828680
総計	57029972	21985102	76469132	155484206

3 抽出された表

「横田真二」の業種別地区別の売上表になり、担当する地区と業種だけが表示されます。

2 ピボットグラフでデータ分析をスピーディに

データ分析を行ううえで、非常に役立つのがグラフです。その際に利用するのがピボットグラフです。ここでは、ピボットテーブルからピボットグラフを作成する方法を説明します。

ピボットグラフを使いこなすとデータ分析が容易に

データ分析の流れは、データリスト形式の表からピボットテーブルでL型マトリックスにし、そしてグラフ化することと説明してきました。

グラフはデータ分析に必須なものであり、いろいろな角度でグラフ

ワンポイント ピボットグラフの各欄の名称と機能

本書では、ピボットグラフの各欄を下図のように呼びます。

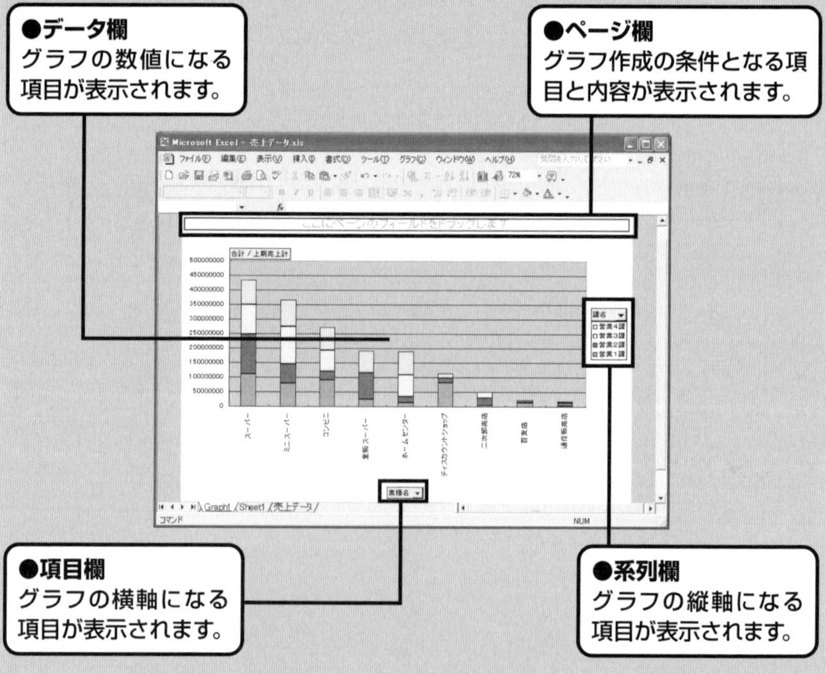

を作成することによって分析視点が広がります。ピボットグラフは、エクセル2000以降で利用できるデータ分析のためのグラフ作成機能です。ピボットグラフでも、ピボットテーブルと同様に、行欄と列欄の項目の移動や追加、そしてページ欄への条件指定ができます。この機能を利用することで、以前に比べて3～5倍のスピードでデータ分析ができるようになりました。ピボットグラフは、ピボットテーブル作成後は［グラフウィザート］ボタンをクリックするだけで作成できます。

操作事例 2-5　ピボットグラフを作成する

業種別地区別売上表のピボットテーブルから、ピボットグラフを作成します。

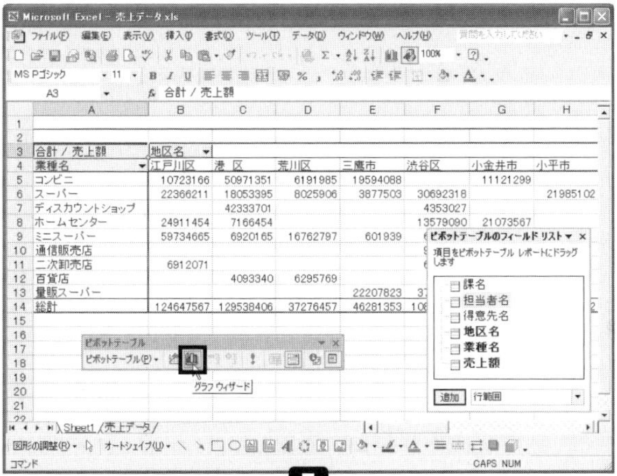

1 グラフ作成指定

グラフ作成の指定は、ピボットテーブルツールバーか、標準ツールバーにある［グラフウィザート］ボタンをクリックします（2007の場合は、ピボットテーブル内にカーソルを置き、［挿入］タブの［グラフ］で、作成したいグラフの種類を指定します）。

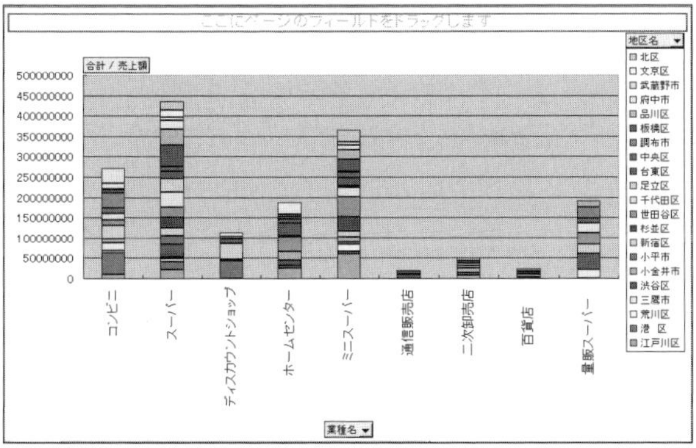

2 ピボットグラフの表示

ピボットグラフにも［ピボットテーブル］ツールバーと［フィールドリスト］が表示されます。ここでは非表示としています。

グラフの種類を変えてみよう

エクセルの普通のグラフ作成では、4画面で構成された［グラフウィザード］に従って、まず初めにグラフの種類を選択します。しかし、ピボットグラフを作成した時点では、標準のグラフ形式として「積み上げ縦棒グラフ」が表示されます。視点を変えて分析するには、表示されたピボットグラフの種類を変更する必要があります。

グラフの種類の変更は、ピボットグラフ画面で［グラフウィザード］ボタンをクリックし、［グラフウィザード］を表示させて行います。その方法は、普通のエクセルのグラフ作成時の、グラフの種類選択と同じ操作です。

ワンポイント　エクセルで作成できるグラフの種類

エクセルでは標準で次のようなグラフを作成できます。

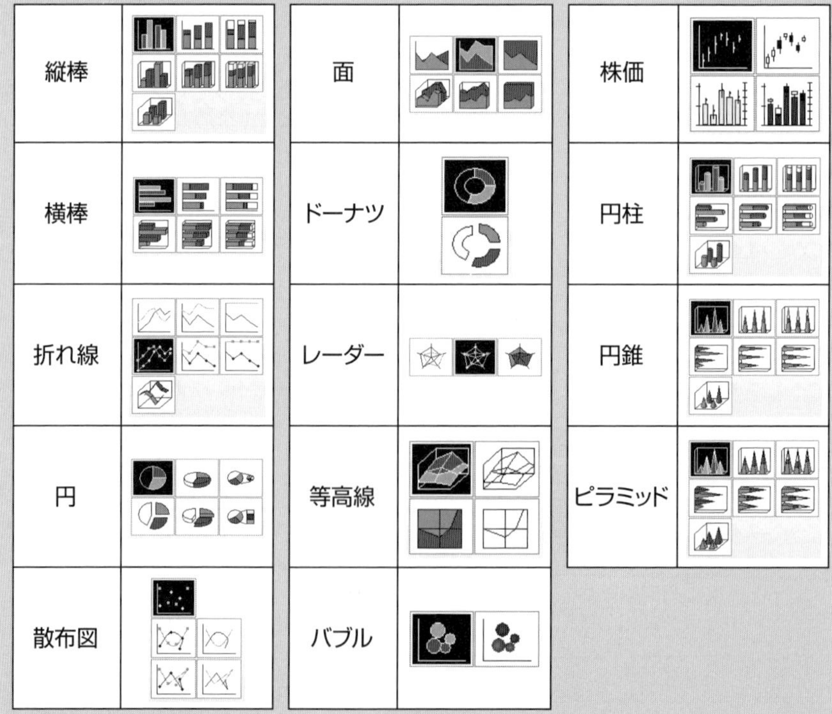

操作事例 2-6 ピボットグラフの種類を変更する

得意先別月別売上データから、年月別業種別売上ピボットグラフを作成しました。積み上げ縦棒グラフを折れ線グラフに変更する操作を説明します。

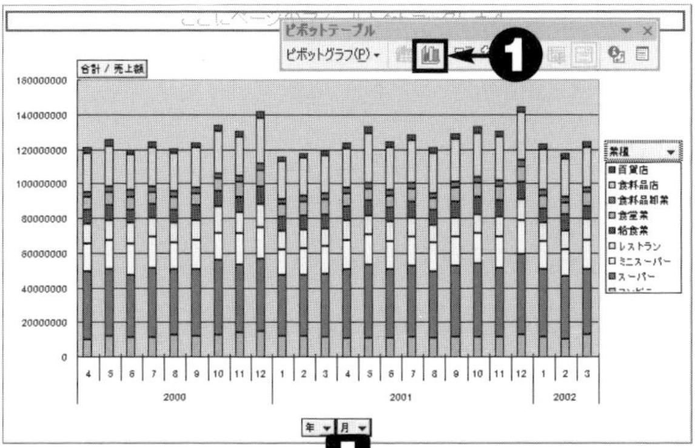

1 変更のためのグラフウィザードを表示

[ピボットテーブル] ツールバーから❶をクリックします。

2 グラフの種類の変更

表示された [グラフウィザード] 画面で、❶ から変更したい種類を選択し、❷ から適用したいタイプを選んで、❸をクリックします。

ここでは、種類に「折れ線」を選択し、形式で [マーカーが付いた折れ線グラフ] を選びました。

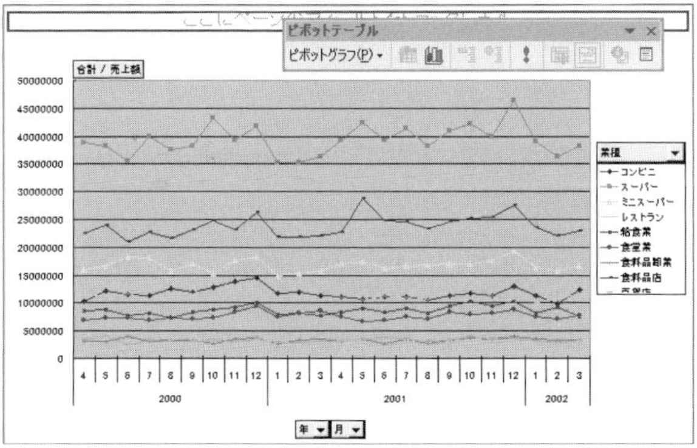

3 グラフの変更

標準の積み上げ縦棒グラフから、折れ線グラフに変更されました。

> **! ワンポイント**
>
> **エクセル2007の場合**
>
> **エクセル2007の場合は、ピボットグラフを選択し、[挿入] タブの [グラフ] の種類を指定するだけで、直ぐに種類を変更することができます。**

さまざまな観点からグラフを見てみよう

エクセルの普通のグラフと異なるピボットグラフの特徴は、グラフ上で自由に項目移動や条件付けができることです。このことが、ピボットグラフをデータ分析の主力ツールとして位置付けています。スライス&ダイス分析やドリルダウン分析が、このピボットグラフで簡単に行えます。

ピボットグラフ上の項目の移動、追加、削除の操作は、ピボットテーブルと同じ要領で、ボタンになっている項目のタイトルを、任意の欄にドラッグして行います。

ワンポイント 複数項目をドラッグする位置

項目を追加する際、すでにある項目の前後どちらに移動するかで、グラフの内容が変わってきます。たとえば、右ページの手順で [課名]を [担当者名]の後ろにドラッグすると、担当者名が優先され、担当者別の参考として課別付きの業種別グラフになります。課名入りの担当者グラフを表示するときに便利です。このように、各欄内でも自由に位置を移動することで、分析視点も変わります。

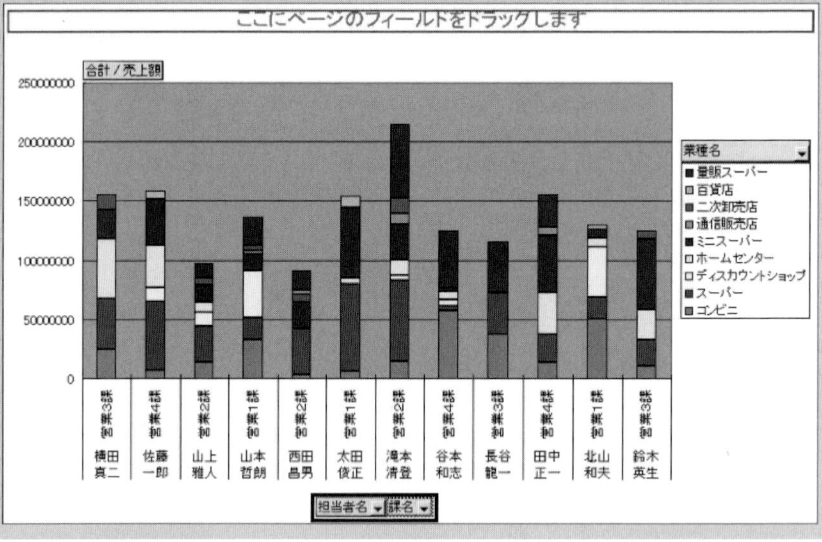

操作事例 2-7 ピボットグラフで項目を追加する

担当別業種別売上グラフを使って、新規項目の「課名」を項目欄の「担当者名」の前に追加します。

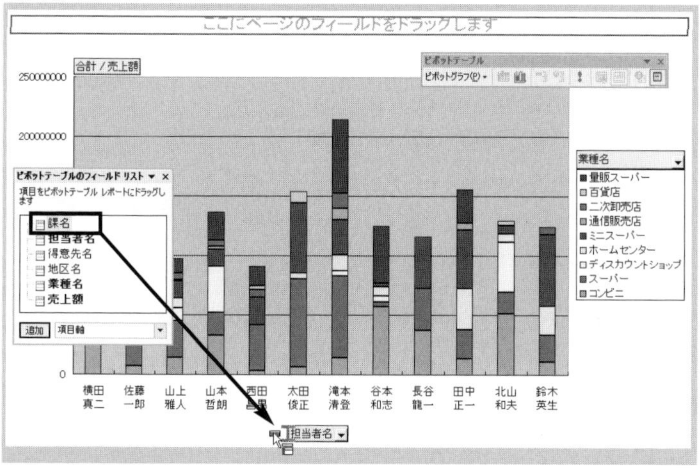

1 新規項目の追加

[フィールドリスト]から[課名]を項目欄の[担当者名]の前へドラッグします。このように[フィールドリスト]にある項目は、グラフ上の各欄に自由に追加できます。

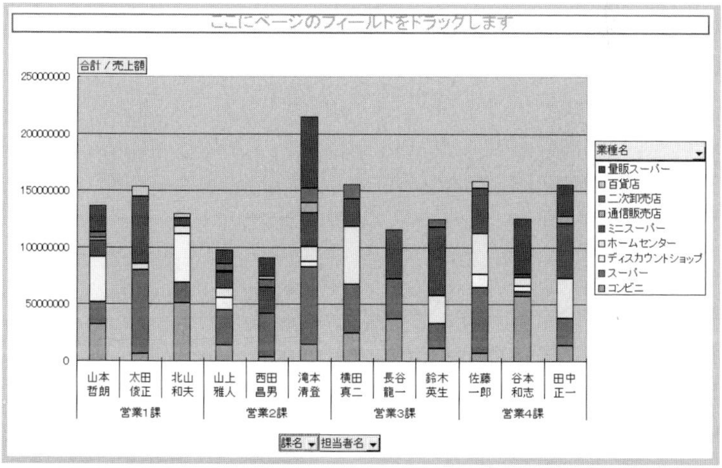

2 新規項目の追加による変更

項目の追加により、「担当別業種売上グラフ」から「課別担当別業種売上グラフ」になります。この複数項目でのグラフ作成がピボットグラフの特徴です。

操作事例 2-8 ピボットグラフの項目を移動する

前のページのグラフから、追加した項目欄の「課名」と「担当者名」を系列欄へ、系列欄の「業種名」を項目欄へそれぞれ移動し、項目欄と系列欄を入れ替えます。

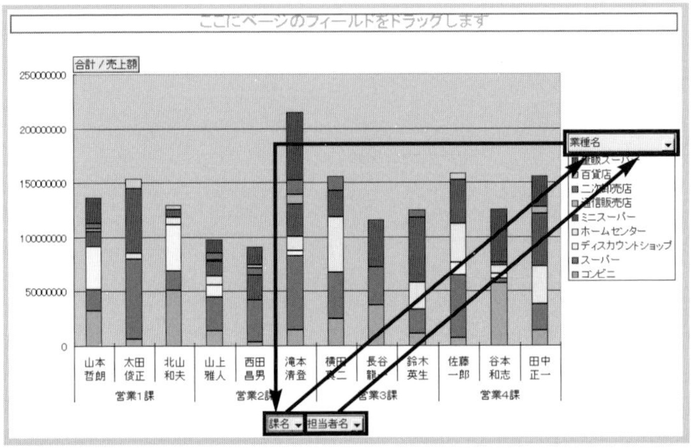

1 ピボットグラフの項目移動

項目欄の項目と系列欄の項目を入れ替えます。まず、系列欄にある「業種名」を項目欄へドラッグします。そして、項目欄の「課名」を系列欄へドラッグします。さらに、項目欄の「担当者名」を項目欄の「課名」の下へドラッグします。

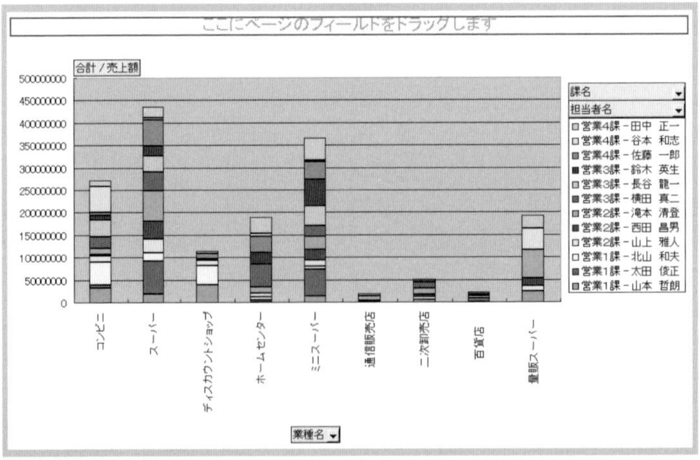

2 業種別課別担当売上グラフへ

項目を入れ替えたことによって、「課別担当別業種売上グラフ」から「業種別課別担当売上グラフ」に変化しました。

操作事例 2-9　ピボットグラフの項目を削除する

前のページのグラフから、系列欄の「担当者名」を削除します。

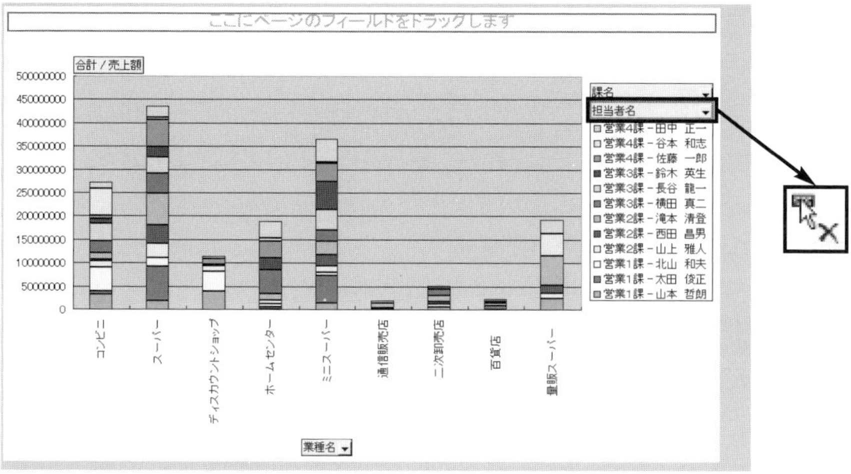

1 ピボットグラフ項目の削除

系列欄の「担当者名」をグラフの外へドラッグします。

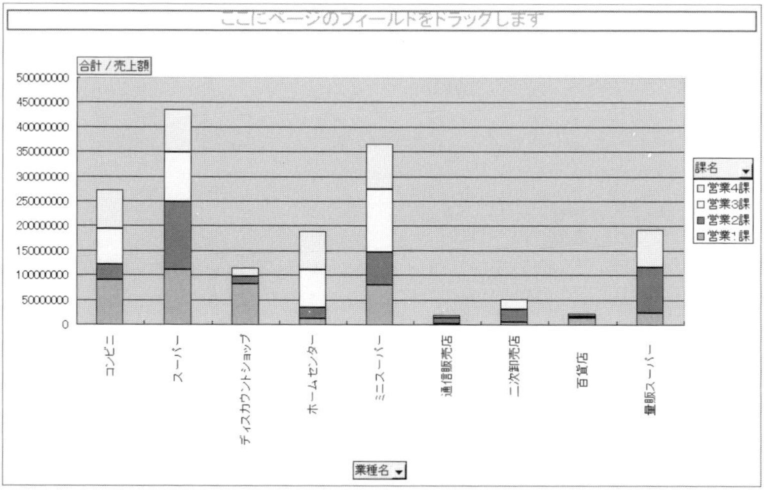

2 業種別課別売上グラフへ

「業種別課別担当売上グラフ」から「業種別課別売上グラフ」になりました。こうしたピボットグラフの項目削除は、ピボットテーブルの場合と同様に、元のデータに影響は与えません。

条件を付けてグラフを作成しよう

ピボットグラフのもうひとつの大きな特徴は、グラフ上で抽出条件の設定が簡単に行えることです。これにより、分析視点の絞り込みを瞬時に行うことができます。ピボットグラフで抽出条件を設定する場合は、ページ欄を利用します。ピボットグラフではグラフ作成の基となるピボットテーブルにいちいち戻ることなく、グラフ上で抽出条件を付ける項目を、[フィールドリスト] からページ欄に配置し、その項目リスト内から条件を指定します。

操作事例 2-10 ピボットグラフで抽出条件を指定する

項目欄に「業種名」、データ欄に「売上額」を配置したピボットグラフがあります。ここでは、このピボットグラフを「課名」の中から「営業1課」だけを抽出したグラフにしてみます。

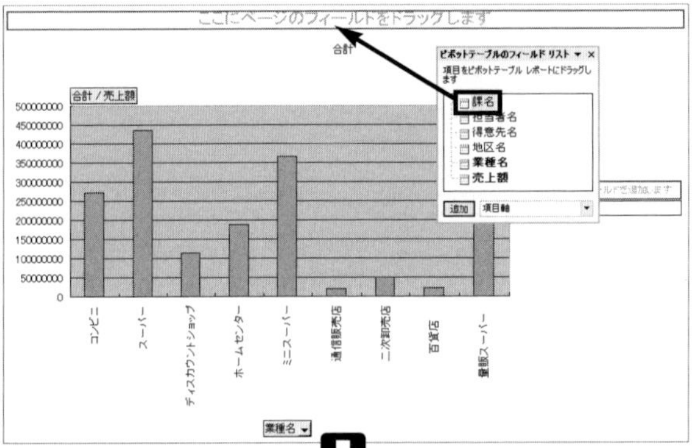

1 ページ欄へ抽出元の項目を追加

[フィールドリスト] から「課名」をページ欄へドラッグします。ページ欄に入れた項目は、抽出条件設定のための項目となります。

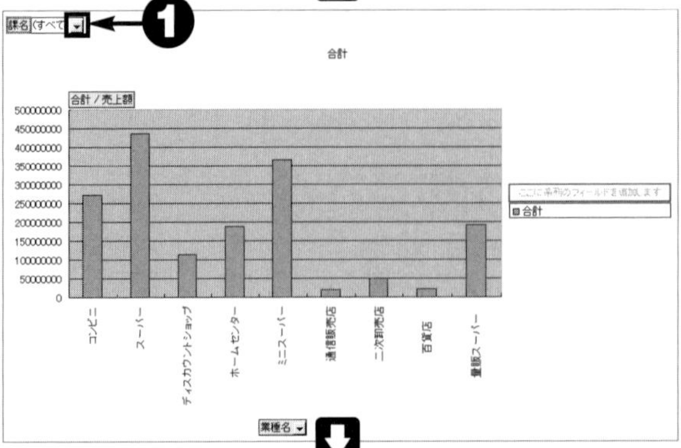

2 条件の指定操作

ページ欄の [課名] の❶をクリックして、プルダウンメニューを表示させます。なお、抽出する項目をページ欄へドラッグしたときは、「(すべて)」と表示されています。これは条件が設定されていない状態を表します。

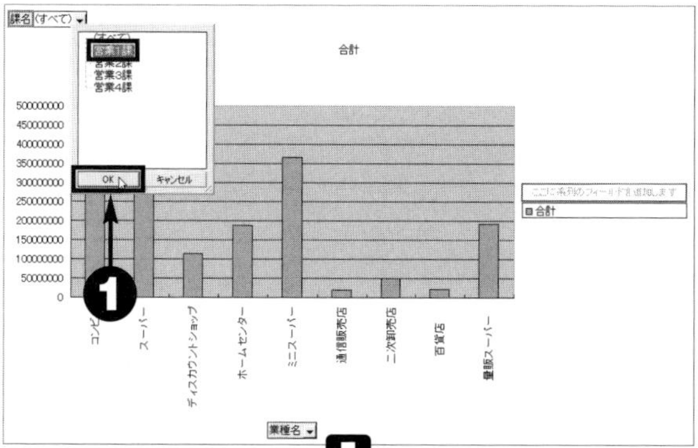

3 抽出条件の選択

課名の項目内容がプルダウンメニューで表示されます。その中から、今回抽出条件とする項目を指定します。ここでは、[営業1課]を選択し、❶をクリックします。

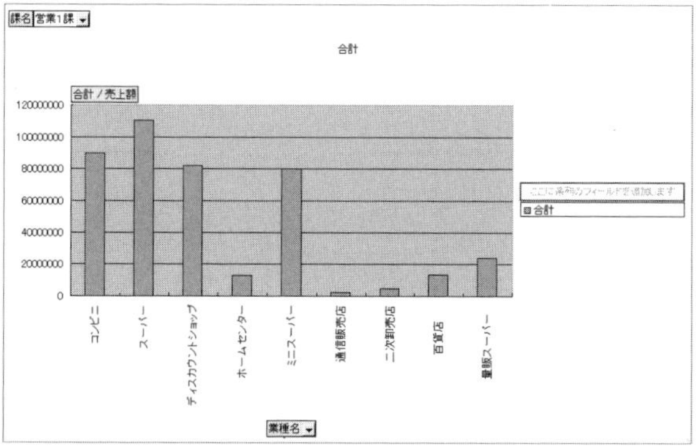

4 抽出されたグラフ

すべての課を合計した売上グラフから、「営業1課」だけに絞り込んだ業種別売上グラフが表示されました。

ワンポイント [ピボットテーブル]ツールバーが消えた？

[ピボットテーブル]ツールバーが消えたと慌てるときがあります。これは、ツールバーがエクセルの画面上下左右のどこかのエリアに格納されていることがあるためです。こうした場合は、ツールバーをシート内にドラッグすると、最初の状態に戻ります。

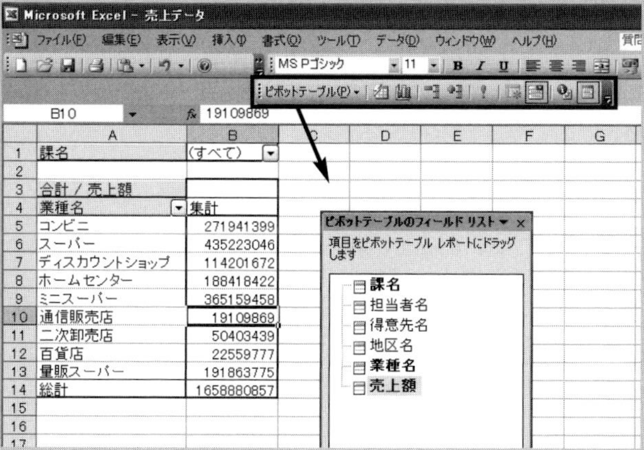

ワンポイント フィールドリストが消えた？

作業中、ピボットテーブルの表の外をクリックすると、[フィールドリスト]が消えてしまいます。もう一度、表内のセルをクリックすると、フィールドリストが表示されます。

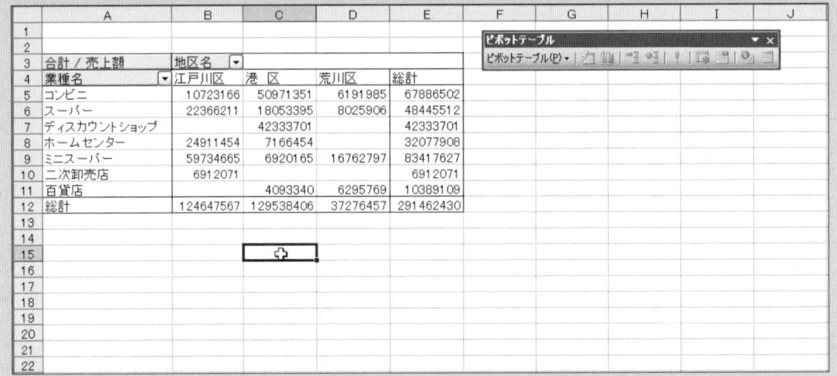

合計 / 売上額	地区名			
業種名	江戸川区	港 区	荒川区	総計
コンビニ	10723166	50971351	6191985	67886502
スーパー	22366211	18053395	8025906	48445512
ディスカウントショップ		42333701		42333701
ホームセンター	24911454	7166454		32077908
ミニスーパー	59734665	6920165	16762797	83417627
二次卸売店	6912071			6912071
百貨店		4093340	6295769	10389109
総計	124647567	129538406	37276457	291462430

表の外をクリックしたため[フィールドリスト]が消えてしまいました。

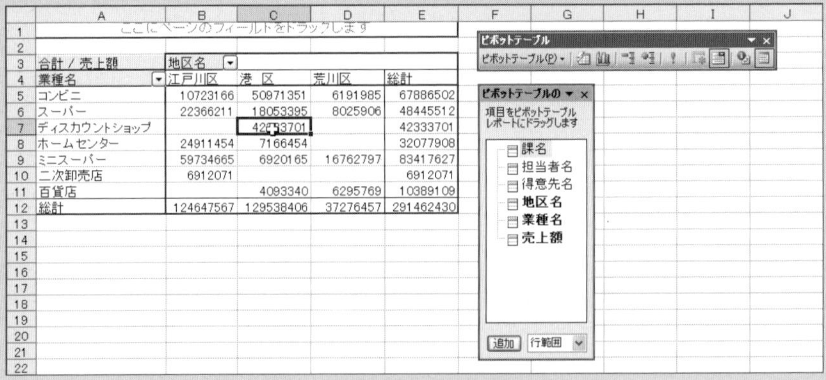

合計 / 売上額	地区名			
業種名	江戸川区	港 区	荒川区	総計
コンビニ	10723166	50971351	6191985	67886502
スーパー	22366211	18053395	8025906	48445512
ディスカウントショップ		42333701		42333701
ホームセンター	24911454	7166454		32077908
ミニスーパー	59734665	6920165	16762797	83417627
二次卸売店	6912071			6912071
百貨店		4093340	6295769	10389109
総計	124647567	129538406	37276457	291462430

表内のセルをクリックすると、再び[フィールドリスト]が表示されます。

STEP

3

ピボットテーブルを楽々使いこなそう

1 こんなシーンこそデータ分析を活用する

ビジネスマネジメントサイクルでの利用が目的

ビジネスデータ分析は、基本的に下図のようなビジネスのPlan、Do、Check、Actionのビジネスマネジメントサイクルの中で利用されます。下図の濃いグレーの部分がビジネスデータ分析の利用内容です。

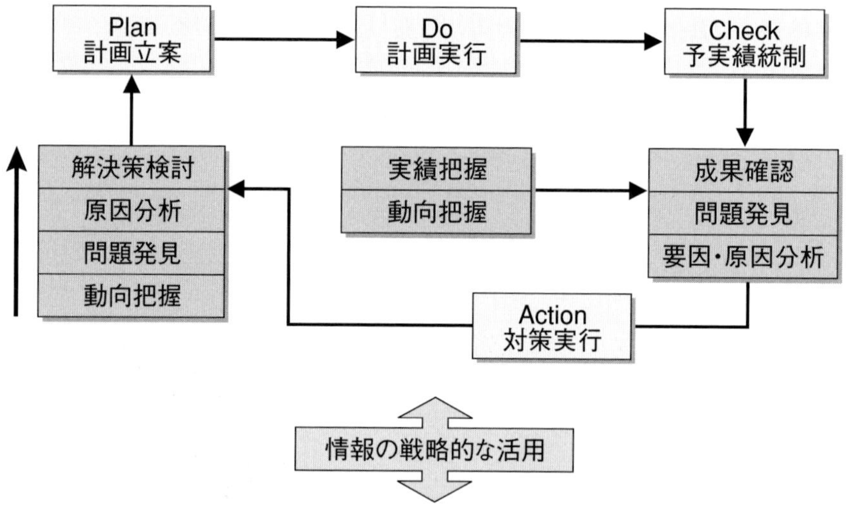

用途	管理面で活用	分析面での活用	報告書などでの活用
利用目的	・計画立案 ・実績統制 ・予実績統制	・問題発見 ・原因分析 ・対策立案 ・意志決定	・結果報告 ・現状報告 ・改善提案 ・計画提案

ワンポイント ビジネスマネジメントサイクルとは

一般的には、マネジメントサイクルとも呼ばれ、ビジネスを行う上で、計画（Plan）、実行（Do）、評価（Check）、修正行動（Action）を繰り返し行うことで、反省点や成果を次のビジネスに活かすという考え方のことです。単に、Plan－Do－Seeというサイクルで呼ぶ場合もあります。

STEP3 ピボットテーブルを楽々使いこなそう

◆データ分析、情報活用のポイントは2つ

データをビジネスマネジメントサイクル内で加工・分析して活用するには、データ分析や情報活用の基本とその取り組み方を土台とし、その上で情報リテラシーを強化します。

ビジネスにおけるデータ分析は、日常のビジネス現場から発生する問題や課題を、データを利用して分析し、対策を立て、実践することです。そのためには、データ分析や情報活用の基本とその取り組み方をまずよく知ることが必要です。問題意識を絶えず持ち、それを考え続け、そして鮮度の高い情報を入手しながら、基本となる分析手法で加工することです。

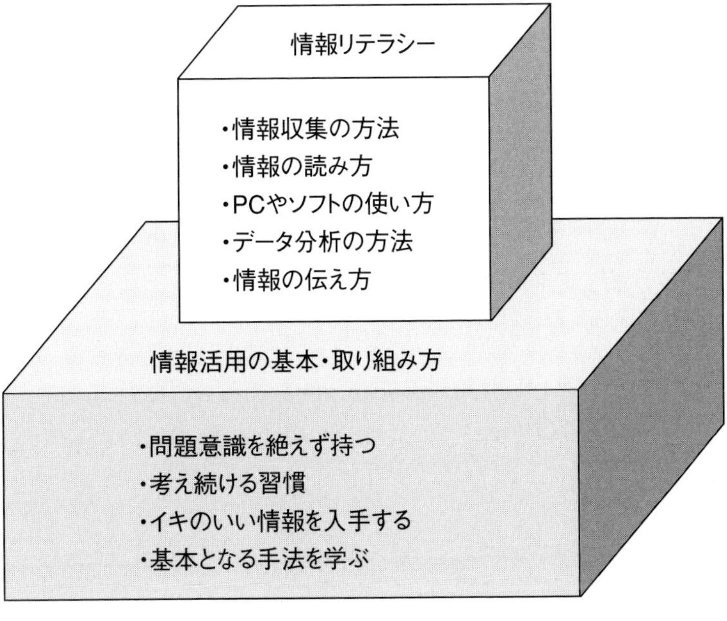

2 ビジネスデータ分析の3原則とは？

分析で大切なのは比較、推移、詳細

ビジネスデータ分析には、表のようなデータ分析の3原則があります。まずは、この3原則を基本としてデータ分析を進めます。

原則１：比較することにより、良し悪しがつかめる
実績データだけでは、事実の動向は把握できても、判断はできません。予算との比較、前年との比較、他者との比較などを行うことでのみ、良し悪しの判断ができます。その比較や分析が簡単に行えるのが比較グラフです。
原則２：時系列で見ることにより、傾向と今後の方向が推測できる
時系列で見ることによってのみ将来が推測できます。しかし、数字の羅列の推移表では、事実がつかめても将来の予測はできません。過去の推移をグラフで視覚化することにより、今後の方向が予測できます。折れ線グラフや棒グラフなどで推移を視覚化し、過去の分析と予測を行います。
原則３：詳細データから、原因がつかめる
集計データから事実や問題はつかめますが、原因や要因はつかめません。元データを加工してできた集計データで大きな動向をつかみ、そこからピンポイントに詳細データを見ることによって、原因と要因をつかみます。詳細データを元に、大分類、中分類、小分類、明細とドリルダウンして見ることで、原因や要因がつかめます。

3 分析にはデータの加工が欠かせない

4つの機能で加工する

ビジネスデータ分析では、多量のデータを次の4つの機能で加工します。

①**集計**……ある単位で小計、中計などの集計値を算出することです。

②**抽出**……ある条件付けをし、条件に合ったデータを取り出すことです。

③**分類**……ある項目を利用してグループ分けを行うことです。

④**並べ替え**……ある項目で降順、昇順に並び替えることです。

データベースの加工などのプログラムも、基本的にこの4つの機能を行っています。

ピボットテーブルは4つの機能をすべて備えている

エクセルのピボットテーブルは、この4つのデータ加工機能をすべて持っているデータ分析ツールです。フィールドリストの項目を、行欄や列欄にドラッグ&ドロップすることで、分類と集計の作業が行われます。集計された数字項目を、降順・昇順に並べ替え、ページ欄に項目をドラッグし、項目内のデータを指定することで抽出条件の指定となります。

このようにピボットテーブルは、多量のデータを4つの機能で加工しながら、さまざまな観点の集計表を作成し、それをグラフ化しながら分析を行うツールです。

4 データの並べ替えが分析のスタート

並べ替えることが「データ」を「情報」に変える

ピボットテーブルで作成した表は、行欄と列欄の文字の順番に自動的に並びます。これは、数字、カタカナ、漢字の順番で基本的にアイウエオ順（文字のJISコード順）になります。そのため、このままグラフを作成するとバラバラの並びになり、単なる事実の羅列でしかなく、なんの判断もできません。

そこで、必ずどこかの項目で降順、昇順に並べ替えます。すると当然ながら、グラフも一定の順位グラフになり、このグラフを見ることで、全体の構成や順位の動向が判断できる「情報」となります。

詳細化した項目で順位動向をつかむ

行欄に項目が複数ある場合、下位項目の数字の並べ替えは、並べ替えボタンではできません。[自動並べ替えオプション] 機能を使い、詳細化した下位の項目の順位動向をつかみます。

ワンポイント 並べ替え方と注意点

並べ替えの指定は、「並び替えたい列の数字が入っているセル」をクリックして、ツールバーの並べ替えボタンをクリックします。が降順、が昇順です。ただし、列見出しをクリックして並べ替えを行うと、データ全体ではなく、その列だけ並び替えられてしまうので、注意してください。

操作事例 3-1　自動並べ替えで順位動向をつかむ

売上データから、課別担当者別売上表の複数項目のピボットテーブルを作成します。[自動並べ替えオプション] を利用して、各課の担当者を売上額の大きい順にすべて並べ替えます。

操作前の表

1 複数項目の「課別担当者別売上表」を作る

ピボットテーブルを起動し、「課名」と「担当者名」を行欄へ、「売上額」をデータ欄へ、それぞれドラッグします。

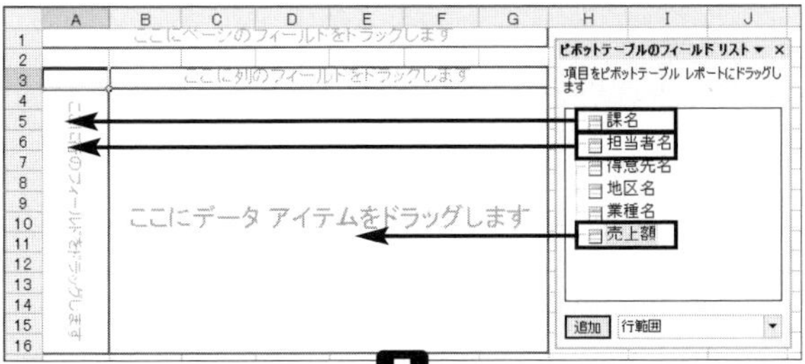

2 作成された「課別担当者別売上表」

担当者別の金額は、並べ替えられていません。

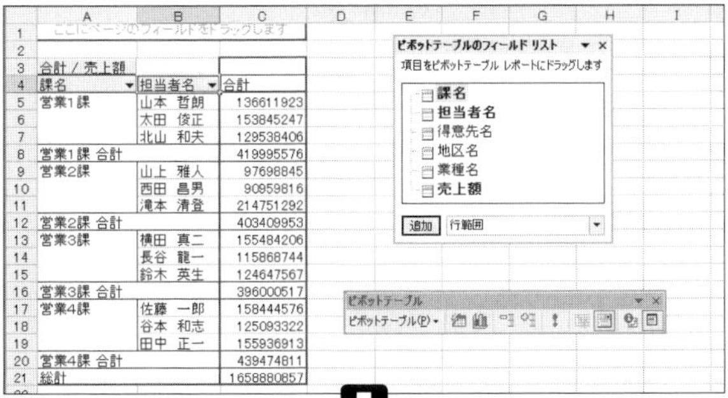

3 ピボットテーブルの並べ替え1

担当者ごとに降順になるように、「担当者名」ボタンの上で右クリックし、表示されたメニューから、❶を選択します（2007では、合計の数値上で右クリックし、メニューから[並べ替え]－[降順]を選択するだけで並べ替えが完了します）。

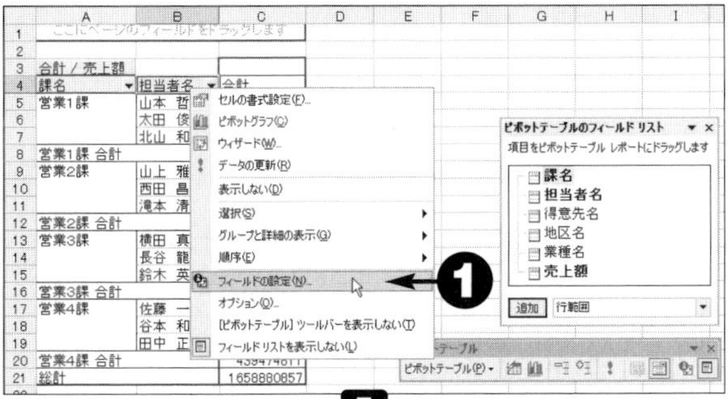

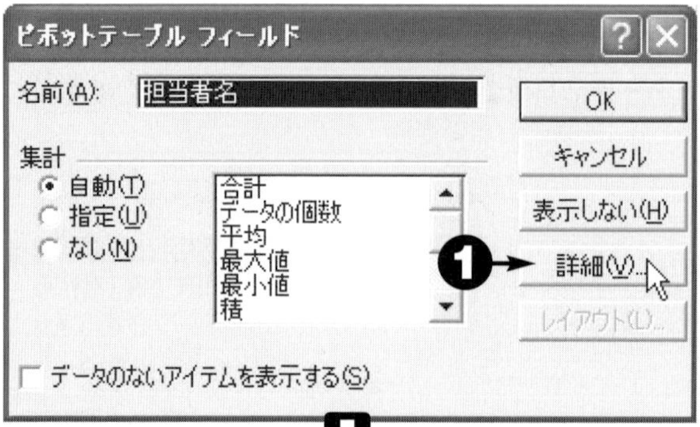

4 ピボットテーブルの並べ替え2

表示されたダイアログボックスで、❶をクリックします。

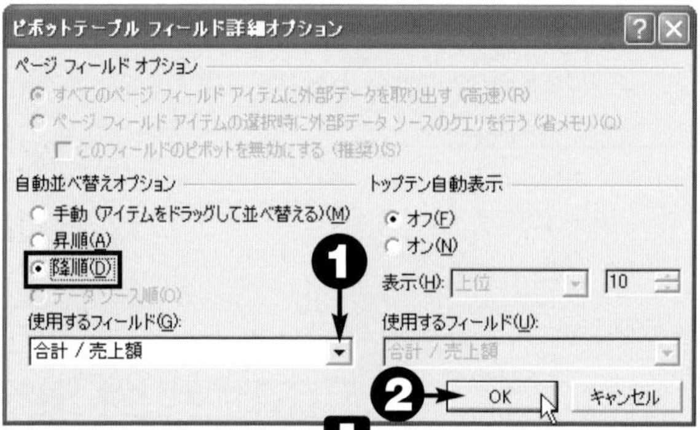

5 ピボットテーブルの並べ替え3

ここでは、売上額の大きい順なので、[降順]をクリックします。続けて❶をクリックし、プルダウンメニューから[合計／売上額]を選択します。あとは❷をクリックして、すべてのダイアログボックスを閉じます。

	A	B	C
1	ここにページのフィールドをドラッグします		
2			
3	合計 / 売上額		
4	課名	担当者名	合計
5	営業1課	太田 俊正	153845247
6		山本 哲朗	136611923
7		北山 和夫	129538406
8	営業1課 合計		419995576
9	営業2課	滝本 清登	214751292
10		山上 雅人	97698845
11		西田 昌男	90959816
12	営業2課 合計		403409953
13	営業3課	横田 真二	155484206
14		鈴木 英生	124647567
15		長谷 龍一	115868744
16	営業3課 合計		396000517
17	営業4課	佐藤 一郎	158444576
18		田中 正一	155936913
19		谷本 和志	125093322
20	営業4課 合計		439474811
21	総計		1658880857

6 並べ替え完了

各課ごとに、売上額が多い担当者順に並べ替えられました。

ピボットグラフで順位動向をつかむ

　すでに作成済みのピボットグラフ上で、グラフを並べ替えたい場合があります。ピボットグラフ上でも、前項で説明した［自動並べ替えオプション］の指定を使って、並べ替えられます（2007の場合は、ピボットグラフの元になっているピボットテーブルを並べ替えると、ピボットグラフも自動的に並べ替えられます）。

操作事例 3-2　ピボットグラフの自動並べ替えで順位動向をつかむ

売上データから、課別担当者別売上表のピボットグラフを作成します。作成直後は、各課ごとの担当者の売上額が大きい順には並んでいないので、グラフ上で並べ替えてみます。

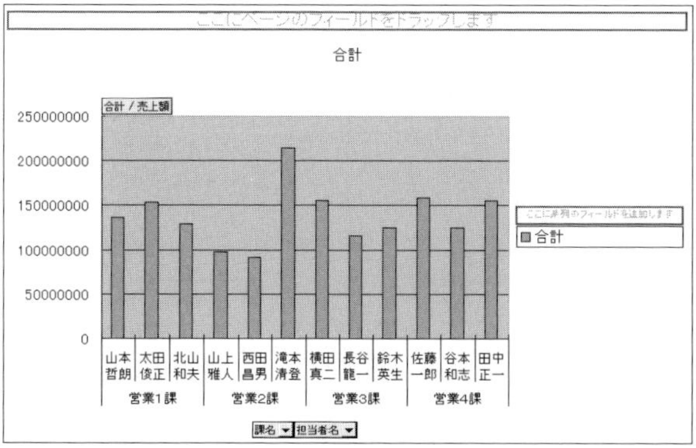

1 ピボットグラフの作成

47ページの操作 1 の手順で作成したピボットテーブルの状態で、［グラフウィザード］ボタンをクリックして、ピボットグラフを作成します。

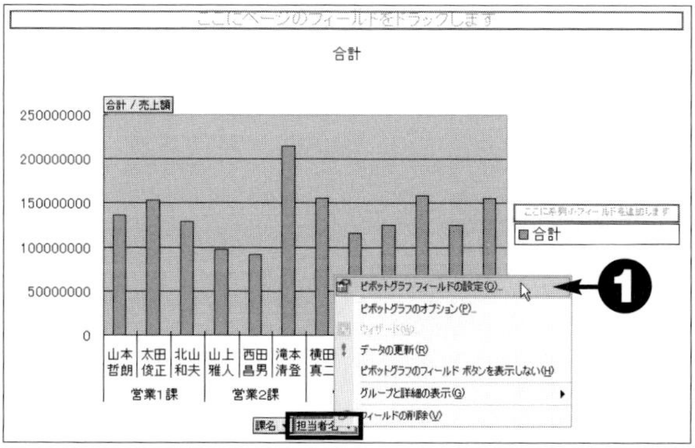

2 ピボットグラフの自動並べ替え指定1

［担当者名］ボタンの上で右クリックし、❶を選択します。

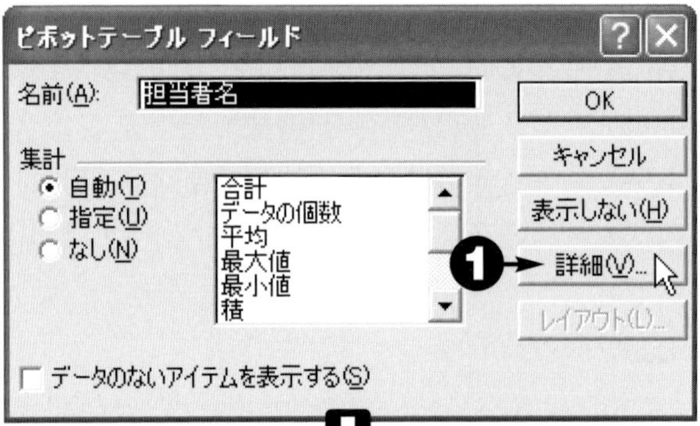

3 ピボットグラフの自動並べ替え指定2

［ピボットテーブルフィールド］ダイアログボックスで❶をクリックします。

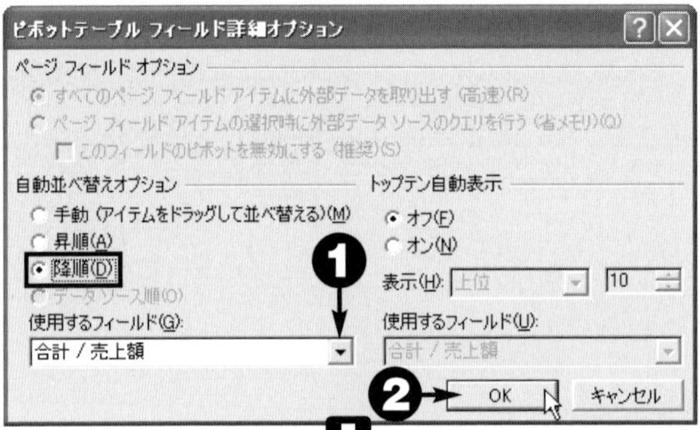

4 ピボットグラフの自動並べ替え指定3

表示された画面の［自動並べ替えオプション］で並べ替え順を指定します。
ここでは売上額の大きい順に並べ替えるので、［降順］をクリックし、❶をクリックして、プルダウンメニューから［合計／売上額］を選択します。あとは、❷をクリックしてすべての画面を閉じます。

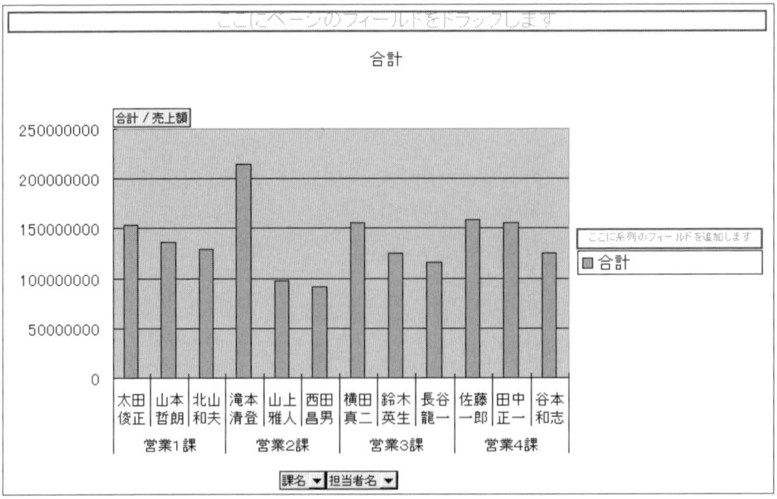

5 ピボットグラフ上での並べ替えの完了

各課ごとに、売上額が多い担当者順にグラフが並べ替えられました。

比較したい項目順に並べて分析しやすくする

ピボットテーブルを作成すると、項目名は自動的に文字コード順に並んで表示されます。これを、比較したい項目名順に自由に並び替えることもできます。行欄と列欄でも同じ要領で変更できます。

操作事例 3-3　比較したい項目順に並べる

売上データから「課別業種別売上表」のピボットテーブルを作成します。業種名の表示順を、「ホームセンター」「スーパー」「コンビニ」の順になるように変更します。ここでは「ホームセンター」の例で説明します。

	A	B	C	D	E	F
1	課名	担当者名	得意先名	地区名	業種名	売上額
2	営業１課	太田　俊正	ニコニコショップ	板橋区	コンビニ	6,296,857
3	営業１課	太田　俊正	スーパー川岡	板橋区	スーパー	7,240,920
4	営業１課	太田　俊正	スーパー高峰	板橋区	スーパー	2,203,821
5	営業１課	太田　俊正	東谷スーパー	板橋区	スーパー	2,782,679
6	営業１課	太田　俊正	スーパー橋本	板橋区	スーパー	2,431,234
7	営業１課	太田　俊正	スーパー中西	板橋区	スーパー	3,833,207

操作前の表

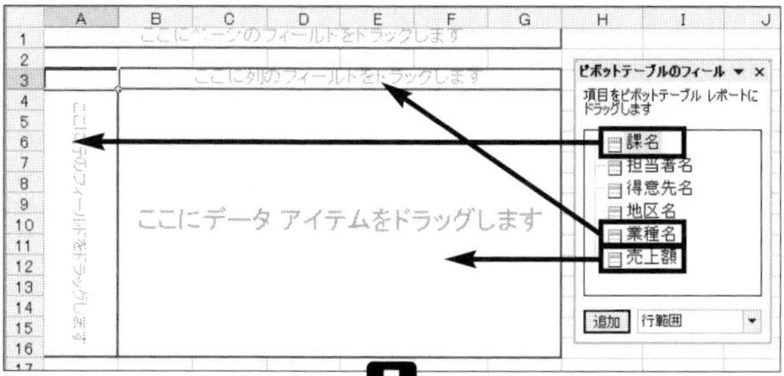

1 「課別業種別売上表」の作成

ピボットテーブルを起動し、「課名」を行欄へ、「業種名」を列欄へ、「売上額」をデータ欄へドラッグします。

2 項目名の移動

移動する項目名の枠をクリックし、太くなった枠にマウスポインタを合わせて十字の形に変わったら（2000は変わりません）、マウスの左ボタンを押し続けます。ポインタが通常の矢印に変化したら、移動したい場所にドラッグ&ドロップします。ここでは、E4の「ホームセンター」を、A列とB列の間に移動します。

3 列欄の表示順の変更

「ホームセンター」が一番左に移動しました。同じ要領で「スーパー」と「コンビニ」も移動させてみました。このように、移動したあとにグラフ化すると、変更した順番でグラフが作成されます。

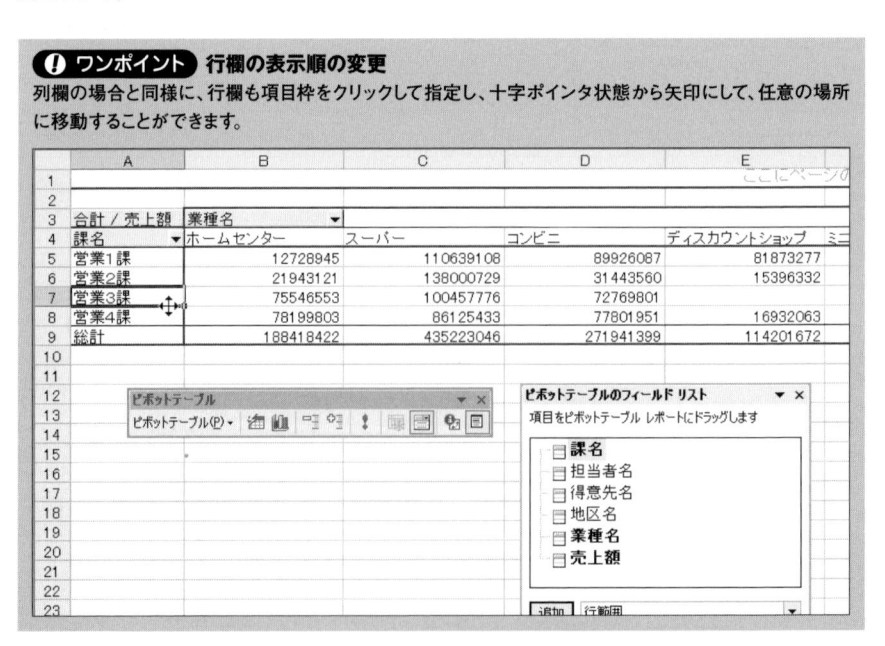

ワンポイント 行欄の表示順の変更

列欄の場合と同様に、行欄も項目枠をクリックして指定し、十字ポインタ状態から矢印にして、任意の場所に移動することができます。

5 | データを絞り込めば分析が容易になる

データを絞り込んで詳細分析を行う

ビジネスデータ分析では、詳細データを見ることで要因・原因の分析を行います。しかし、詳細データになればなるほどデータ量が大きくなり、分析しづらくなります。そこで、ある分析観点から条件を指定してデータを絞り込み、分析を進めます。以下の2種類の方法で絞り込み（抽出）を行います。

◆方法1：1つの項目内容で条件を指定して絞り込む

部門別→担当別→業種別のように、それぞれの項目から1つの条件を指定していく方法です。ページ欄の条件指定は、1項目に対してひとつの項目内容だけに限られます。たとえば、「課名」という項目に営業1課～営業4課までがある場合、その中の1つの課しか選択できません。ただし、下の画面のように「営業1課」の「スーパー」だけという、複数の項目条件指定はできます。

ページ欄で条件指定して絞り込まれたデータだけが、ピボットテーブルの表やピボットグラフに表示され、詳細に分析ができます。

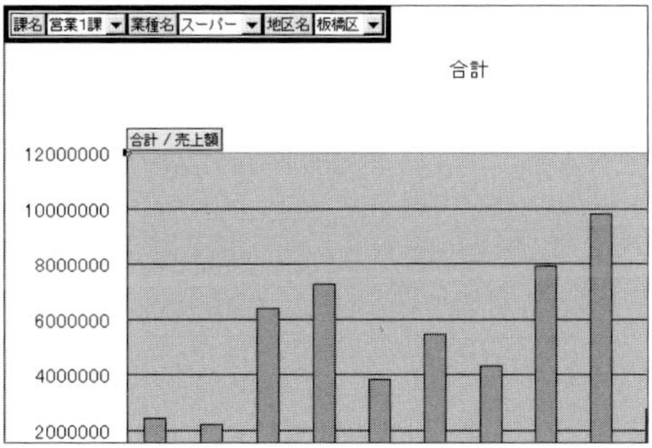

◆方法2：1項目に複数の項目内容を指定して絞り込む

担当者データから、佐藤と北山のデータだけを表示するというように、1項目内から複数内容を指定して絞り込み、必要なデータだけを表示させて分析する方法です。たとえば、営業担当者を部門に関係なく、ある担当者と別の担当者を比較したいときなどに利用します。

ページ欄を使った絞り込みでは、ページ欄に入れた各項目から1条件しか指定できません。そこで、行欄や列欄の項目内容を任意に表示／非表示する絞り込み機能を利用します。

ピボットテーブルの行欄や列欄の項目名にある、下矢印のプルダウンメニューをクリックして表示される項目内容から、絞り込みたい項目内容以外のチェックボックスをオフにすると、その項目だけを表示することができます。下の画面は、担当者の指定を3名にした例です。

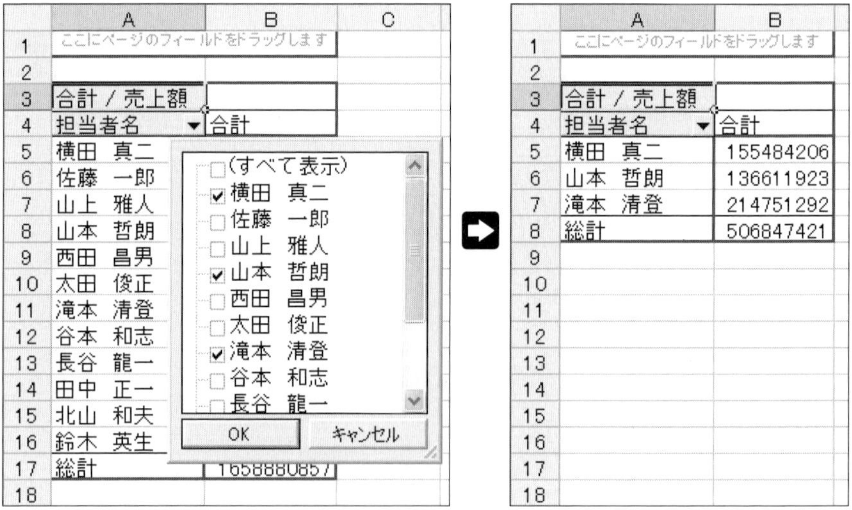

複数条件でデータを絞り込み、ピンポイントで分析

膨大なデータの中から「A課Bさん担当のC商品の売り上げ」のようにピンポイントで見たい場合もあります。この場合、ページ欄に複数項目を入れ、条件とする内容を選択してデータを絞り込みます。

操作事例 3-4　複数条件でデータを絞り込む

売上データから、営業1課の山本哲朗さんが担当するスーパーの得意先別売上表を作成します。抽出条件として［課名］から「営業1課」、［担当者名］から「山本哲朗」、［業種名］から「スーパー」を指定します。

操作前の表

	A	B	C	D	E	F
1	課名	担当者名	得意先名	地区名	業種名	売上額
2	営業１課	太田　俊正	ニコニコショップ	板橋区	コンビニ	6,296,857
3	営業１課	太田　俊正	スーパー川岡	板橋区	スーパー	7,240,920
4	営業１課	太田　俊正	スーパー高峰	板橋区	スーパー	2,203,821
5	営業１課	太田　俊正	東谷スーパー	板橋区	スーパー	2,782,679
6	営業１課	太田　俊正	スーパー橋本	板橋区	スーパー	2,431,234
7	営業１課	太田　俊正	スーパー中西	板橋区	スーパー	3,833,207
8	営業１課	太田　俊正	桜ヶ丘スーパー	板橋区	スーパー	4,297,159
9	営業１課	太田　俊正	スーパー志津	板橋区	スーパー	6,360,491
10	営業１課	太田　俊正	大滝スーパー	板橋区	スーパー	9,804,401

1 抽出条件付き「得意先別売上表」の作成

ピボットテーブルを起動し、［課名］と［担当者名］［業種名］をページ欄へ、［得意先名］を行欄へ、［売上額］をデータ欄へドラッグします。

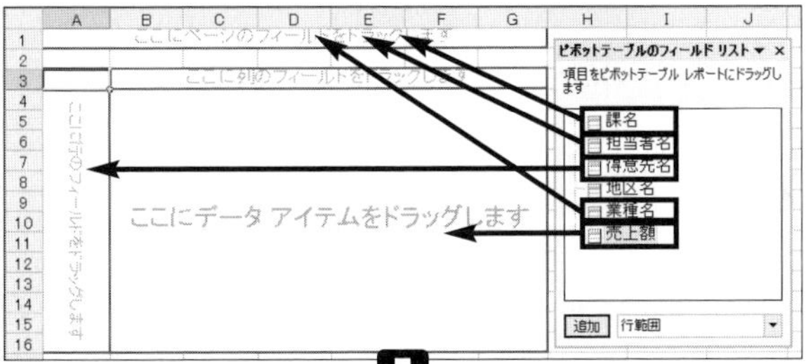

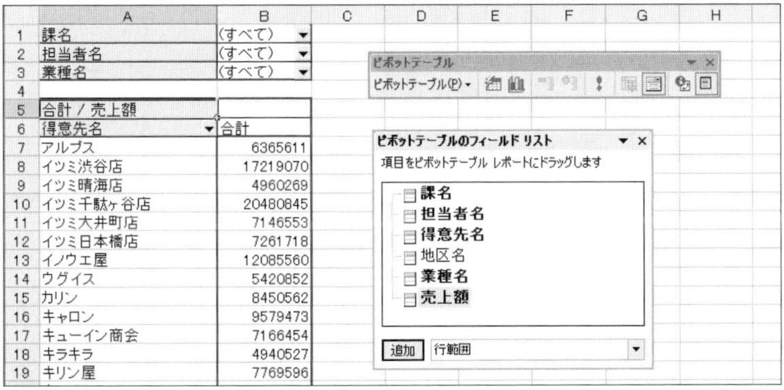

	A	B
1	課名	(すべて)
2	担当者名	(すべて)
3	業種名	(すべて)
4		
5	合計 / 売上額	
6	得意先名	合計
7	アルプス	6365611
8	イツミ渋谷店	17219070
9	イツミ晴海店	4960269
10	イツミ千駄ヶ谷店	20480845
11	イツミ大井町店	7146553
12	イツミ日本橋店	7261718
13	イノウエ屋	12085560
14	ウグイス	5420852
15	カリン	8450562
16	キャロン	9579473
17	キューイン商会	7166454
18	キラキラ	4940527
19	キリン屋	7769596

2 作成された「得意先別売上表」

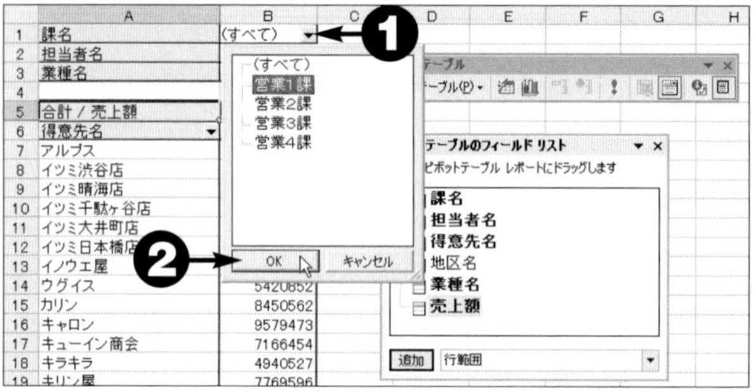

3 抽出条件1の指定

1つ目の抽出条件を設定します。ここでは、ページ欄のB1にある［課名］の❶をクリックし、「営業1課」を選択して、❷をクリックします。

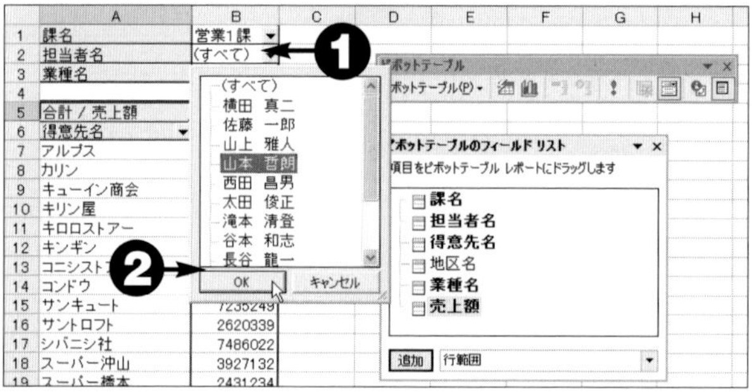

4 抽出条件2の指定

2つ目の抽出条件を指定します。ここでは、［担当者名］の❶をクリックし、条件としたい「山本哲朗」を選択して❷をクリックします。

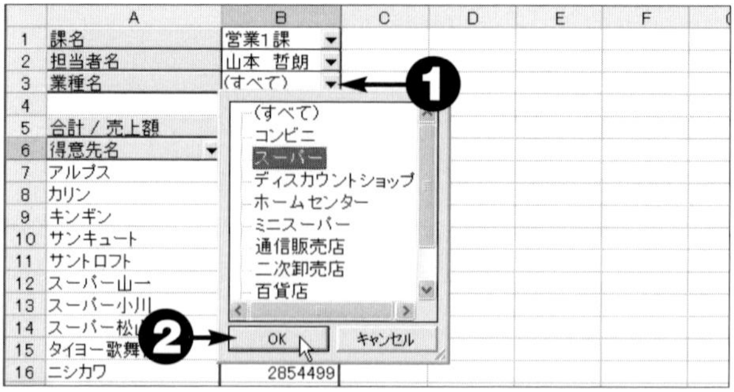

5 抽出条件3の指定

3つ目の抽出条件を指定します。［業種名］の❶をクリックして、条件としたい「スーパー」を選択して❷をクリックします。

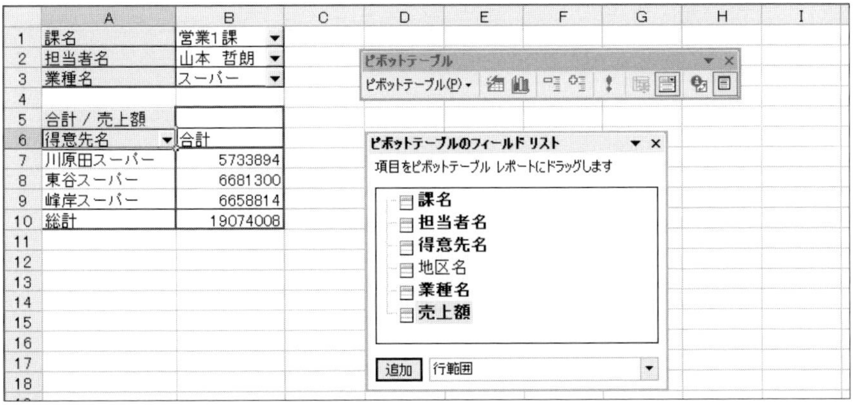

6 3つの条件で抽出されたデータ

これで、営業1課の山本哲朗さんが担当するスーパーだけの得意先別売上表が完成しました。このように複数条件で絞り込んだ表(抽出表)は簡単に作成することができます。

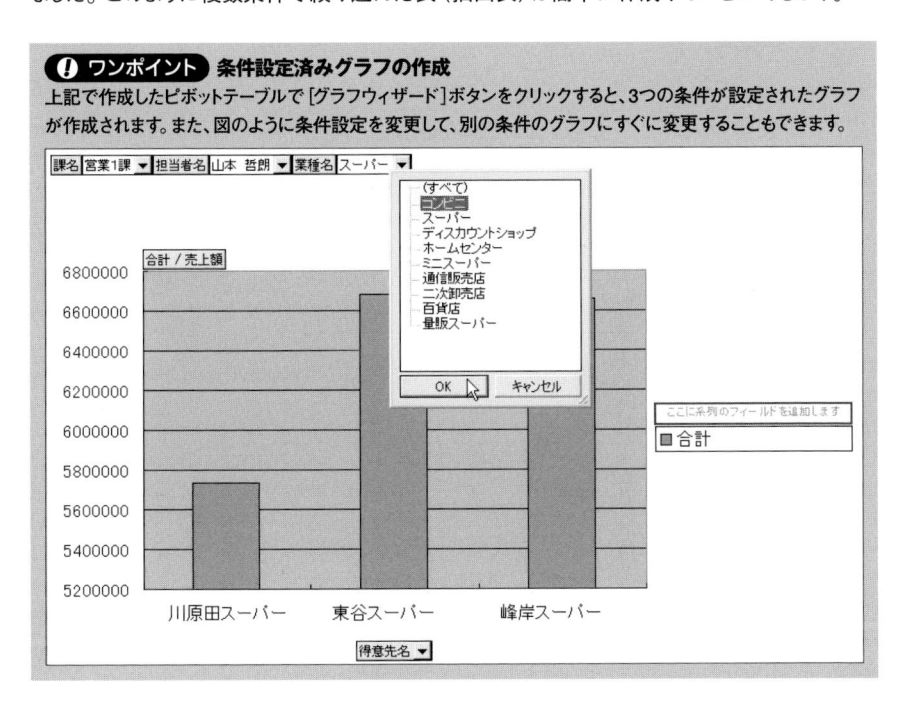

ワンポイント 条件設定済みグラフの作成

上記で作成したピボットテーブルで[グラフウィザード]ボタンをクリックすると、3つの条件が設定されたグラフが作成されます。また、図のように条件設定を変更して、別の条件のグラフにすぐに変更することもできます。

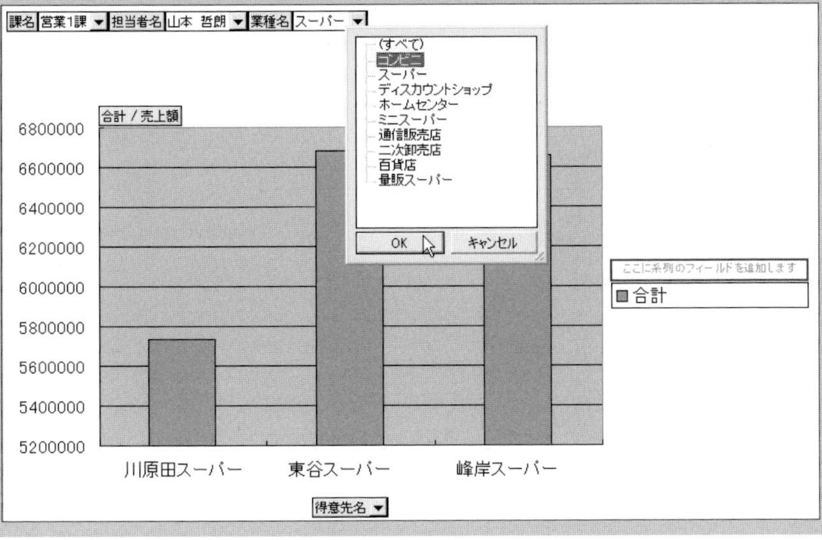

必要な項目内容だけを表示させれば比較しやすい

県別データから「東京」と「神奈川」のデータだけ表示するというように、ある1項目内から複数内容を抽出表示する方法について説明します。ページ欄との併用で、さらに詳細な抽出ができます。

操作事例 3-5 必要な項目内容だけを表示させる

売上データから、担当者別業種別売上表を作成しました。この表から、[担当者名] の項目から「山上雅人」と「太田俊正」を、[業種名] から「スーパー」と「ミニスーパー」だけ条件付けして表示してみます。

操作前の表

	A	B	C	D	E	F
1	課名	担当者名	得意先名	地区名	業種名	売上額
2	営業１課	太田　俊正	ニコニコショップ	板橋区	コンビニ	6,296,857
3	営業１課	太田　俊正	スーパー川岡	板橋区	スーパー	7,240,920
4	営業１課	太田　俊正	スーパー高峰	板橋区	スーパー	2,203,821
5	営業１課	太田　俊正	東谷スーパー	板橋区	スーパー	2,782,679
6	営業１課	太田　俊正	スーパー橋本	板橋区	スーパー	2,431,234
7	営業１課	太田　俊正	スーパー中西	板橋区	スーパー	3,833,207
8	営業１課	太田　俊正	桜ヶ丘スーパー	板橋区	スーパー	4,297,159
9	営業１課	太田　俊正	スーパー志津	板橋区	スーパー	6,360,491

1 「担当者別業種別売上表」の作成

ピボットテーブルのフィールドリストから、「担当者名」を行欄へ、「業種名」を列欄へ、「売上額」をデータ欄へそれぞれドラッグします。

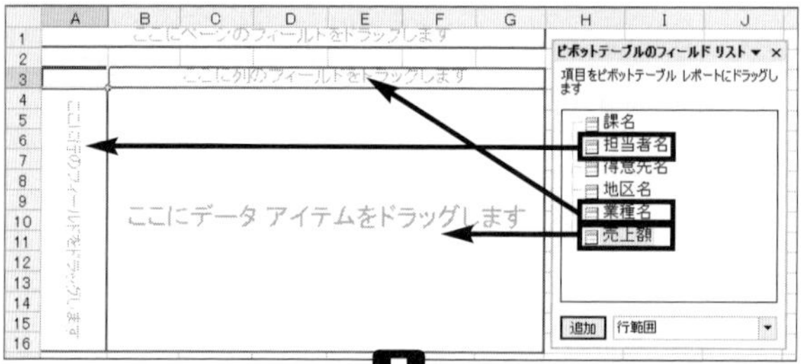

	A	B	C	D	E	F	
1					ここにページのフィールドをトラッ		
2							
3	合計 / 売上額	業種名					
4	担当者名	コンビニ	スーパー	ディスカウントショップ	ホームセンター	ミニスーパー	通信販
5	横田　真二	24709774	42950295		50635099	24360358	
6	佐藤　一郎	7063701	57969411	11655152	35738071	39722472	
7	山上　雅人	13963930	30671101	11043305	8364031	14078618	
8	山本　哲朗	32657879	19074008	39539576		14102450	
9	西田　昌男	3110133	38870789			22795137	
10	太田　俊正	6296857	73511705		5562491	59164101	
11	滝本　清登	14369497	68458839	4353027	13579090	29393444	
12	谷本　和志	57179943	3877503	5276911	7557667	2717727	
13	長谷　龍一	37336861	35141270			43390613	
14	田中　正一	13558307	24278519		34904065	48779708	
15	北山　和夫	50971351	18053395	42333701	7166454	6920165	
16	鈴木　英生	10723166	22366211		24911454	59734665	
17	総計	271941399	435223046	114201672	188418422	365159458	1

2 作成された「担当者別業種別売上表」

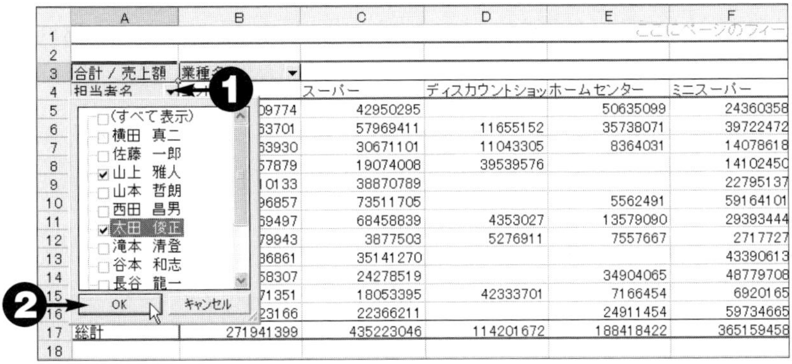

3 担当者の条件設定

行欄の［担当者名］の❶をクリックし、［（すべて表示）］のチェックボックスをクリックして、一度全部のチェックを外します。次に表示させたい「山上雅人」と「太田俊正」をクリックしてチェックを付けて、❷をクリックします。

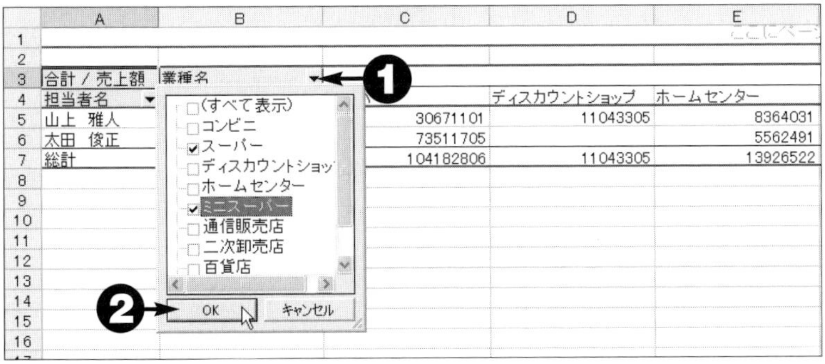

4 業種の表示条件

列欄の［業種名］の❶をクリックし、上記操作と同様の手順で「スーパー」と「ミニスーパー」にのみチェックを付けて、❷をクリックします。

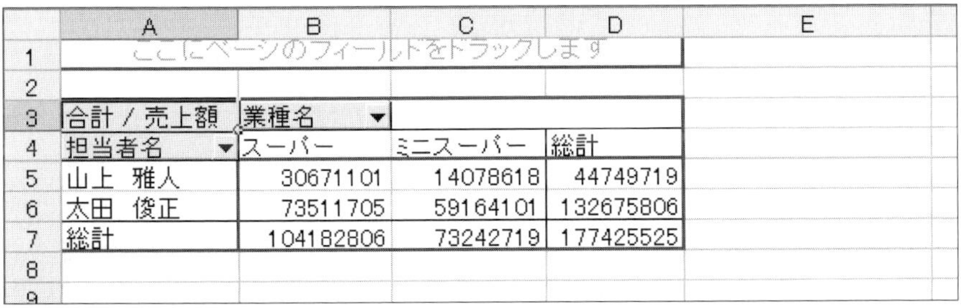

5 必要な項目の表示

2人の担当者と2つの業種名だけが抽出されたピボットテーブルが表示されました。

6 新規データを作成し、分析視点を変える

分析目的に合わせてデータを追加する

収集したデータには、すべての分析項目があるとは限りません。たとえば、売上高と粗利額の項目データがあっても、粗利率の項目がなければ粗利率分析はできません。こうした場合に、売上高と粗利額の項目を利用して計算し、新規の粗利率の項目を作成します。

また、「2008/03/15」のような売上日時の日付データがあっても、その日付データで年別集計や月別集計はできません。このようなときには、グループ化して、新たに「年」や「月」の項目を作成します。

こうした新規項目や新規アイテムの作成は、ピボットテーブルを使えば簡単に行えます。より詳細にデータを分析したい場合に利用します。

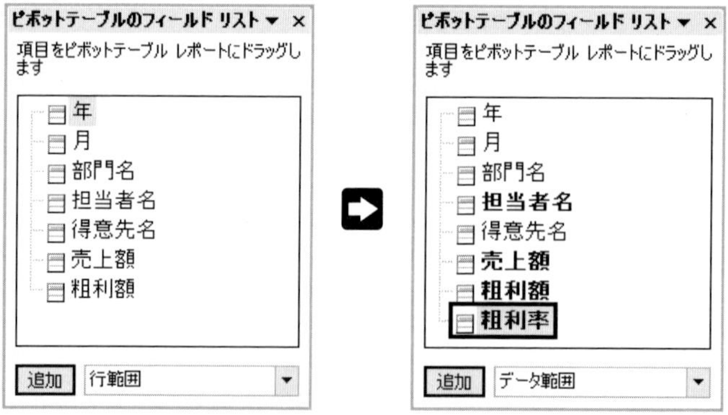

集計フィールドの新規項目の作成

ピボットテーブルの［集計フィールド］を利用して新規の項目（フィールド）を作成します。

グループ化計算式で簡単に項目を追加する

◆計算式で比率などの新規項目を作成する

たとえば、粗利率を、売上額と粗利額から算出して新規項目として作成します。

たとえば、キャンペーン期間の10月～12月の売上合計を新規アイテムとして作成します。この場合は、ピボットテーブルの［集計アイテム］を利用して作成します。

3	合計 / 売上額	月												
4	部門名	1	2	3	4	5	6	7	8	9	10	11	12	総計
5	営業1課	75万	74万	77万	80万	84万	78万	82万	78万	81万	85万	82万	94万	969万
6	営業2課	84万	83万	87万	82万	88万	84万	85万	82万	86万	94万	93万	97万	1045万
7	営業3課	80万	78万	79万	83万	87万	82万	85万	82万	86万	88万	86万	95万	1011万
8	総計	239万	235万	243万	244万	259万	244万	252万	241万	253万	267万	261万	286万	3025万

合計 / 売上額	月													
部門名	1	2	3	4	5	6	7	8	9	10	11	12	キャンペーン売上	総計
営業1課	75万	74万	77万	80万	84万	78万	82万	78万	81万	85万	82万	94万	260万	1229万
営業2課	84万	83万	87万	82万	88万	84万	85万	82万	86万	94万	93万	97万	284万	1330万
営業3課	80万	78万	79万	83万	87万	82万	85万	82万	86万	88万	86万	95万	269万	1280万
総計	239万	235万	243万	244万	259万	244万	252万	241万	253万	267万	261万	286万	814万	3839万

新規アイテムの作成

ピボットテーブルの［集計アイテム］を使えば、項目内容（アイテム）を利用して、新たな項目（アイテム）を作成できます。

ワンポイント　集計フィールドと集計アイテムの違い

「集計フィールド」は売上額や粗利額のように、既にある項目（フィールド）を使用するのに対し、「集計アイテム」は「月」項目内の「1月と2月のデータ」のように、項目内の要素（アイテム）を利用して別データを作成するところに違いがあります。

◆グループ化で年、四半期、月などの項目を追加する

日付データを利用して、「年」や「四半期」「月」などの新規項目を作成します。

合計 / 売上金額	
売上日付	集計
2007/4/1	819453
2007/4/3	223960
2007/4/4	351903
2007/4/5	416850
2007/4/6	475288
2007/4/7	72933
2007/4/8	336760
2007/4/10	786930
2007/4/11	152385
2007/4/12	383799
2007/4/13	435645
2007/4/14	1079113
2007/4/15	154835
2007/4/17	1035404
2007/4/18	342222

年	四半期	月	集計
2007年	第2四半期	4月	10454160
		5月	10117717
		6月	10704128
	第3四半期	7月	9855665
		8月	10866280
		9月	10640040
	第4四半期	10月	11075855
		11月	11277982
		12月	11884743
2008年	第1四半期	1月	9472157
		2月	9521982
		3月	9816197
	第2四半期	4月	10171202
		5月	11991107
		6月	11134794
	第3四半期	7月	10391756
		8月	11295418
		9月	10666630
	第4四半期	10月	11013202
		11月	10944204
		12月	14177554

データのグループ化

日付や時間は、「年」「月」「分」などにグループ化でき、数値データは、指定した単位ごとにグループ化できます。グループ化した項目は、[ピボットテーブルのフィールドリスト] に表示されます。

計算式を使って新たに「粗利率」の項目を作成してみよう

フィールドリストにある数値項目を利用して、計算式から算出された新たな数値を新規項目として作成することができます。ここでは、売上額と粗利額を利用して粗利率の項目を新規作成します。

操作事例 3-6　新規に粗利率の項目を作成する

得意先別月別売上表から、担当者別売上額と粗利額の表を作成し、その売上額と粗利額を利用して、新規項目として「粗利率」を作成します。粗利率は、「粗利額÷売上額」という計算式で算出されます。

	A	B	C	D	E	F	G
1	年	月	部門名	担当者名	得意先名	売上額	粗利額
2	2007	4	営業1課	伊藤　三郎	サーモビレー	1,080,725	169,968
3	2007	4	営業1課	伊藤　三郎	ビバーサン	945,836	147,200
4	2007	4	営業1課	伊藤　三郎	スーパー野村	475,036	73,772
5	2007	4	営業1課	伊藤　三郎	スーパーたのくら	917,909	140,042
6	2007	4	営業1課	伊藤　三郎	池本スーパー	196,480	29,777

操作前の表

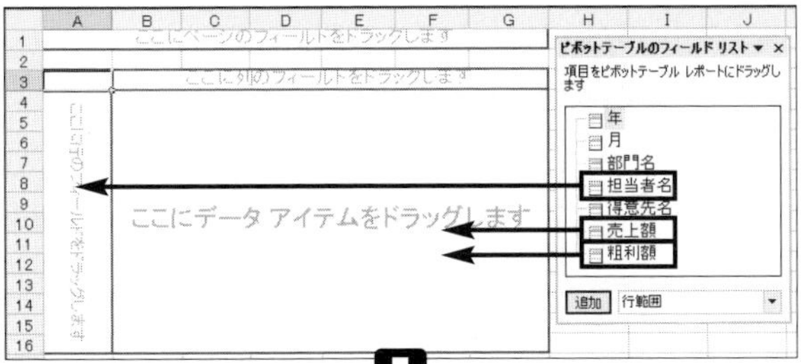

1 「担当者別売上額粗利額表」の作成

ピボットテーブルを起動し、[担当者名]を行欄へ、[売上額]と[粗利額]をデータ欄へそれぞれドラッグします。

2 データ欄の整理

B3にある[データ]ボタンを、ここではC3の列欄へドラッグします。

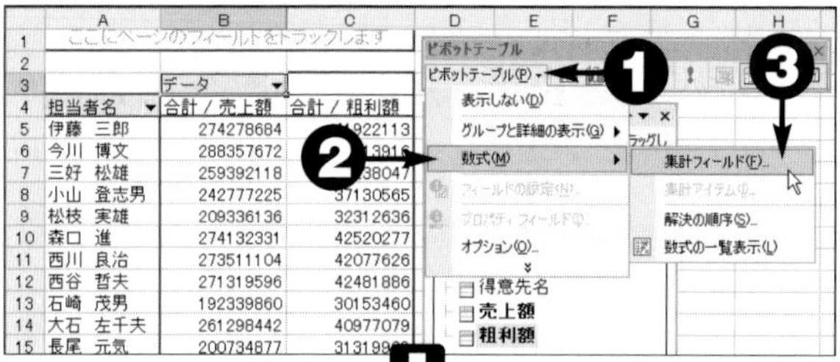

3 新規項目の作成

［ピボットテーブル］ツールバーの❶をクリックして表示されるメニューから❷をポイントし、❸をクリックします。

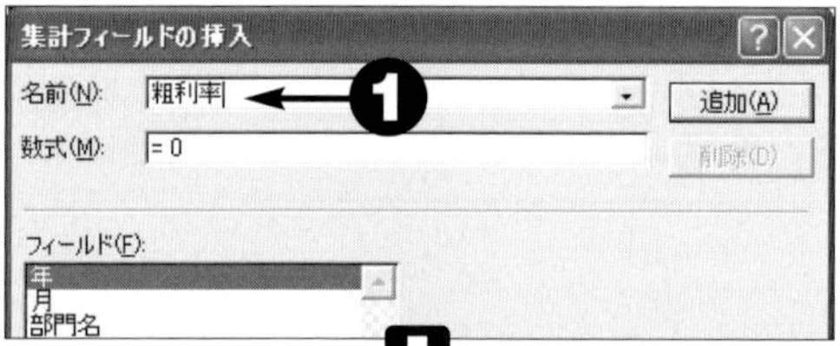

4 新規項目名の設定

❶に今から作成する新規項目名を入力します。ここでは「粗利率」と名前を入力しました。

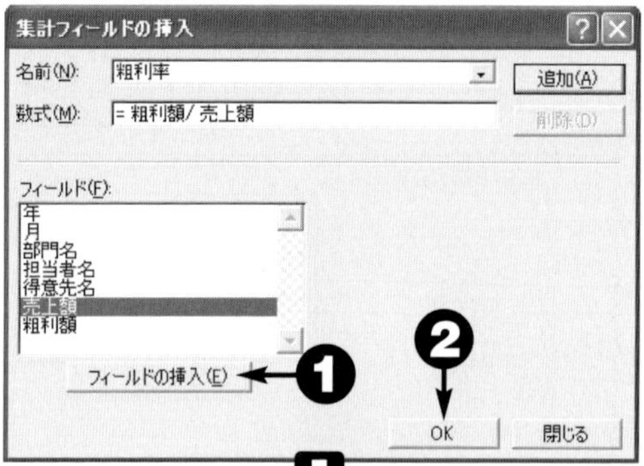

5 新規項目の数式の入力

まず、数式の「0」を削除し、フィールドから「粗利額」をクリックして❶をクリックします。続けて半角スラッシュ（/）をキーボードから入力します。再びフィールドから「売上額」をクリックして、❶をクリックし、❷をクリックします。

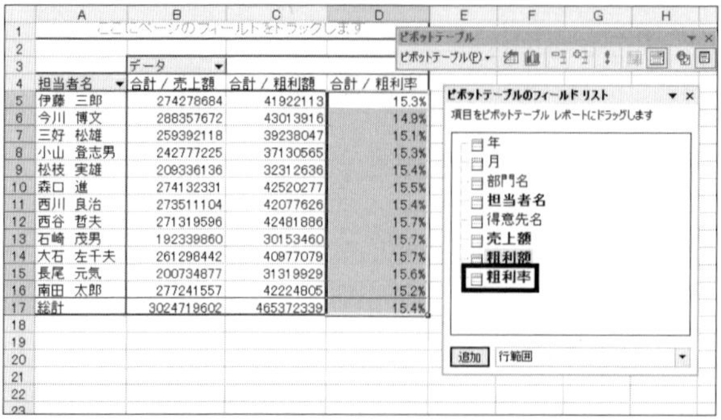

6 パーセンテージに表示変更

粗利率の新規項目が表示されました。数値は「0」が表示されます。そこで、この場合ではD5～D17のセルの表示形式を、［セルの書式設定］で小数点1桁表示のパーセンテージに変更します。

ワンポイント 粗利率の新規項目の作成

これで粗利率の新規項目が作成できました。また、フィールドリストに［粗利率］の新規項目が追加表示されています。今後は、この項目をほかの項目と同じように利用できます。

計算式を使って「特定期間の売上」を作成してみよう

　すでにある項目（フィールド）内の、項目内容（アイテム）を利用し、計算式を使って新規アイテムを作成することができます。ここでは、特定期間の売上という新規アイテムを作成します。

操作事例 3-7　特定期間の集計を行う

得意先別月別売上表より、課別月別の売上表を作成します。この表より、キャンペーンを行った2008年の10月～12月だけの売上合計の新規集計アイテム「キャンペーン売上」を作成します。

	A	B	C	D	E	F	G
1	年	月	部門名	担当者名	得意先名	売上額	粗利額
2	2007	4	営業1課	伊藤　三郎	サーモビレー	1,080,725	169,968
3	2007	4	営業1課	伊藤　三郎	ビバーサン	945,836	147,200
4	2007	4	営業1課	伊藤　三郎	スーパー野村	475,036	73,772
5	2007	4	営業1課	伊藤　三郎	スーパーたのくら	917,909	140,042
6	2007	4	営業1課	伊藤　三郎	池本スーパー	196,480	29,777

操作前の表

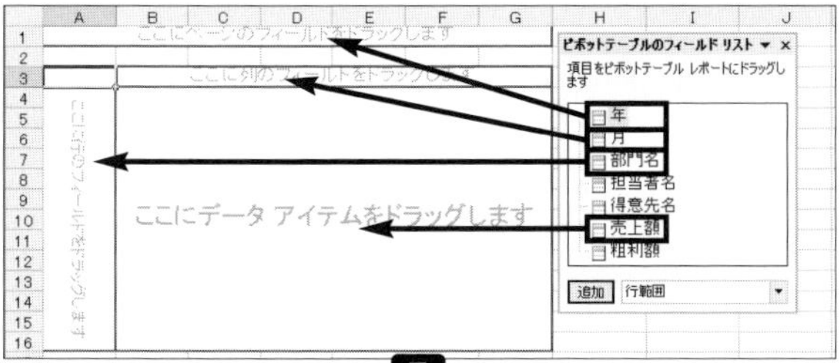

1 「2008年の課別月別売上表」の作成

ピボットテーブルを起動し、[年]をページ欄へ、[部門名]を行欄へ、[月]を列欄へ、[売上額]をデータ欄へそれぞれドラッグします。

2 「2008年」を選択

作成された表でキャンペーン年の「2008年」を選択します。

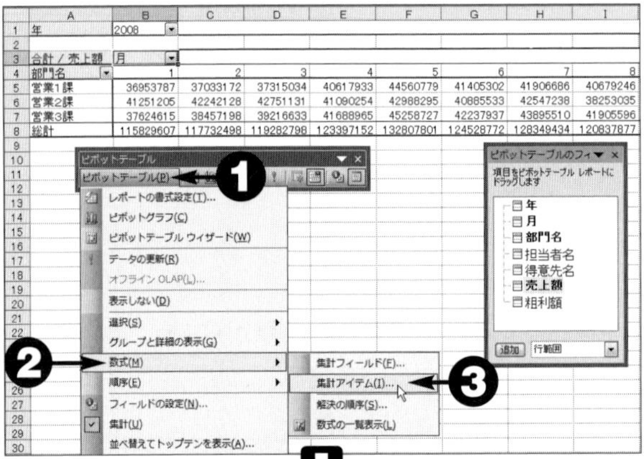

3 新規アイテムの作成

[月] 項目の内容から新規アイテムを作成するため、B3の [月] のボタンをクリックします。[ピボットテーブル] ツールバーの❶をクリックし、表示されたメニューから❷をポイントし、❸をクリックします。

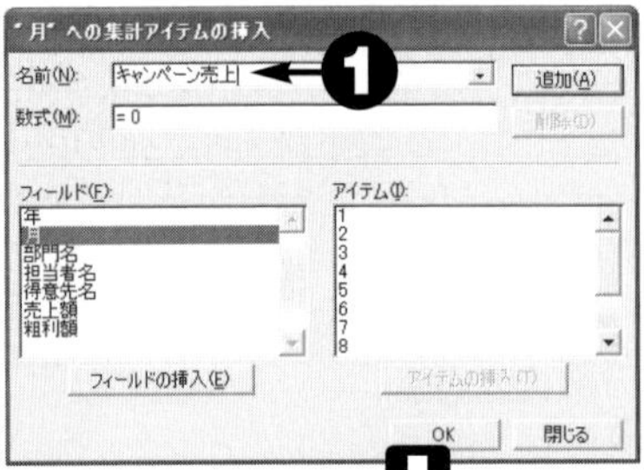

4 新規アイテム名の設定

❶に、今から作成するアイテム名を入力します。ここでは「キャンペーン売上」と入力しました。

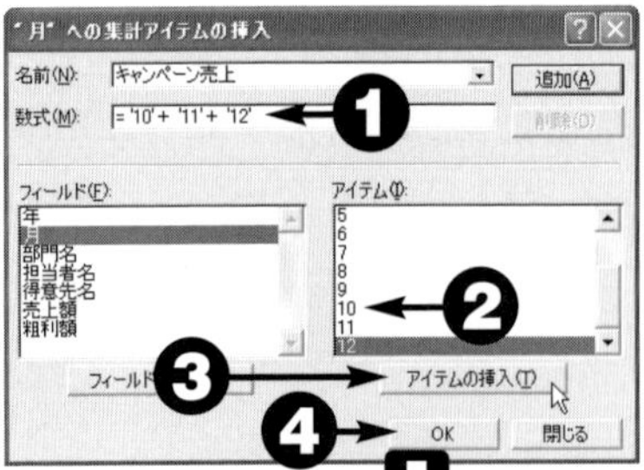

5 新規アイテムの数式入力

新規アイテムとなるデータ内容を❶で算出します。ここでは10月～12月までの合計値の計算式を指定します。まず、❶の「0」を削除します。次に❷のアイテム欄から「10」を選択して❸をクリックします。続けてキーボードから「＋」を入力します。同じ要領で、左画面のように数式を入力し、❹をクリックします。

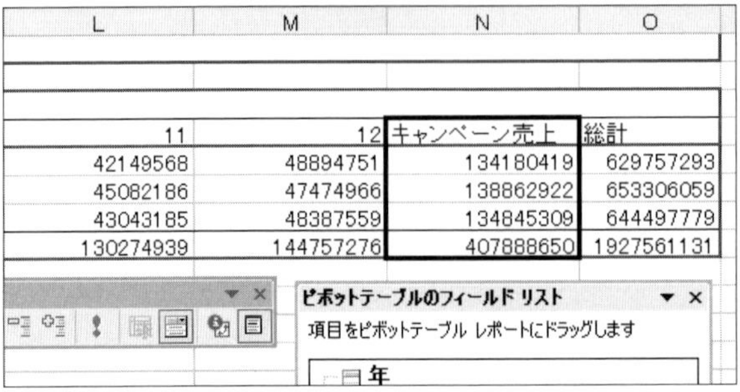

6 新規アイテムの表示

作成した「キャンペーン売上」が項目内容の最後に表示されました。

1月から12月までの「月」の項目内容に、新規アイテムとして「キャンペーン売上」いう項目内容の中身が1つ増えたことになります。

グループ化で「年売上」「月売上」を作成してみよう

売上伝票のような日単位のデータを分析するときは、データを「年」や「月」にグループ化することで新規項目として「年」「月」が作成できます。これにより分析視点が増やせます。

操作事例 3-8　日単位のデータから「年」と「月」の項目を作る

売上伝票データから、売上日ごとの売上額表を作成します。その売上日付をグループ化して、「年」「四半期」「月」の新規項目を作成します。

	A	B	C	D	E	F	G	H
1	伝票区分	売上日付	伝票番号	得意先名	商品名	数量	単価	売上金額
2	掛売上	2007/4/1	2107270	羽瀬部食料品店	みかん缶詰	185	165	30,525
3	掛売上	2007/4/1	2107270	羽瀬部食料品店	手打ち風ラーメン　わかめ入り	587	53	31,111
4	掛売上	2007/4/1	2107270	羽瀬部食料品店	調理用ワイン白	25	780	19,500
5	掛売上	2007/4/1	2107271	中川食料品店	中辛ラーメン　とんこつ味	680	56	38,080

操作前の表

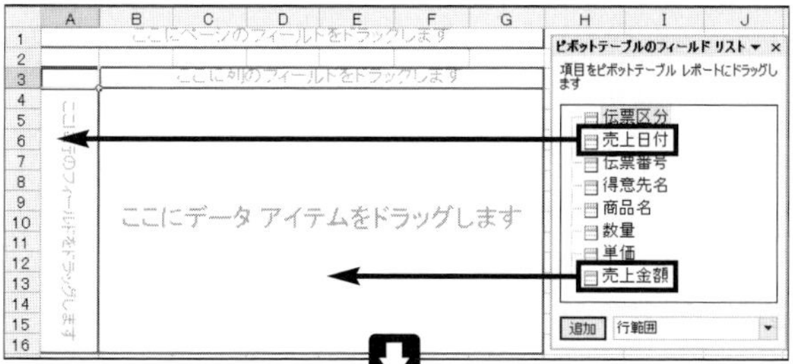

1 「売上日単位売上額表」の作成

ピボットテーブルを起動し、[売上日付]を行欄へ、[売上金額]をデータ欄へそれぞれドラッグします。

	A	B	C	D	E
1	ここにページのフィールドをドラッグします				
2					
3	合計 / 売上金額				
4	売上日付	集計			
5	2007/4/1	819453			
6	2007/4/3	223960			
7	2007/4/4	351903			
8	2007/4/5	416850			

2 作成された「売上日単位売上額表」

この段階では、日単位で表示されていることが確認できます。

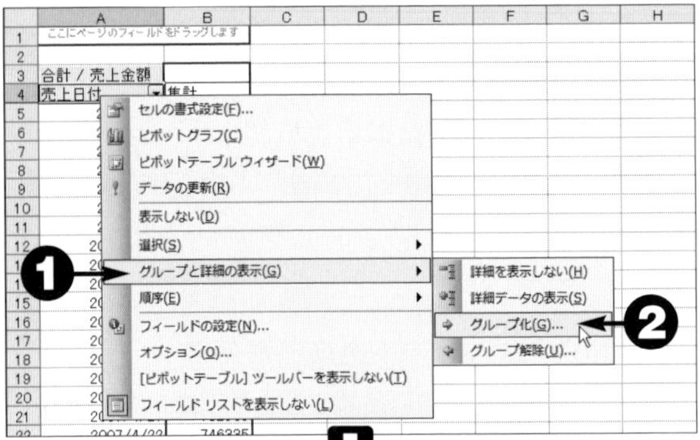

3 グループ化の指定

ここでは、「売上日付」から新規項目を作成するため、A4の［売上日付］ボタンを右クリックして、表示されたメニューから❶をポイントし、❷をクリックします。

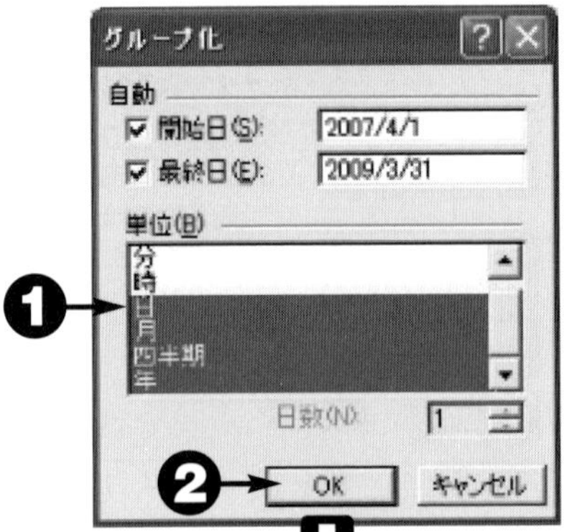

4 グループ化する単位の指定

表示された画面の❶から、グループ化したい単位を選択します。ここでは、「年」「四半期」「月」「日」をそれぞれクリックし、❷をクリックします。なお、開始日と終了日は、データから自動的に表示されます。

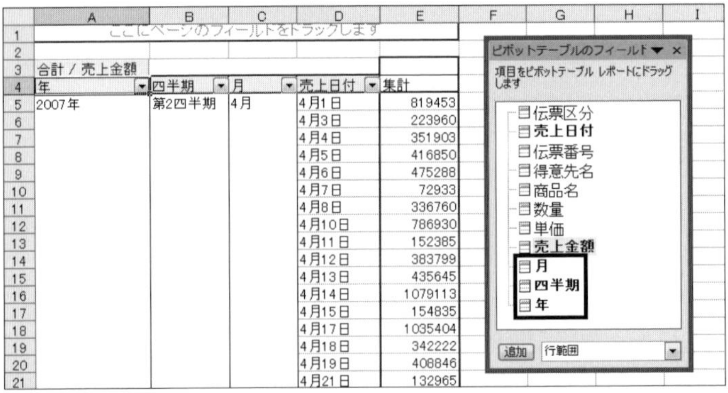

5 新規項目が入った表の作成

新規項目の［年］［四半期］［月］と売上日付の入った表が作成されました。また、フィールドリストに、［年］［四半期］［月］の新規項目が追加されています。ほかの項目と同じように、作成した項目も自由に利用できます。

なお、［日］も含めてグループ化で指定していないと、売上日付の日単位のデータが残りません。［日］を指定しないでグループ化すると、［売上日付］の内容が月のデータになります。

計算式を使って構成比率を作成する

　売上の分析では構成比率を作成したいことがあります。通常のエクセルシートで合計に対する構成比率を計算式で作成することもできますが、ピボットテーブルを使えば瞬時に作成できます。

操作事例 3-9　構成比率を瞬時に作成する

売上月別データから、得意先ごとの上期売上額と、その売上額の構成比率を新規に作成して、売上表を作成します。

	A	B	C	D	E	F	G	H	I
1	課名	担当者名	得意先名	地区名	業種名	4月	5月	6月	7月
2	営業１課	太田　俊正	ニコニコショップ	板橋区	コンビニ	1,037,211	1,024,125	1,007,085	754,9
3	営業１課	太田　俊正	スーパー川岡	板橋区	スーパー	1,131,072	1,013,804	1,169,943	1,208,1
4	営業１課	太田　俊正	スーパー高峰	板橋区	スーパー	179,390	202,089	476,485	348,1
5	営業１課	太田　俊正	東谷スーパー	板橋区	スーパー	422,554	533,528	515,149	328,0
6	営業１課	太田　俊正	スーパー橋本	板橋区	スーパー	203,920	434,138	356,725	530,7
7	営業１課	太田　俊正	スーパー中西	板橋区	スーパー	585,639	334,737	755,926	721,9
8	営業１課	太田　俊正	桜ヶ丘スーパー	板橋区	スーパー	625,288	566,287	706,509	673,5
9	営業１課	太田　俊正	スーパー志津	板橋区	スーパー	916,249	1,036,413	892,617	952,5

操作前の表

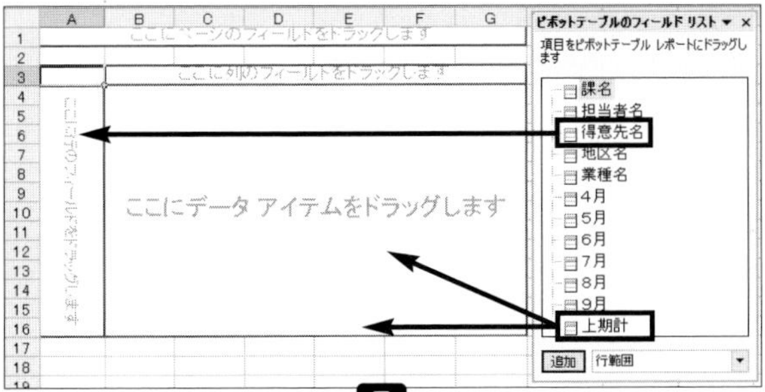

1 「得意先別売上表」の作成

ピボットテーブルを起動し、[得意先名] を行欄へ、[上期計] をデータ欄へ2回ドラッグします。

同じ項目を2つデータ欄に入れたので、2つ目は「合計／上期計2」と表示されます。この項目を構成比率の表示に変えます。

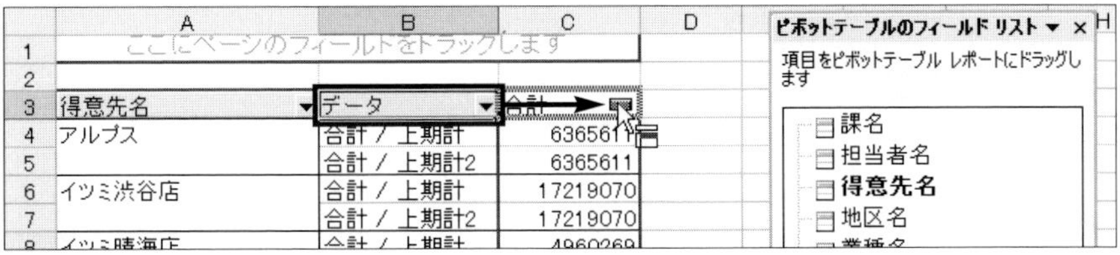

2 データ欄の整理

B3にある［データ］ボタンを、ここではC3の列欄へドラッグします。

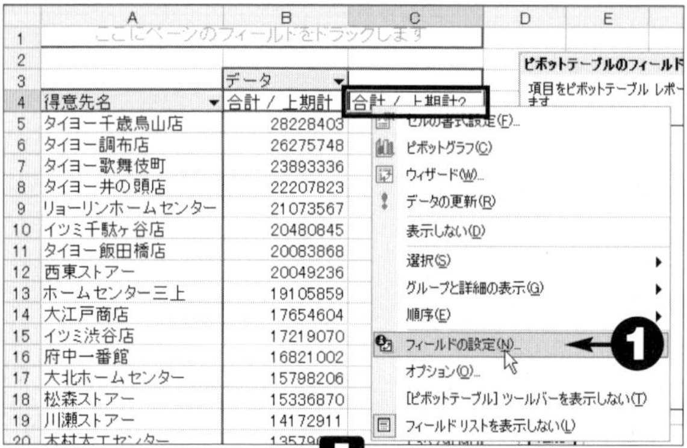

3 構成比率の作成

構成比率を見やすくするため、数値データをクリックして、[降順で並べ替え]ボタンをクリックし、データを並べ替えます。次に、[合計／上期計2]項目を構成比率に変えるので、C4の[合計／上期計2]を右クリックして、表示されたメニューから❶を選択します（2007では[データの集計方法]－[その他のポジション]を選択します）。

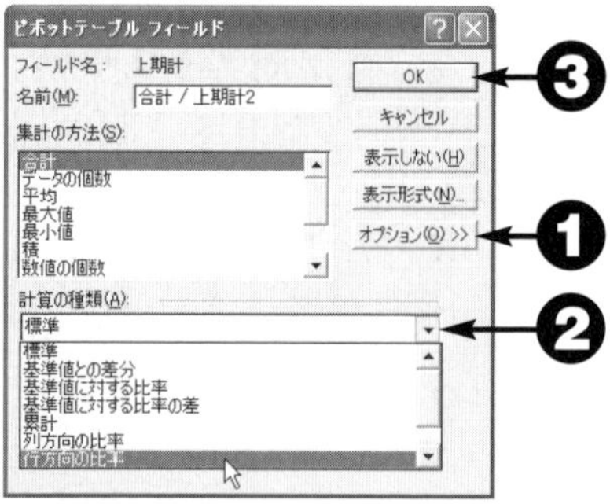

4 上期構成比の算出指定

❶をクリックします。❷をクリックし、[行方向の比率]を選びます。❸をクリックし、すべてのダイアログボックスを閉じます（2007では、[計算の種類]タブの[計算の種類]で[行方向の比率]を選択します）。

ワンポイント 行方向の比率

[行方向の比率]を選択したのは、この例では、B列の得意先上期計に対して各行単位（各得意先名単位）の各行ごとに比率を計算させるからです。もし、得意先名が列欄にあり、上期計が行欄にある場合の指定は、[列方向の比率]となります。

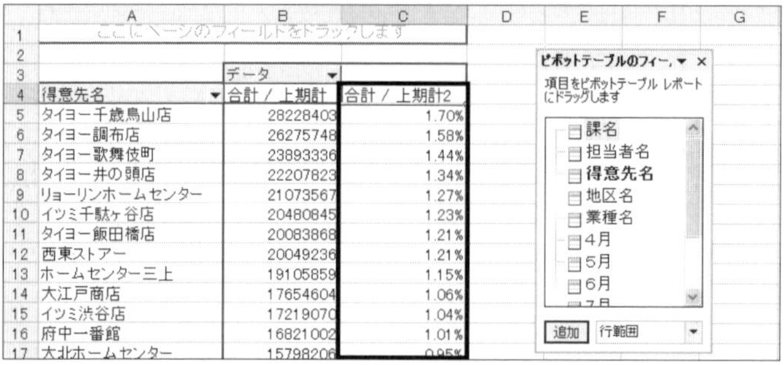

5 構成比率の表示

C列の表示が各得意先ごとの構成比率となりました。このように、瞬時に構成比率を作成することができます。この機能を利用して、ABC分析グラフの作成などを行います。

STEP

4

データ分析の手法と手順を覚えよう

1 基本はドリルダウン・ドリルアップ分析

ビジネスデータ分析の基本的な進め方は、要因や原因をつかむ「ドリルダウン分析」と傾向をつかみ要因を検証する「ドリルアップ分析」を行うことです。

◆販売データはルービックキューブのようなもの

販売活動で利用するビジネスデータは、時間軸、地域組織軸、品目軸の3つの観点を持ったデータであると考えます。それぞれ大分類から詳細データへと何ランクもの階層を持っています。その形態は、下記のルービックキューブのようなものにたとえることができます。ビジネスデータ分析では、この3つの軸をそれぞれの観点の切り口で分析したり、複合的に分析したりします。

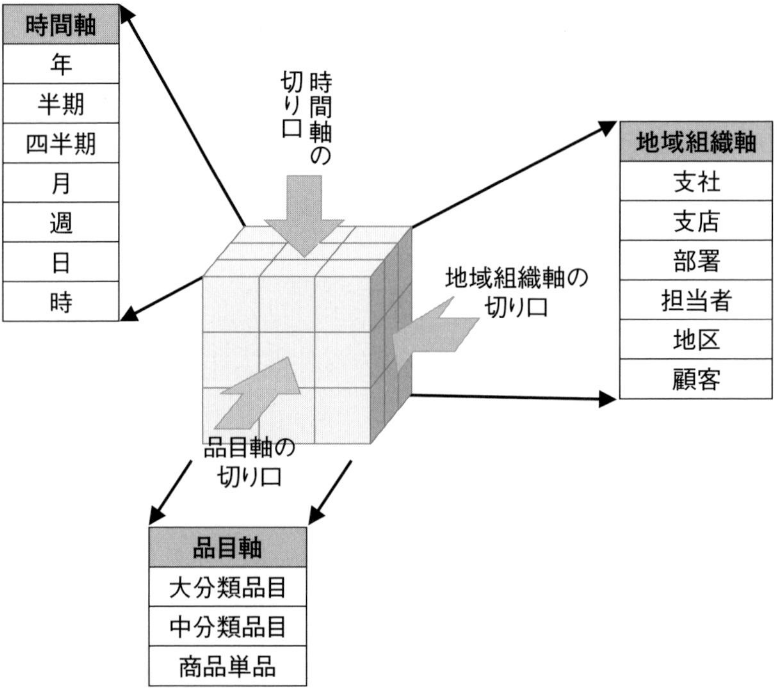

◆分析はドリルダウンで、検証はドリルアップ分析で

　問題点などの要因や原因を分析するときによく利用される手法が、「ドリルダウン分析」です。ドリルダウン分析とは、ドリルで穴を深く掘るように、大きな事柄から詳細な事柄へと分析を進めて行く方法です。

「詳細データを見ることにより原因がわかる」という観点から、多量な詳細データを、大分類→中分類→小分類と詳細化し、詳細なデータに至るプロセスで、原因や要因を分析します。時間軸で考えれば、年単位→半期単位→月単位など、見る視点を詳細化していきます。

　逆に、詳細データを集約しながら大きな事柄の動向をつかむ方法を「ドリルアップ分析」と呼びます。この手法は、事実の傾向を正確に認識するときに用いられ、要因や原因の検証に利用されます。

時間軸の構造と
ドリルダウン・アップ分析

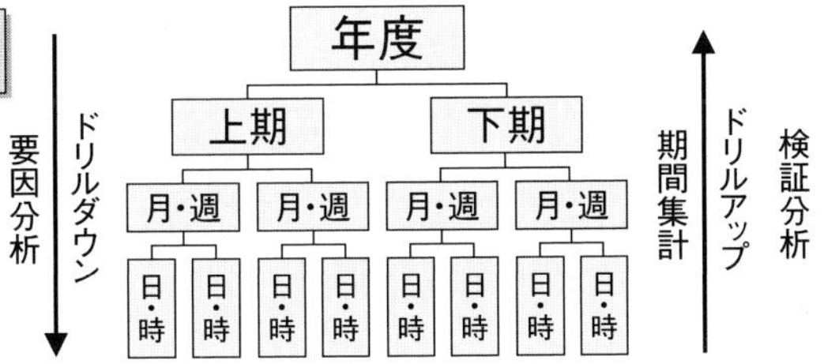

地域組織軸の構造と
ドリルダウン・アップ分析

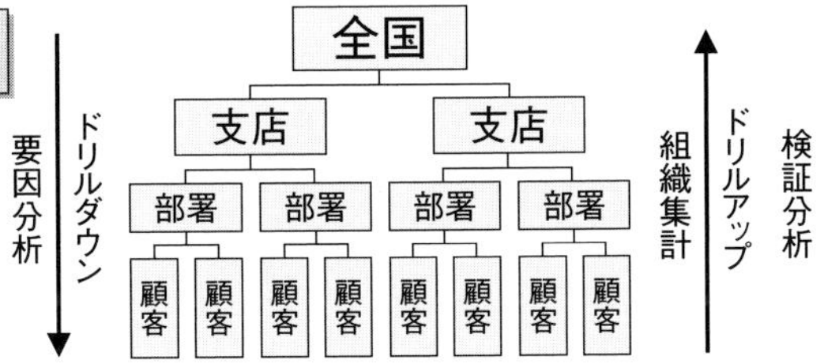

品目軸の構造と
ドリルダウン・アップ分析

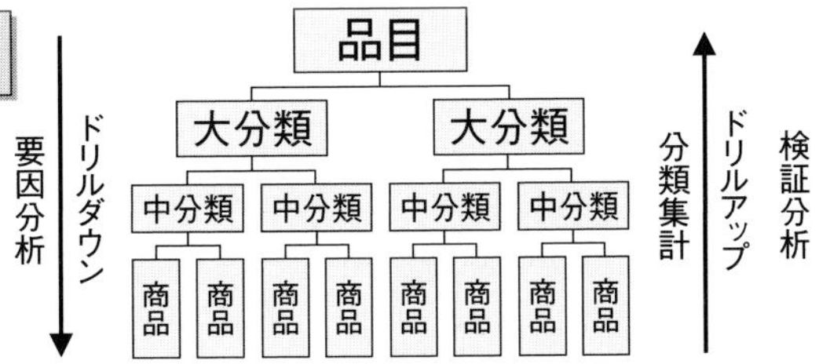

ドリルダウン分析のため、まず階層的な集計表を作ろう

ピボットテーブルの特徴の1つは、多項目マトリックス表が簡単に作成できることです。大分類→中分類→小分類と階層的な集計表を、項目をドラッグするだけで瞬時に作成できます。

操作事例 4-1 階層的な多項目表を作る

売上データから、課別担当別地区別の売上表を作成します。地域組織軸での階層的な多項目表を作成し、全体の動向をつかみます。

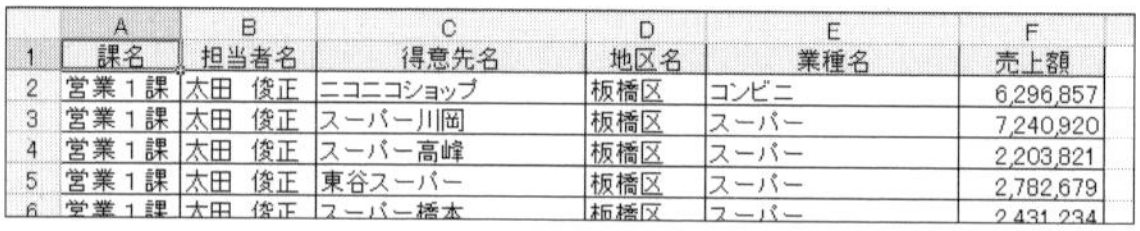

	A	B	C	D	E	F
1	課名	担当者名	得意先名	地区名	業種名	売上額
2	営業１課	太田 俊正	ニコニコショップ	板橋区	コンビニ	6,296,857
3	営業１課	太田 俊正	スーパー川岡	板橋区	スーパー	7,240,920
4	営業１課	太田 俊正	スーパー高峰	板橋区	スーパー	2,203,821
5	営業１課	太田 俊正	東谷スーパー	板橋区	スーパー	2,782,679
6	営業１課	太田 俊正	スーパー橋本	板橋区	スーパー	2,431,234

操作前の表

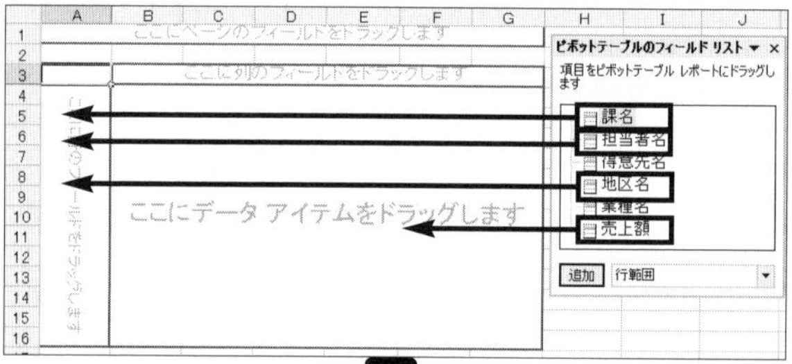

1 「課別担当者別地区別売上表」の作成

ピボットテーブルを起動し、最初に［課名］を行欄へ、続けて［担当者名］、［地区名］を同じく行欄へドラッグします。最後に［売上額］をデータ欄にドラッグします。このように、階層的な多項目表を作成する際は、ドラッグする順番も大切です。

	A	B	C	D
1	ここにページのフィールドをドラッグします			
2				
3	合計 / 売上額			
4	課名	担当者名	地区名	合計
5	営業1課	山上 雅人	中央区	69056522
6			文京区	28642323
7		山上 雅人 合計		97698845
8		太田 俊正	板橋区	98499104
9			北区	55346143
10		太田 俊正 合計		153845247
11		北山 和夫	港 区	129538406
12		北山 和夫 合計		129538406
13	営業1課 合計			381082498
14	営業2課	山本 哲朗	新宿区	136611923
15		山本 哲朗 合計		136611923
16		西田 昌男	品川区	90959816
17		西田 昌男 合計		90959816
18		滝本 清登	渋谷区	108264064

2 合計行の非表示

ここでは、合計行があると見にくいので、それを非表示にします。合計行が非表示になると明細状況が見やすくなります。その操作は次ページのワンポイントで紹介しています。

	A	B	C	D
1	ここにページのフィールドをドラッグします			
2				
3	合計 / 売上額			
4	課名 ▼	担当者名	地区名	合計
5	営業1課	山上 雅人	中央区	69056522
6			文京区	28642323
7		太田 俊正	板橋区	98499104
8			北区	55346143
9		北山 和夫	港区	129538406
10	営業2課	山本 哲朗	新宿区	136611923
11		西田 昌男	品川区	90959816
12		滝本 清登	渋谷区	108264064
13			千代田区	106487228
14	営業3課	横田 真二	小金井市	57029972
15			小平市	21985102
16			府中市	76469132
17		谷本 和志	三鷹市	46281353
18			調布市	78811969

3 作成された多項目マトリックス表

多項目表が作成されました。行欄へドラッグしたすべての項目の合計行が非表示になっています。

ワンポイント　合計行（または合計列）の非表示方法

ピボットテーブルを作成すると、行欄や列欄にドラッグした項目には合計行や合計列が表示されます。その合計行や合計列の非表示方法を、前ページで作成したピボットテーブル表の合計行を例にして説明します。ここでは［課名］と［担当者名］の2つの合計行があります。合計行を非表示にする方法はすべて同じなので、最初の［課名］の合計行の例で説明します。

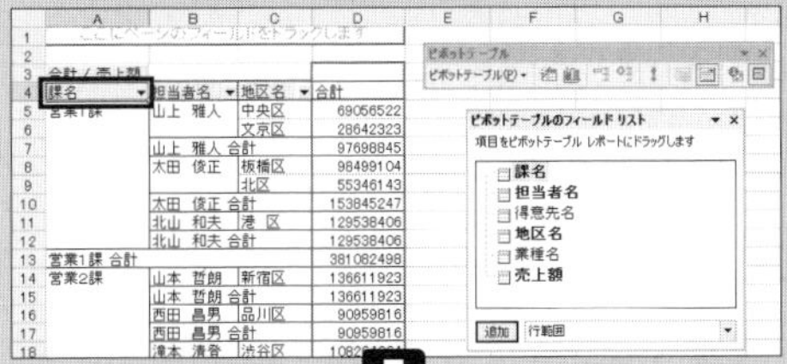

1 合計の非表示1

ここでは［課名］ボタンをダブルクリックします。

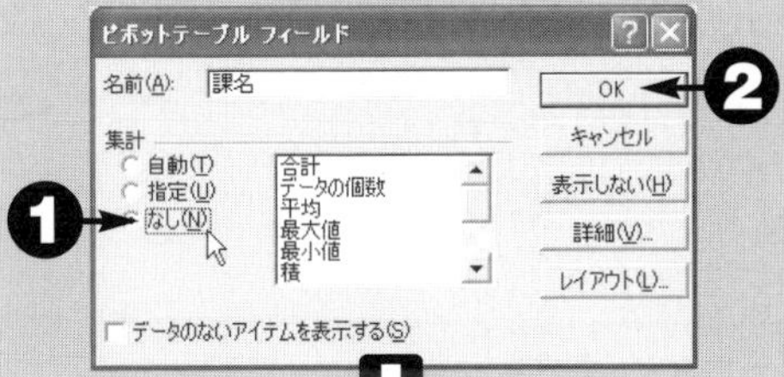

2 合計の非表示2

［ピボットテーブルフィールド］ダイアログボックスが表示されるので、❶を選択し、❷をクリックします。

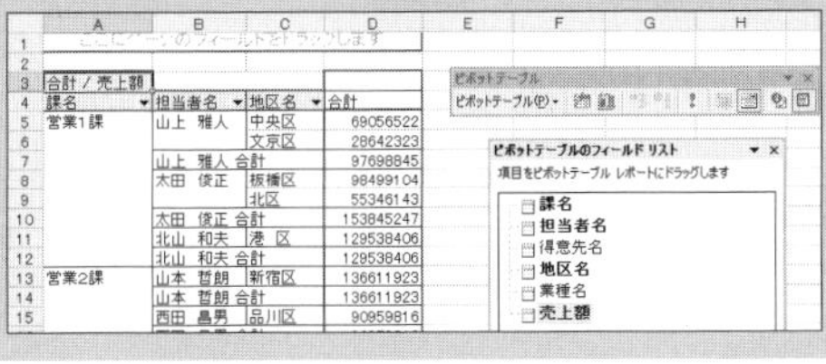

3 合計の非表示/再表示

「課名」の合計行が非表示になりました。再表示させるには、操作2で［自動］を選択してください。

階層的な表でドリルダウン・ドリルアップを行おう

多項目マトリックス表ではすべてが表示されます。見たい項目だけを表示するピンポイントドリルダウンの手法を利用して、大きな観点から詳細データへと一直線に内容を見る方法を解説します。

操作事例 4-2 ピンポイントなドリルダウン・ドリルアップを行う

売上データから、課別担当別地区別業種別得意先別のピンポイントドリルダウンの売上表を作成します。そして、その表をドリルアップし、別の観点でまたドリルダウンする方法を説明します。

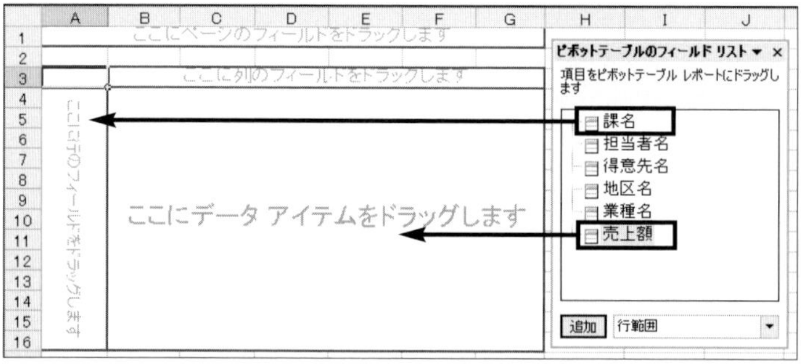

1 「課別売上表」の作成

ピボットテーブルを起動し、[課名] を行欄へ、[売上額] をデータ欄にそれぞれドラッグします。

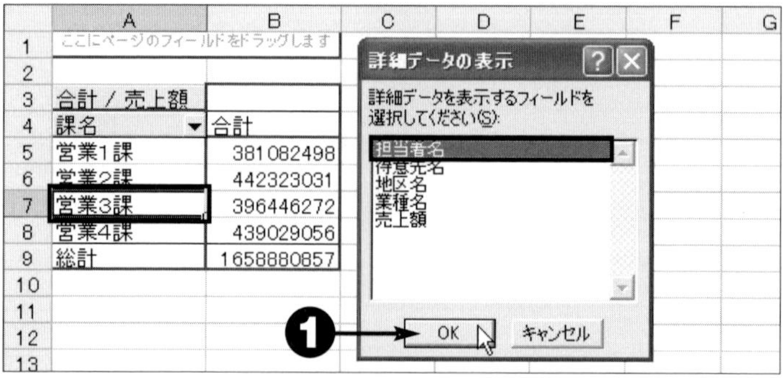

2 ドリルダウン1

今回は「営業3課」をドリルダウンします。A7の「営業3課」をダブルクリックします。すると [詳細データの表示] 画面が表示されるので、表示させたい項目として、ここでは「担当者名」を選択して、❶をクリックします。

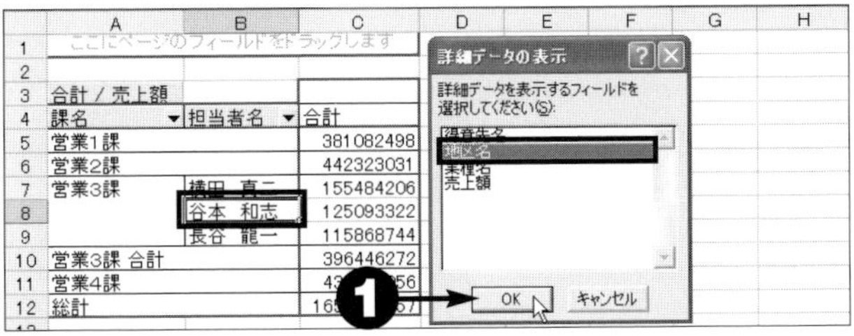

3 ドリルダウン2

「営業3課」の「担当者名」のみが表示されました。次に担当者の「谷本和志」を見たいのでB8をダブルクリックします。再び、[詳細データの表示] 画面が表示されます。次に表示させたい「地区名」を選択して、❶をクリックします。

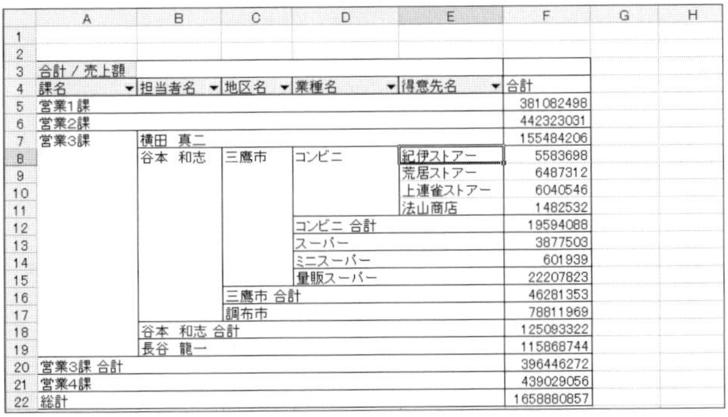

4 ドリルダウン3

同様の操作で「三鷹市」をダブルクリックして[業種名]を、表示された[業種名]から「コンビニ」をダブルクリックして「得意先名」を選択します。すると、画面のようなピンポイントドリルダウンの表が作成されます。

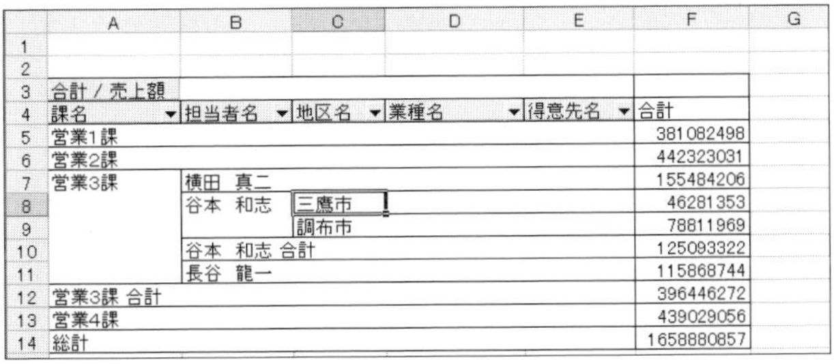

5 ドリルアップ1

詳細データまでドリルダウンしたら、次にドリルアップを行います。1つ上の項目をダブルクリックすることで上位項目へドリルアップができます。画面は、「コンビニ」をダブルクリックし、次に「三鷹市」をダブルクリックして閉じた例です。

	A	B	C	D	E	F	G	H
1								
2								
3	合計 / 売上額							
4	課名	担当者名	地区名	業種名	得意先名	合計		
5	営業1課					381082498		
6	営業2課					442323031		
7	営業3課					396446272		
8	営業4課					439029056		
9	総計					1658880857		

6 ドリルアップ2

「営業3課」をダブルクリックすると、全部が閉じた状態になります。

↓

	A	B	C	D	E	F	G	H
2								
3	合計 / 売上額							
4	課名	担当者名	地区名	業種名	得意先名	合計		
5	営業1課					381082498		
6	営業2課					442323031		
7	営業3課					396446272		
8	営業4課	佐藤　一郎	荒川区			37276457		
9			足立区	スーパー	スーパー岡本	5496330		
10					スーパー皆長	4394874		
11					スーパー藤	9474409		
12					満足屋	9997224		
13					木村屋	4682948		
14				スーパー 合計		34045785		
15				ホームセンター		2986917		
16				ミニスーパー		4378628		
17			足立区 合計			41411330		
18			台東区			79756789		
19		佐藤　一郎 合計				158444576		
20		田中　正一	世田谷区			155936913		
21		田中　正一 合計				155936913		
22		鈴木　英生				124647567		
23	営業4課 合計					439029056		
24	総計					1658880857		

7 再度のドリルダウン

ここまで作成した表を利用して、別項目のドリルダウン分析が行えます。ここでは、「営業4課」→「佐藤一郎」→「足立区」→「スーパー」とそれぞれダブルクリックして、ピンポイントで表示させました。

ワンポイント このように、一度ドリルダウンの詳細表示をさせたあとドリルアップすると、自由にどこでもピンポイントドリルダウン分析ができます。

2 ドリルスルー分析で特定詳細データを分析

ある分析結果の詳細データを取り出して、より詳しく分析を進めようというのが「ドリルスルー分析」の手法です。ピボットテーブルで、集計値からドリルスルーで利用する詳細データを取り出せます。

ドリルスルーは合計値の元となる明細データが重要

ドリルダウンである項目を分析するとき、その項目の合計値の元となった明細データを取り出して、より詳細にデータ分析を行うのが「ドリルスルー」という分析手法です。ピボットテーブルで作成された表の数値は合計された「集計値」です。ある項目の「集計値」の基になる明細データだけを取り出してドリルスルー分析を行います。

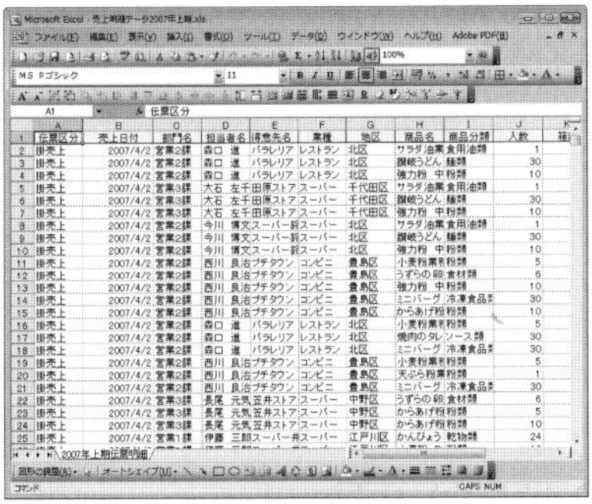

1 元になる明細データを準備します。

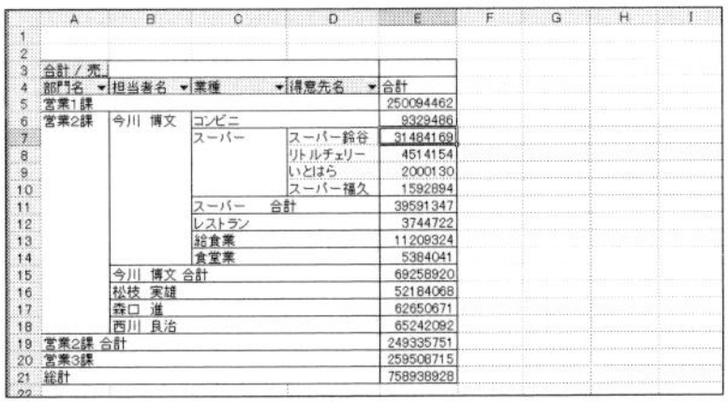

2 ピボットテーブルで集計し、見たい項目の合計値を指定します。

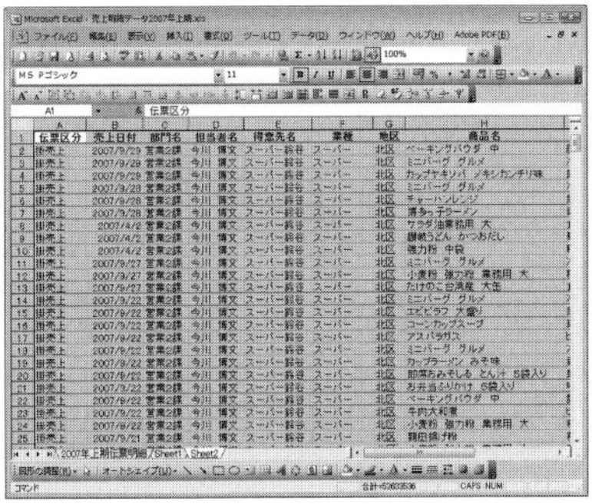

3 その合計値の元となった明細データが表示されます。

詳細な分析を実施

4 そのデータを利用してさらなる詳細分析を行います。

ピボットテーブルなら明細データ抜き出しは一操作

ピボットテーブルでのドリルスルー操作は簡単です。ピボットテーブルで集計された項目の合計値の数値をダブルクリックするだけで、その合計値の元になった詳細データが別シートに表示されます。その別シートのデータを利用して、新たなピボットテーブルを作成し、さらに分析を進めます。

以下の例は、ピンポイントドリルダウンで見た「スーパー鈴谷」の売上高「31484169」の元になった伝票明細データを取り出し、その詳細分析を行うというドリルスルー分析の例です。

	A	B	C	D	E
1	ここにページのフィールドをドラッグします				
2					
3	合計 / 売上				
4	部門名 ▼	担当者名 ▼	業種 ▼	得意先名 ▼	合計
5	営業1課				250094462
6	営業2課	今川　博文	コンビニ		9329486
7			スーパー	スーパー鈴谷	31484169
8				リトルチェリー	4514154
9				いとはら	2000130
10				スーパー福久	1592894
11			スーパー　合計		39591347
12			レストラン		3744722
13			給食業		11209324
14			食堂業		5384041
15		今川　博文 合計			69258920
16		松枝　実雄			52184068
17		森口　進			62650671
18		西川　良治			65242092
19	営業2課 合計				249335751
20	営業3課				259508715
21	総計				758938928

1 伝票明細データからピンポイントドリルダウンで表示した「スーパー鈴谷」の売上合計の末値「31484169」のセルをダブルクリックします。

⬇

	A	B	C	D	E	F	G	H
1	伝票区分	売上日付	部門名	担当者名	得意先名	業種	地区	商品名
2	掛売上	2007/9/29	営業2課	今川　博文	スーパー鈴谷	スーパー	北区	ベーキングパウダ　中
3	掛売上	2007/9/29	営業2課	今川　博文	スーパー鈴谷	スーパー	北区	ミニバーグ　グルメ
4	掛売上	2007/9/29	営業2課	今川　博文	スーパー鈴谷	スーパー	北区	カップヤキソバ　メキシカンチリ味
5	掛売上	2007/9/28	営業2課	今川　博文	スーパー鈴谷	スーパー	北区	ミニバーグ　グルメ
6	掛売上	2007/9/28	営業2課	今川　博文	スーパー鈴谷	スーパー	北区	チャーハンレンジ
7	掛売上	2007/9/28	営業2課	今川　博文	スーパー鈴谷	スーパー	北区	博多っ子ラーメン
8	掛売上	2007/4/2	営業2課	今川　博文	スーパー鈴谷	スーパー	北区	サラダ油業務用　大
9	掛売上	2007/4/2	営業2課	今川　博文	スーパー鈴谷	スーパー	北区	讃岐うどん　かつおだし
10	掛売上	2007/4/2	営業2課	今川　博文	スーパー鈴谷	スーパー	北区	強力粉　中袋
11	掛売上	2007/9/27	営業2課	今川　博文	スーパー鈴谷	スーパー	北区	ミニバーグ　グルメ
12	掛売上	2007/9/27	営業2課	今川　博文	スーパー鈴谷	スーパー	北区	小麦粉　強力粉　業務用　大
13	掛売上	2007/9/27	営業2課	今川　博文	スーパー鈴谷	スーパー	北区	たけのこ台湾産　大缶
14	掛売上	2007/9/22	営業2課	今川　博文	スーパー鈴谷	スーパー	北区	ミニバーグ　グルメ
15	掛売上	2007/9/22	営業2課	今川　博文	スーパー鈴谷	スーパー	北区	エビピラフ　大盛り
16	掛売上	2007/9/22	営業2課	今川　博文	スーパー鈴谷	スーパー	北区	コーンカップスープ
17	掛売上	2007/9/22	営業2課	今川　博文	スーパー鈴谷	スーパー	北区	アスパラガス
18	掛売上	2007/9/22	営業2課	今川　博文	スーパー鈴谷	スーパー	北区	ミニバーグ　グルメ
19	掛売上	2007/9/22	営業2課	今川　博文	スーパー鈴谷	スーパー	北区	カップラーメン　みそ味
20	掛売上	2007/9/22	営業2課	今川　博文	スーパー鈴谷	スーパー	北区	即席おみそしる　とん汁　5袋入り
21	掛売上	2007/9/22	営業2課	今川　博文	スーパー鈴谷	スーパー	北区	お弁当ふりかけ　5袋入り
22	掛売上	2007/9/22	営業2課	今川　博文	スーパー鈴谷	スーパー	北区	ベーキングパウダ　中
23	掛売上	2007/9/22	営業2課	今川　博文	スーパー鈴谷	スーパー	北区	牛肉大和煮
24	掛売上	2007/9/22	営業2課	今川　博文	スーパー鈴谷	スーパー	北区	小麦粉　強力粉　業務用　大
25	掛売上	2007/9/21	営業2課	今川　博文	スーパー鈴谷	スーパー	北区	竜田揚げ粉

2007年上期伝票明細 / Sheet1 / Sheet2

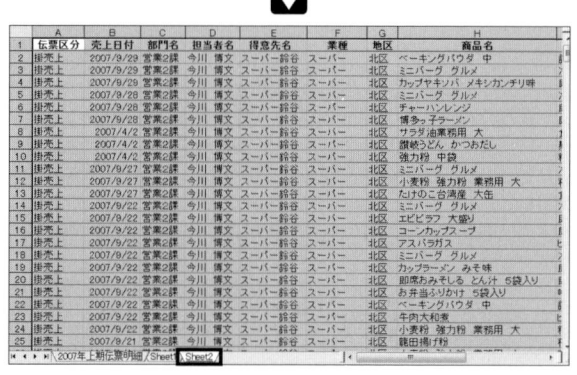

2 上記の合計値の元になった「スーパー鈴谷」の伝票明細データが別シートに表示されます。

3 スライス&ダイス分析で多角的な分析を行う

ビジネスデータを、ある切り口で切り取って分析する手法を「スライス分析」と呼び、多角的な角度で項目をいろいろ変えて分析する手法を「ダイス分析」と言います。

スライス&ダイス分析とは

スライス分析とは、データをさまざまな切り口で切り取り（スライス）、分析視点を深くしていく分析手法です。ダイス分析とは、サイコロ（ダイス）を転がして回し見るように、視点を変えて分析する手法です。

下図のように、「品目別推移表」から「関西」だけ取り出して「地区別品目別推移表」のように見る分析がスライス分析です。

また、「品目別推移表」の項目を入れ替えて、「地域別推移表」にしたり、「品目別地区別表」にしたりして分析する方法がダイス分析です。

品目別推移表

	2005	2006	2007	2008
商品A	756	791	609	784
商品B	906	685	956	953
商品C	840	823	631	898

スライス分析

地域別品目別推移表

関西	2005	2006	2007	2008
商品A	241	345	235	374
商品B	345	215	362	409
商品C	248	257	232	297

地域軸に変更
ダイス分析

地域別推移表

	2005	2006	2007	2008
東京	954	815	755	819
関西	834	817	829	1080
中部	714	667	612	736

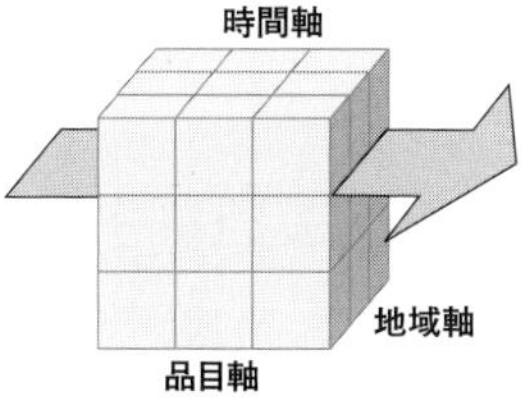

スライス分析

品目別地域別推移表

品目A	2005	2006	2007	2008
東京	329	237	239	265
関西	241	345	235	374
中部	156	209	135	145

時間軸に回転
ダイス分析

品目軸に変更
ダイス分析

年度別品目別地域別表

2008	東京	関西	中部
商品A	265	374	145
商品B	237	409	307
商品C	317	297	284

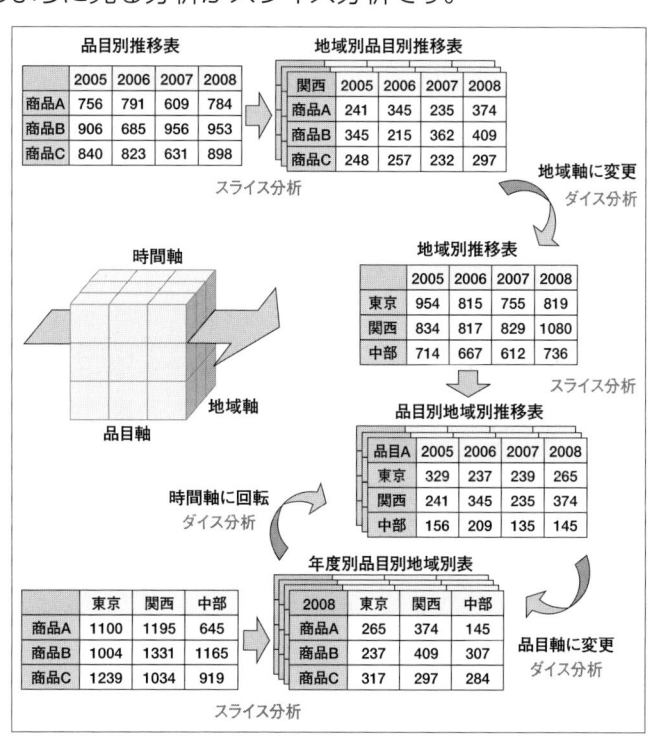

	東京	関西	中部
商品A	1100	1195	645
商品B	1004	1331	1165
商品C	1239	1034	919

スライス分析

ピボットテーブル・グラフでのスライス&ダイス分析

ピボットテーブルは、ドリルダウンやスライス&ダイス分析ができるOLAPツールです。ピボットテーブルでのスライス分析は、ページ欄でのデータの絞り込みや抽出条件指定で行います。またダイス分析は、行欄や列欄での項目移動や項目追加によって行います。

ピボットグラフでも、同じようにページ欄でスライス機能、系列欄と項目欄でダイス機能を利用します。

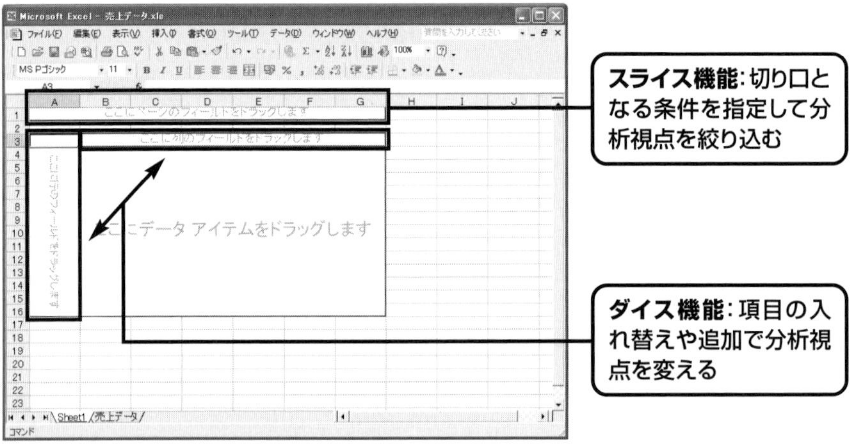
Microsoft Excel - 売上データ.xls
ここにデータ アイテムをドラッグします
スライス機能:切り口となる条件を指定して分析視点を絞り込む
ダイス機能:項目の入れ替えや追加で分析視点を変える

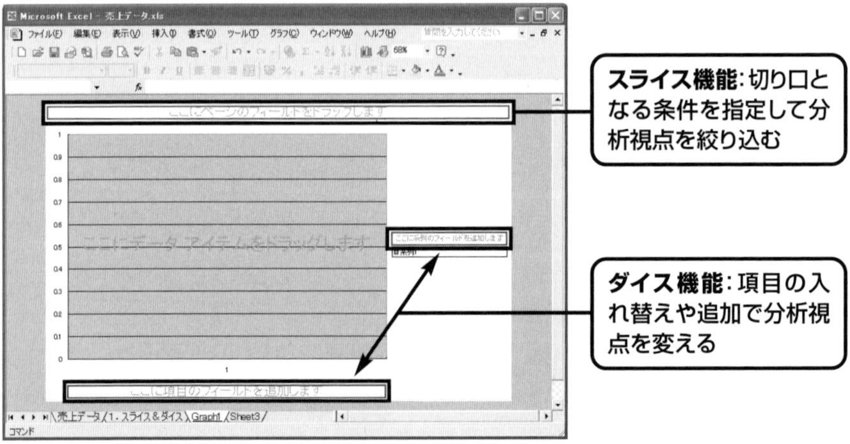
Microsoft Excel - 売上データ.xls
ここにデータ アイテムをドラッグします
スライス機能:切り口となる条件を指定して分析視点を絞り込む
ダイス機能:項目の入れ替えや追加で分析視点を変える

4　動向分析で問題点と課題をつかむ

動向分析では、まず順位の動向をつかみ、そこから伸びや落ち込み動向を把握し、そしてそれらを比較することにより、問題点や課題を発見します。

動向分析ではまず現状把握が大切

動向分析でまず行うことは、事実を正確に把握することです。その事実の把握とは、順位の把握、推移の把握、内訳の把握です。それらをさまざまな観点から比較することにより、問題点や成長点を見出し、課題を発見することが動向分析の目的です。

分析視点	内容	分析ポイント
順位の把握	売上高順や粗利額順などの順位の動向を、棒グラフなどでつかみます。その順位動向も、前年対比などで比較しながらつかみます。順位動向にはパターンがあります。そのパターンから問題点を見つけます。	順位グラフのパターンの読み方を知る（133 ページ）
推移の把握	推移の動向を、大分類→中分類と詳細化して、折れ線グラフなどでつかみます。推移動向は、まず伸びや落ち込み動向を把握し、今後を予測することにより、問題点や課題を発見します。	推移グラフのパターンの読み方を知る（137 ページ）
内訳の把握	内訳、構成の動向を円グラフや積み上げ縦棒グラフなどでつかみます。このとき必ず、前年対比や他部門などの複数のグラフを比較して、その差異から問題点や課題を見つけ出します。	内訳グラフの読み方を知る（141 ページ）
順位、推移、内訳を比較	売上額と粗利額などの額の比較、額と比率の比較、全体と部分の比較、内訳構成の推移比較などの比較分析を行い、良し悪しの判断から問題点や課題を発見します。	比較グラフの読み方を知る（135 ページ）

動向分析での問題点の見つけ方

動向分析の第一の目的は、問題点を見出すことです。そのためには、問題点とは何であるかを整理しておくことが重要です。動向分析での問題点とは、目標と実績のギャップ、前年対比などでの落ち込み、急激な落ち込み、急激な成長、異常な動向などを指します。

問題点	内　容
目標と実績のギャップ	予算と実績などが例で、その差異が大きいほど問題は大きくなります。数字や達成率だけでなく、棒グラフなどでそのギャップを視覚化して差異を判断できるようにすることが必要です。
前年対比での落ち込み	前年同期対比や、前年同月対比、前年月別推移対比などで、落ち込みを見つけます。このときに全体としては落ち込んでいなくても、部分的に落ち込んでいるものがあります。全体での比較、部分での比較とドリルダウンして分析することも重要です。
急激な落ち込み	推移分析などで急激な落ち込みなどを見つけます。曲がり角を発見して早めに手を打つために、顧客別や商品別などの詳細データでの落ち込みを発見します。
急激な成長	急激な成長もある意味では問題点です。何故急激に成長したのか、その裏になにか問題はないか、それを判断するために、急激な成長も問題点としてとらえます。
異常な動向	動向分析は、異常値分析でもあります。通常の考え方からはずれた動向を問題点として把握します。異常値分析については、125 ページの「グラフ分析でまず見るべきは「異常値」」を参照してください。

ワンポイント 動向分析での注意点

動向分析は、グラフを中心に行いますが、そのときに必ず数値も一緒に見て判断します。グラフは、傾向で判断するために見た目で流されることがあります。たとえば、右図のAは落ち込んでいるように見えます。しかし、Aの半期の予算達成率が150％であればA自体にそれほどの問題はありません。異常に高かった5月はなぜかということが分析すべきポイントになります。グラフと一緒にデータ表も表示するには、[グラフオプション]ダイアログボックスで [データテーブル]タブをクリックし、[データテーブルを表示する]にチェックマークを入れます。

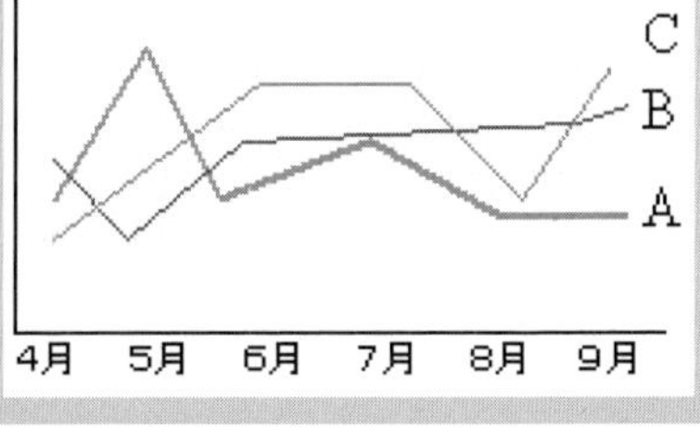

ベスト・ワーストの上位分析を行おう

動向分析の第一歩が順位分析です。順位分析では上位や下位のトップテンを取り出して分析します。ここでは、ピボットテーブルで簡単にできるトップテンの抽出方法を説明します。

操作事例 4-3　トップテンを表示する

売上データより、得意先別売上表を作成します。売上額順のトップテンの得意先だけを表示させてみます。

	A	B	C	D	E	F
1	課名	担当者名	得意先名	地区名	業種名	売上額
2	営業１課	太田　俊正	ニコニコショップ	板橋区	コンビニ	6,296,857
3	営業１課	太田　俊正	スーパー川岡	板橋区	スーパー	7,240,920
4	営業１課	太田　俊正	スーパー高峰	板橋区	スーパー	2,203,821
5	営業１課	太田　俊正	東谷スーパー	板橋区	スーパー	2,782,679
6	営業１課	太田　俊正	スーパー橋本	板橋区	スーパー	2,431,234
7	営業１課	太田　俊正	スーパー中西	板橋区	スーパー	3,833,207
8	営業１課	太田　俊正	桜ヶ丘スーパー	板橋区	スーパー	4,297,159
9	営業１課	太田　俊正	スーパー志津	板橋区	スーパー	6,360,491

操作前の表

1 「得意先別売上表」の作成

ピボットテーブルを起動し、[得意先名]を行欄へ、[売上額]をデータ欄へそれぞれドラッグします。

	A	B
1	ここにページのフィールドをドラッグします	
2		
3	合計 / 売上額	
4	得意先名	合計
5	アルプス	6365611
6	イツミ渋谷店	17219070
7	イツミ晴海店	4960269
8	イツミ千駄ヶ谷店	20480845
9	イツミ大井町店	7146553
10	イツミ日本橋店	7261718
11	イノウエ屋	12085560

2 売上額の数字をクリック

売上額の任意の数字をクリックします。

ここにページのフィールドをドラッグします
合計 / 売上額
得意先名
合計
タイヨー千歳烏山店 28228403
タイヨー調布店 26275748
タイヨー歌舞伎町 23893336
タイヨー井の頭店 22207823
リョーリンホームセンター 21073567
イツミ千駄ヶ谷店 20480845
タイヨー飯田橋店 20083868
西東ストアー 20049236
ホームセンター三上 19105859

3 売上額順に並べ替え

ツールバーの［降順で並べ替え］ボタンをクリックして並べ替えます。

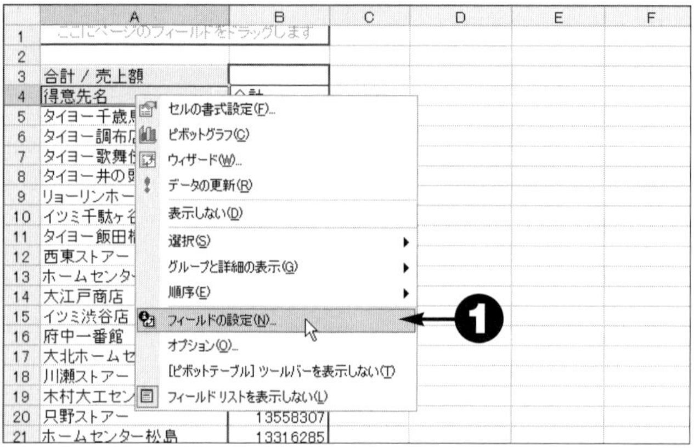

4 トップテンの抽出1

［得意先名］ボタンを右クリックし、表示されたメニューから❶を選択します。

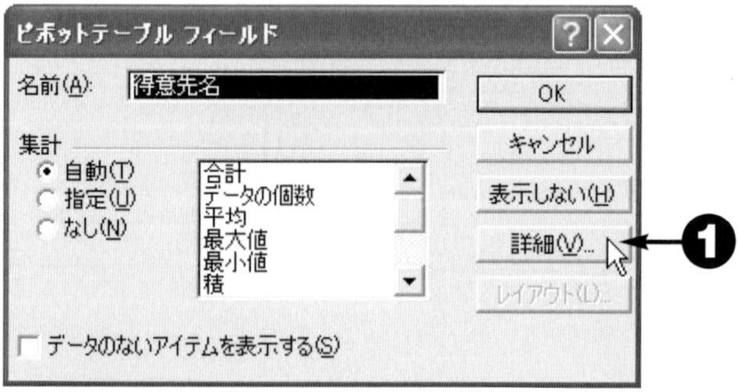

5 トップテンの抽出2

表示された画面で、❶をクリックします。

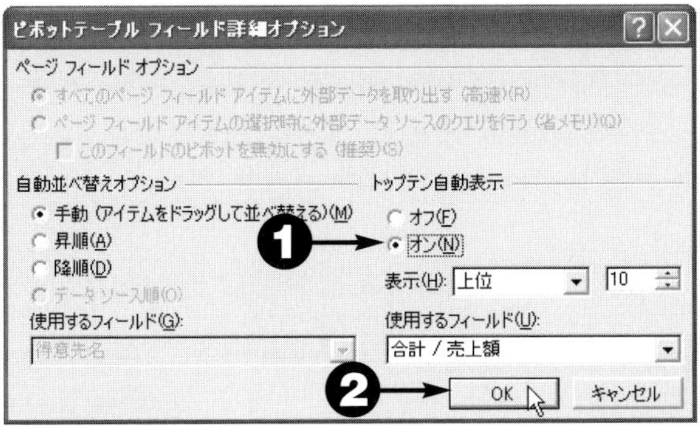

6 トップテンの抽出3

❶をクリックし、❷をクリックしてすべてのダイアログボックスを閉じます。なお、既定値では[上位]が「10」です。この数値を変更して、抽出する順位の数を自由に指定できます。

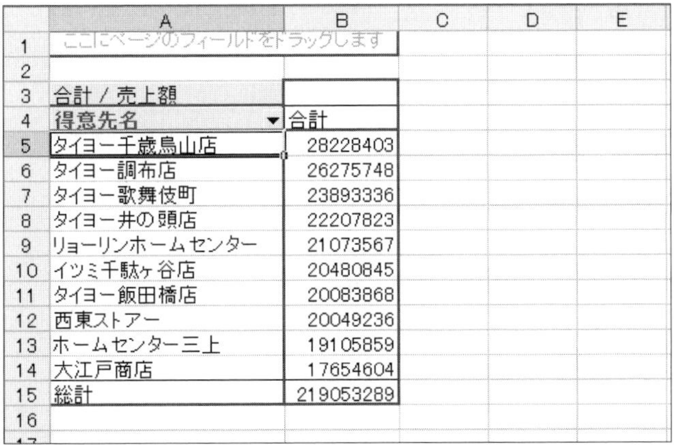

	A	B	C	D	E
1	ここにページのフィールドをドラッグします				
2					
3	合計 / 売上額				
4	得意先名	合計			
5	タイヨー千歳烏山店	28228403			
6	タイヨー調布店	26275748			
7	タイヨー歌舞伎町	23893336			
8	タイヨー井の頭店	22207823			
9	リョーリンホームセンター	21073567			
10	イツミ千駄ヶ谷店	20480845			
11	タイヨー飯田橋店	20083868			
12	西東ストアー	20049236			
13	ホームセンター三上	19105859			
14	大江戸商店	17654604			
15	総計	219053289			
16					

7 得意先別売上額順トップテン

A4の[得意先名]ボタンの文字が青で表示され、抽出された得意先名であることを示しています。なお、トップテンを取り消すには、操作手順6の画面で、[トップテン自動表示]の[オフ](2000では、[自動表示オプション]で[手動])をクリックします。

集計方法を変えて分析の視点を変えてみよう

ピボットテーブルの既定の集計方法は「合計」です。集計方法は全部で11通りあります。集計方法を変更することで、分析視点を変えることができます。

操作事例 4-4 集計方法を変える

売上伝票から、得意先別売上表を作成します。得意先別に売上金額が合計されています。集計方法を「合計」から「平均」に変更し、伝票1行当たりの平均売上額を表示させます。

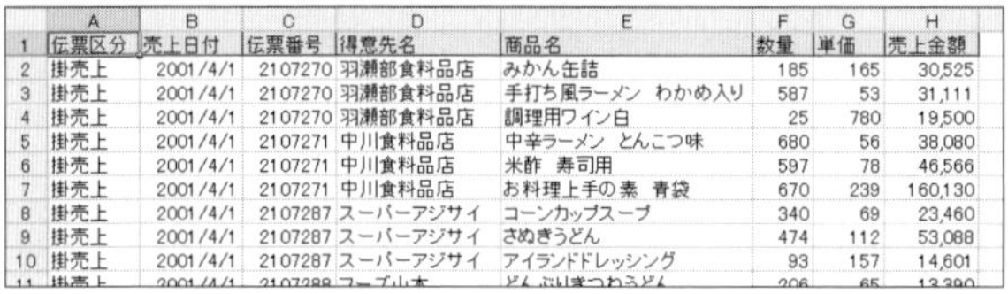

	A	B	C	D	E	F	G	H
1	伝票区分	売上日付	伝票番号	得意先名	商品名	数量	単価	売上金額
2	掛売上	2001/4/1	2107270	羽瀬部食料品店	みかん缶詰	185	165	30,525
3	掛売上	2001/4/1	2107270	羽瀬部食料品店	手打ち風ラーメン　わかめ入り	587	53	31,111
4	掛売上	2001/4/1	2107270	羽瀬部食料品店	調理用ワイン白	25	780	19,500
5	掛売上	2001/4/1	2107271	中川食料品店	中辛ラーメン　とんこつ味	680	56	38,080
6	掛売上	2001/4/1	2107271	中川食料品店	米酢　寿司用	597	78	46,566
7	掛売上	2001/4/1	2107271	中川食料品店	お料理上手の素　青袋	670	239	160,130
8	掛売上	2001/4/1	2107287	スーパーアジサイ	コーンカップスープ	340	69	23,460
9	掛売上	2001/4/1	2107287	スーパーアジサイ	さぬきうどん	474	112	53,088
10	掛売上	2001/4/1	2107287	スーパーアジサイ	アイランドドレッシング	93	157	14,601

操作前の表

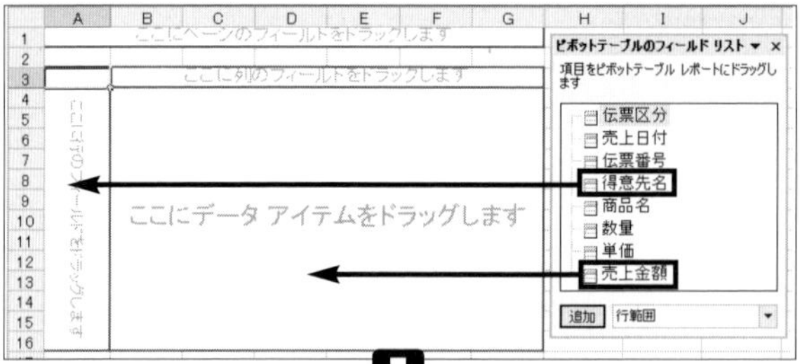

1 「得意先別売上表」の作成

ピボットテーブルを起動し、[得意先名] を行欄へ、[売上金額] をデータ欄へそれぞれドラッグします。

	A	B
1	ここにページのフィールドをドラッグします	
2		
3	合計 / 売上金額	
4	得意先名	合計
5	桜ヶ丘ストアー	38949165
6	スーパーフラワー	29863269
7	スーパーアジサイ	23358990
8	末田ストアー	19033363
9	羽瀬部食料品店	18573942
10	港川食品	18551615
11	中川食料品店	17783565
12	牟田食品	15878518
13	カノッサ	13703393
14	小笠原マート	12067024
15	吾妻食品店	11705640
16	香川食品	10384632
17	松山ストアー	10321786
18	篠塚食品店	10044256
19	フーズ山本	9172960
20	総計	259392118
21		

2 売上金額順に並べ替え

数値データをクリックし、[降順に並べ替え] ボタンをクリックします。

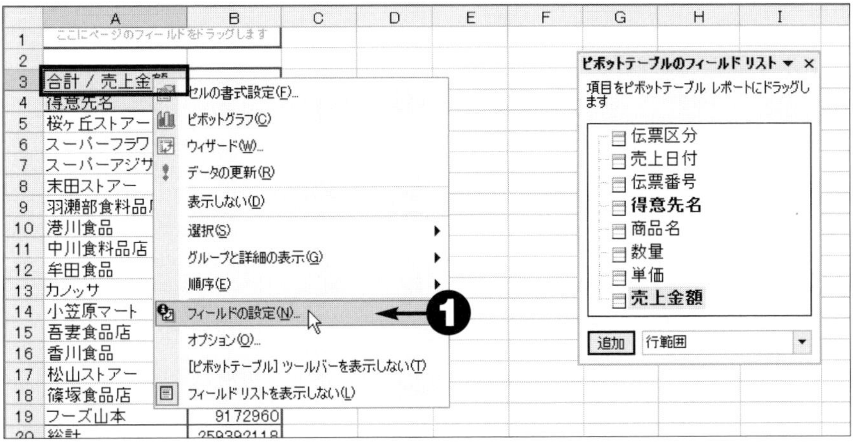

3 集計方法の変更1

ここでは売上金額の集計方法を変えたいので、A3の［合計／売上金額］ボタンを右クリックし、表示されたメニューから❶を選択します。

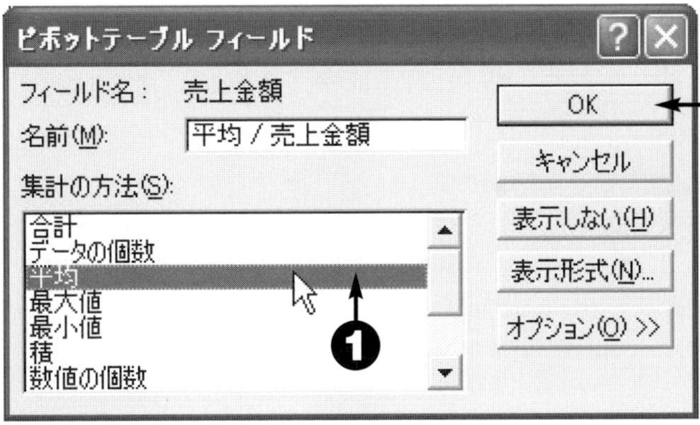

4 集計方法の変更2

❶で、変更したい集計方法をクリックで選択します。ここでは「平均」をクリックして❷をクリックします。

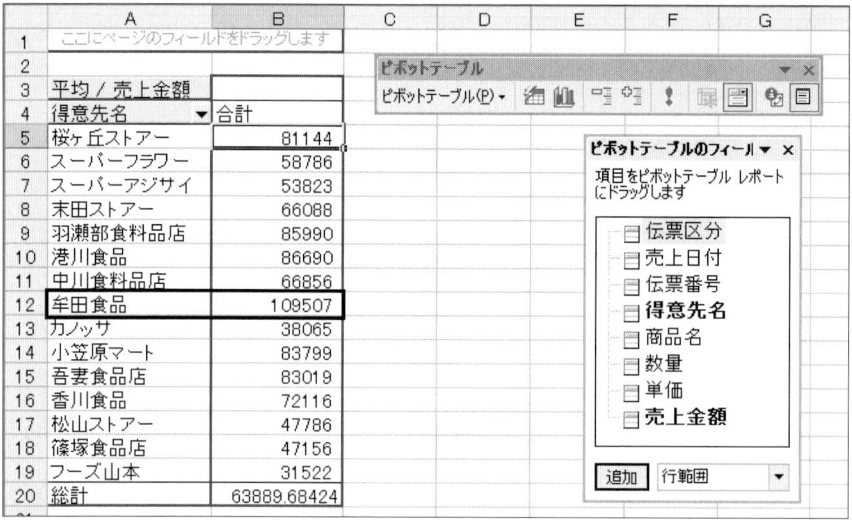

5 平均の表示

売上金額が平均で表示されました。ここでは見やすくするため、セルの書式を数値にして小数点表示をなくしています。
ここでの「平均」は、それぞれの得意先の売上合計を、伝票行数で割ったものになります。売上額では、「桜ヶ丘ストアー」が1位でしたが、売上平均では、「牟田食品」が大きいことがわかります。

ワンポイント 11通りの集計方法

集計方法	集計内容
合計	値を合計する方法（数値の集計元データに対する既定の集計方法）
データの個数	アイテムの個数を求める（数値以外の集計元データに対する既定の集計方法）
平均	数値の平均を求める
最大値	データの最大値を求める
最小値	データの最小値を求める
積	数値データの積を求める
数値の個数	数値データが入力されている行数を求める
標本標準偏差	集計元データが母集団の標本の場合、母集団に対する標準偏差の推定値を求める
標準偏差	集計元データが母集団全体の場合、母集団の標準偏差を求める
標本分散	集計元データが母集団の標本の場合、母集団に対する分散の推定値を求める
分散	集計元データが母集団全体の場合、母集団の分散を求める

近似曲線を追加すると推移が明確になる

動向分析の推移分析では折れ線グラフを多用します。その折れ線グラフの上下振動が激しいとき、伸びているのか否かの判断が難しいときがあります。その際に有効な手段が「近似曲線の追加」です。

操作事例 4-5 近似曲線を追加する

担当者別2ヶ年推移データから、全社の2ヶ年の推移グラフを折れ線グラフで作成し、そこに近似曲線を追加します。

	A	B	C	D	E	F	G
1	年	月	部門名	担当者名	売上額		
2	2007	4	営業1課	伊藤　三郎	11406514		
3	2007	4	営業1課	三好　松雄	10454160		
4	2007	4	営業1課	小山　登志男	9766417		
5	2007	4	営業1課	石崎　茂男	7536671		

操作前の表

1 全社2ヶ年推移表の作成

ピボットテーブルを起動し、[年]と[月]を行欄へ、[売上額]をデータ欄へドラッグします。

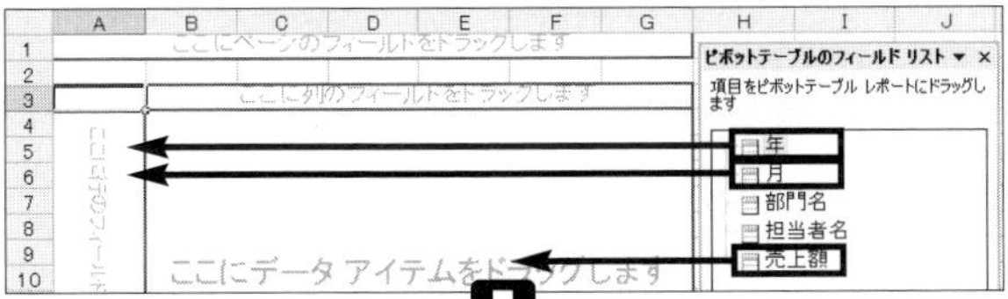

2 作成された全社2ヶ年推移表

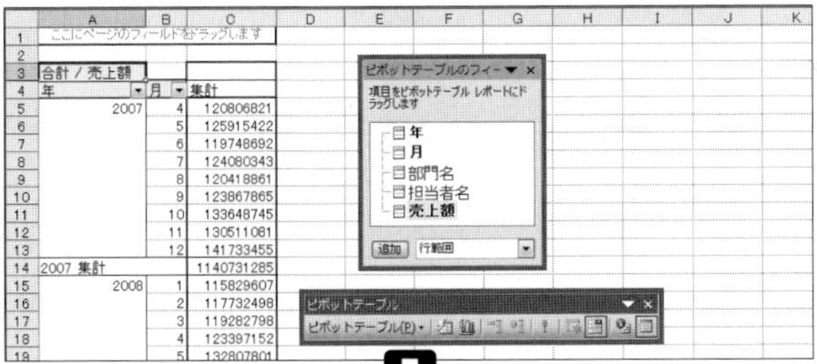

3 折れ線グラフの作成

[ピボットテーブル]ツールバーから[グラフウィザード]ボタンをクリックして折れ線グラフを作成します（32ページの「グラフの種類を変えてみよう」参照）。この状態では、全社として伸びているか落ち込んでいるか分かりません。そこで「近似曲線」を追加します。

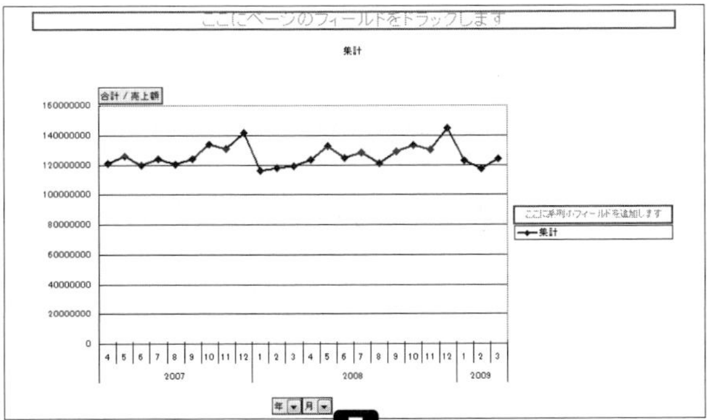

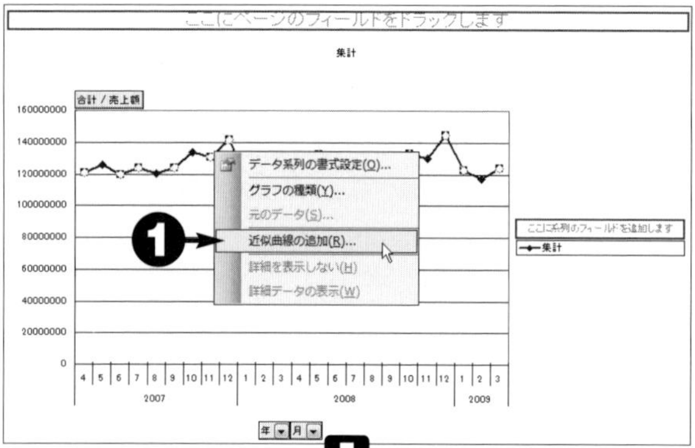

4 近似曲線の追加1

折れ線グラフを右クリックし、表示されたメニューから❶を選択します。

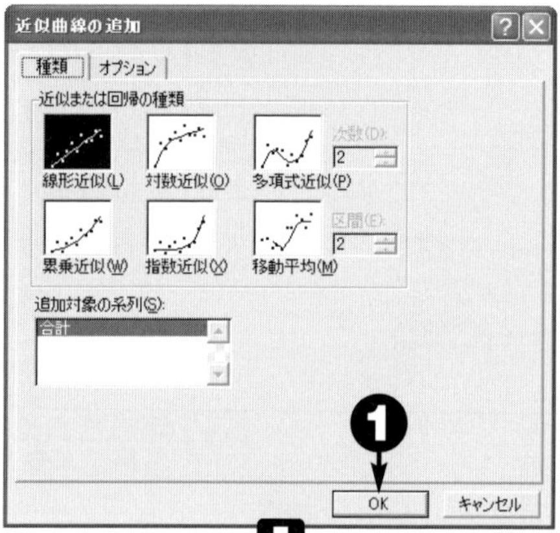

5 近似曲線の追加2

既定値は［線形近似］となっています。通常はこれで良いので、そのまま❶をクリックします。

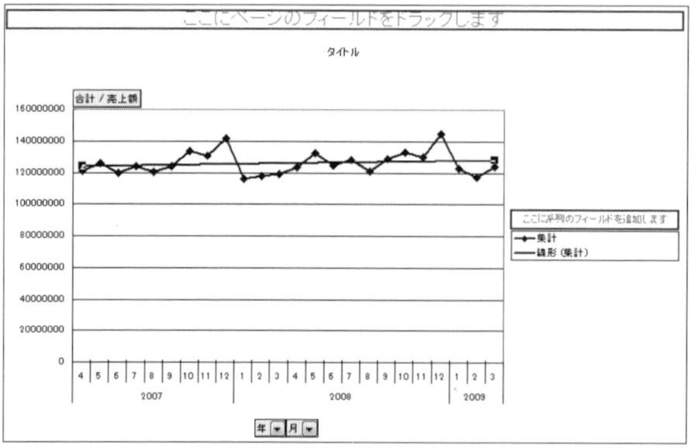

6 近似曲線の追加による新たな分析

近似曲線が全社のグラフに表示されました。折れ線グラフだけではわからなかった推移動向が見えてきます。例では、2ヶ年推移動向としてやや伸びていることがわかります。

ワンポイント このように、グラフの上下が激しくて推移動向が判断しにくい場合は、「近似曲線」を追加して推移動向を判断します。複数折れ線グラフがあるときは、見たい折れ線グラフを指定して、「近似曲線の追加」を行います。

業績落ち込みがひと目で分かる並べ替えテクニック

落ち込み分析は、時間軸の古い項目で降順に並べ替えて行います。その古い過去の順位が現在どうなっているかで落ち込みを判断します。

操作事例 4-6　落ち込み分析グラフを作成する

売上月別データから、担当者指定の得意先別月別売上表を作成します。4月～9月までのデータなので、一番古い4月の降順に並べ替え、その表とグラフとで落ち込み得意先を発見してみます。

	A	B	C	D	E	F	G
1	課名	担当者名	得意先名	地区名	業種名	月	売上額
2	営業1課	山本　哲朗	アルプス	新宿区	コンビニ	4月	905,204
3	営業1課	山本　哲朗	カリン	新宿区	ディスカウントショップ	4月	1,475,846
4	営業1課	山本　哲朗	キンギン	新宿区	コンビニ	4月	345,580
5	営業1課	山本　哲朗	サンキュート	新宿区	ディスカウントショップ	4月	1,285,144
6	営業1課	山本　哲朗	サントロフト	新宿区	コンビニ	4月	344,528
7	営業1課	山本　哲朗	スーパー山一	新宿区	ミニスーパー	4月	438,379

操作前の表

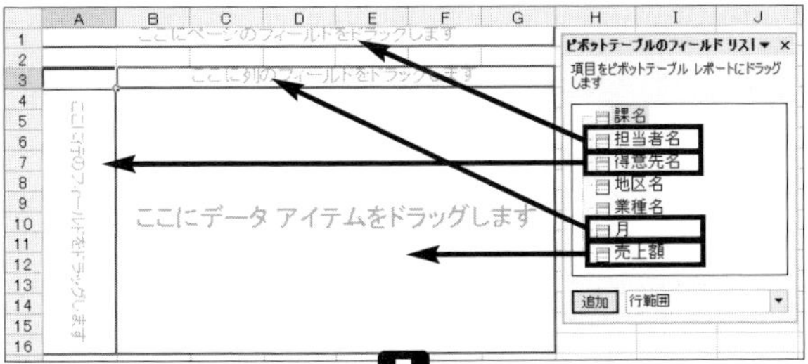

1 ある担当者の得意先別月別売上表の作成

ピボットテーブルを起動したら、[担当者名]をページ欄へ、[得意先名]を行欄へ、[月]を列欄へ、[売上額]をデータ欄へ、それぞれドラッグします。続けて、ページ欄の[担当者名]の下矢印ボタンをクリックし、ここでは「佐藤 一郎」を抽出条件に指定します。

2 落ち込み分析のための並べ替え

この例では、4月が最も古いので、4月の任意のデータ(4月の数字の入ったセル)をクリックし、ツールバーの❶をクリックします。

	A	B	C	D	E	F	G
1	担当者名	佐藤　一郎					
2							
3	合計 / 売上額	月					
4	得意先名	4月	5月	6月	7月	8月	9月
5	畠田ホームセンター	2314131	2233617	1971021	2800105	1748642	1501024
6	スーパー藤	2023394	2350800	1723009	1544735	1200524	631947
7	満足屋	1709275	2082887	1698261	1130225	1684452	1692124
8	ホームセンタースズキ	1674016	1297348	1135428	2277927	1442851	777060
9	上下スーパー	1587405	1631604	1078797	1125618	1324959	1229476
10	喜田谷商事	1529170	1191968	830411	1620180	1035313	596493
11	スーパー東日暮里	1512021	864466	1111298	1408428	1527548	1602145
12	スーパー関原	1507251	860485	864932	943069	875023	671831
13	日暮里ストアー	1366157	874528	1656917	1425726	1383064	1158314
14	平成百貨店	1260077	611007	773826	1242964	1416849	991046
15	北丘ストアー	1194060	442520	1351577	1210798	1059306	933724
16	箱田ホームセンター	1106267	808012	425299	1631395	528007	275469
17	サンライズ	1084517	1738838	1118701	1435896	1382493	859797
18	木村屋	983324	1457938	505034	877446	454913	404293
19	スーパー中川	932331	1243148	1014900	1328379	815576	601421
20	スーパー岡本	906187	1452694	902349	952218	651517	631365

3 ピボットテーブルでの落ち込み分析

4月の売上高の降順に並べ替えられました。

ワンポイント この表の見方は、最新の9月の売上を見ることです。4月のベストテンが9月にどうなっているかという観点で見ます。すると、4月に売上2位だった「スーパー藤」の落ち込みが顕著であることが見てとれます。

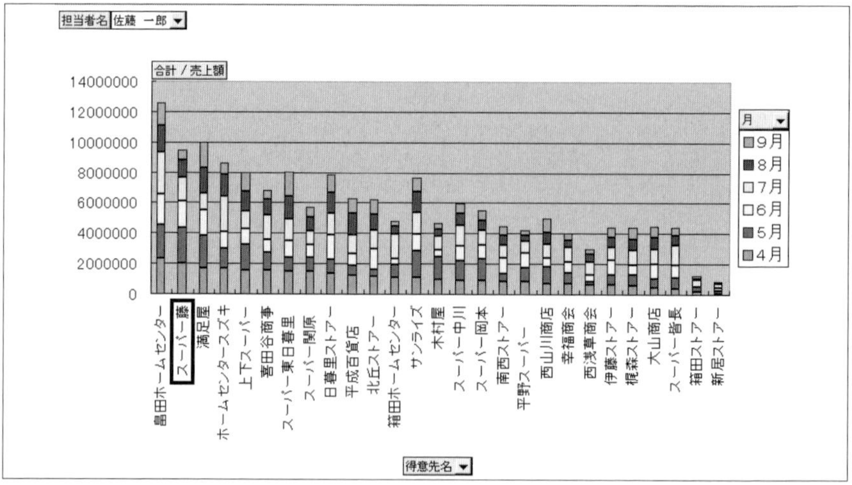

4 積み上げグラフで分析する

作成した表で［グラフウィザード］ボタンをクリックして、ピボットグラフを作成します。

ワンポイント グラフで見ても、「スーパー藤」が落ち込んでいることが一目でわかります。そのほかの落ち込み得意先も数件見ることができます。

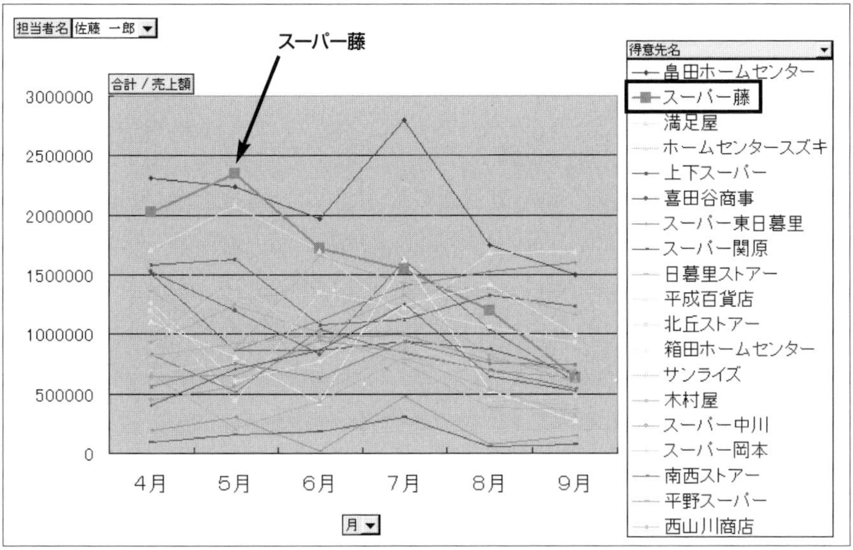

5 落ち込みを折れ線グラフで確認

系列と項目を入れ替え、[グラフウィザード] ボタンをクリックして、グラフの種類を折れ線に変更します。

ワンポイント 4月の売上額順位の1位2位の得意先が9月には落ち込んでいます。やはり「スーパー藤」の落ち込みが顕著です。

ワンポイント このように、過去の順位が現在どうなっているのかを見るのが落ち込み分析の基本です。逆に成長分析は、最新の項目で降順に並べます。この例では、9月の売上順に並べると、4月や5月に売上が少ないもので伸びたものが判断できます。

5 要因分析でつかむ要因と原因

　ビジネスデータ分析で重要となるのが要因分析です。要因とは、全体の動向に最も影響を与えた部分のことです。その要因分析は、ドリルダウンで詳細化しながら進めて行きます。

要因分析はドリルダウン手法で行う

　要因分析とは、全体の動向に影響を与えた部分をドリルダウン手法で見つけていく作業です。集計したデータで大きな傾向や問題点を見つけ、その原因や要因を詳細データを見ることにより明らかにしていきます。
　ドリルダウン分析には、下記のような分析方法があります。この中では逆トーナメント分析が、要因分析で最も多用される手法です。この手法については106ページで詳しく紹介します。

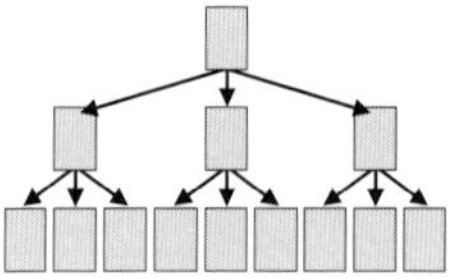

■ スプレー分析

下の階層をもれなくスプレーをかけるようにして分析する方法です。
全件チェックできますが、時間がかかり効率的な方法ではありません。

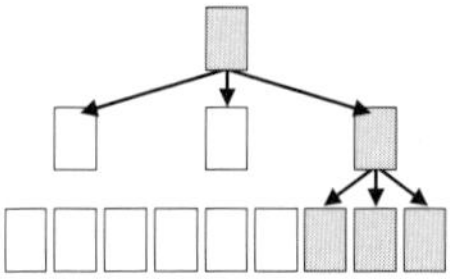

■ フロアー分析

降りた階層のひとつを集中的に分析して行く方法で、じっくりと要因分析を行うときによく使われる方法です。

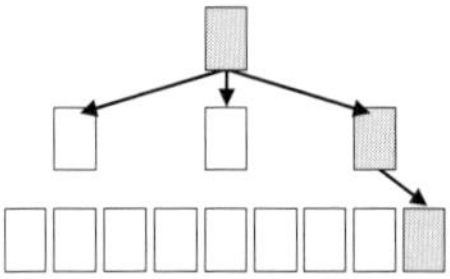

■ 逆トーナメント分析

降りた階層の一番問題のある部分のみを分析し、次も同じようにひとつの部分だけを分析していく方法で、早く仮説としての要因を見つけることができます。

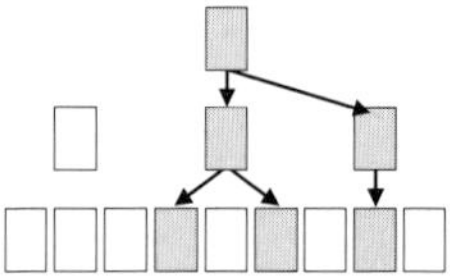

■ スポット分析

気になる箇所をスポット的にドリルダウンしていく方法で、多角的に複数要因を探すときに適しています。

グラフを使って「要因」を即発見

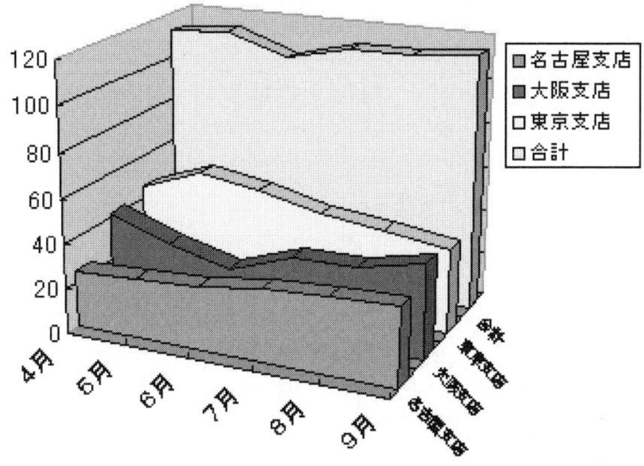

よく間違えるのですが、「問題点」と「要因」は違います。問題点とは「全体の動向とは別に、部分自体に問題がある場合」を言います。要因とは「全体の動向に影響を与えた部分のこと」です。

その要因を探すには、グラフを利用するとわかりやすいでしょう。全体と部分を一緒のグラフにしたり、並べて比較します。すると、全体のグラフの傾向とよく似た傾向の形を持つ部分があります。その全体のグラフの動きと同じ動きをしている部分が「要因」と考えることができます。つまり、その部分の動向が全体の動向に影響を与えているということです。

右上のグラフで見れば、合計＝全社とすると全社のグラフと同じ動きをしているのは大阪支店です。つまり大阪支店が全社の上がり下がりに影響を与えた一番の要因です。逆に東京支店は、それほど全社業績の動きに影響を与えていず、全社傾向と違い落ち込んでいます。この場合、東京支店を問題点といいます。

要因分析で利用するグラフには、推移動向を全体と部分で比較する折れ線グラフや、全体の傾向とその内訳を見る積み上げ縦棒グラフがあります。

分析する視点	利用するグラフ	分析内容	比較して分析
伸びや落ち込みの要因をつかむ	折れ線グラフ・立体面グラフ	伸びの要因・落ち込みの要因	全体と部分による比較
全体の中の要因を、内訳構成からつかむ	積み上げ縦棒グラフ	内訳の推移を見て、全体の推移の要因をつかむ	月別や年度別に内訳を比較

伸びや落ち込みの要因をつかむ例

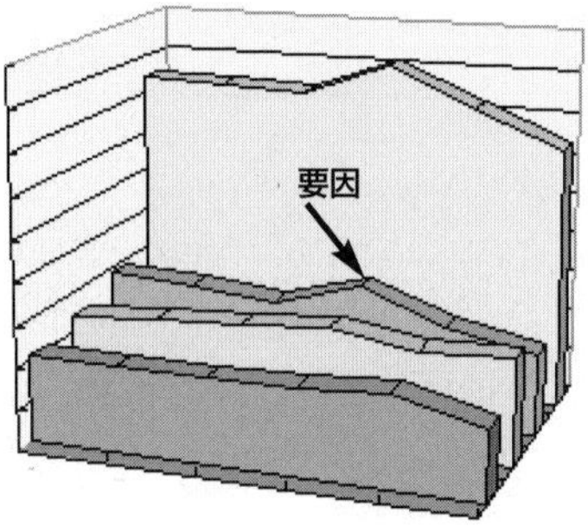

全体の要因を内訳構成からつかむ例

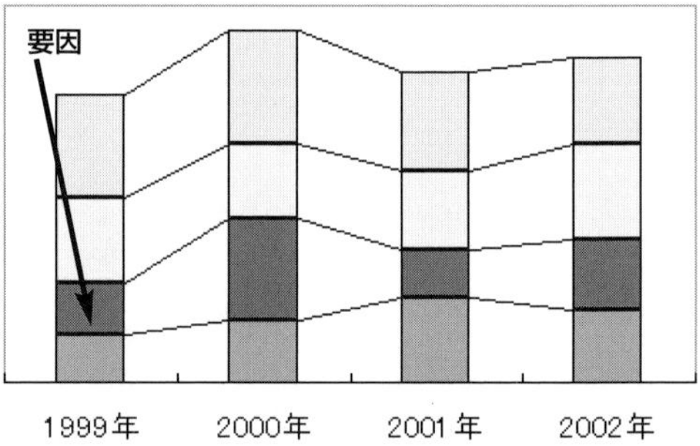

問題点と同じ傾向を示す部分が「要因」

要因分析の進め方は、各データの階層をドリルダウンしながら、グラフでそれぞれの階層の要因をつかみ、最終要因を見つける方法で行います。

要因分析は、動向分析で見つけた問題点の要因を見つけることで、ある意味、犯人探しのようなものです。しかし、ここで見つけた要因は、あくまでも「仮説」としての要因です。その要因が真の要因であるかどうかは、113ページで紹介する検証分析を行って初めて確定させることができます。

要因分析は次の順序で行います。

STEP1	まず動向分析でつかんだ問題点の要因部分を探します。問題点とその部分のグラフを作成し、問題点と同じ傾向の部分がその問題点の要因と推測します。
↓ STEP2	問題点の要因がわかったら、次にその要因となった要因をドリルダウンで下の階層に探しにいきます。そして、要因と同じ傾向を持つ部分を、次の階層の要因とします。これを、最終詳細データである最下層まで繰り返します。
↓ STEP3	最終詳細データでの要因が見つかれば、それが全体の問題点の一番の要因です。しかし、ここで見つけた要因はあくまで仮説です。検証分析でその要因を分析します。

要因分析では3つの軸のここを見る

要因分析は、3つの軸をドリルダウンしながら進めていきます。ひとつは時間軸、もうひとつは地域組織軸、残るひとつは商品軸です。それぞれの要因分析の進め方は、下図のようになります。

■時間軸での要因分析

年ごとの推移動向を分析 → 半期四半期単位での推移動向を分析 → 前年対比での月別推移を分析 → 今期の月別推移を分析

■地域組織軸での要因分析

会社の売上動向を推移や比較で分析 → 部署別に落ち込みや伸びの分析を行い、問題部署などを見つける → 問題部署の要因となる担当者や業種などを見つける → その問題担当者や業種の要因となる顧客などを見つける

■商品軸での要因分析

会社の商品群の動向を推移や比較で分析 → 商品群別に落ち込みや伸びの分析を行い、問題商品群などを見つける → 問題商品群の要因となる商品などを見つける → その問題商品の要因となる販売部署や業種などを見つける

要因分析のまとめ

・**要因分析の目的**……全体動向の問題点を解決するために、その要因となった部分を探し出すことです。ただし、要因分析で探し出す要因は、仮説であるということを認識し、次の検証分析を通じて、要因の確定を行います。

・**基本的な進め方**……要因分析はドリルダウン手法で、データを詳細化しながら行います。おもに、逆トーナメント分析や、フロアー分析の手法を利用して分析します。

・**具体的な進め方**……そのためには、グラフを利用し、階層ごとに全体の動きと同じ動きをしている部分を探しだすことが要因分析の具体的な進め方です。

立体面グラフを使って全体と部分の動きを分析する

全体の動きと同じ動きをしているものを見つけるのが要因分析です。その要因分析に役立つのが、全体と部分のグラフを同時に表示することです。

操作事例 4-7　全体と部分のグラフを比較して要因をつかむ

ここでは、課別に条件抽出した担当者別推移表を作成して別シートにコピーし、その表から、立体面グラフを使って、課全体と各担当者を比較し、課の動きの要因となる担当を分析してみます。

	A	B	C	D	E	F	G	H	I	J	K
1	課名	担当者名	得意先名	地区名	業種名	4月	5月	6月	7月	8月	9月
2	営業１課	田端　義之	山下食料品店	新宿区	食料品店	486768	460935	426942	490848	480249	572893
3	営業１課	田端　義之	吉田食料品店	新宿区	食料品店	189703	180045	166249	190392	185935	223260
4	営業１課	田端　義之	有田食料品店	新宿区	食料品店	524590	496898	459977	529205	517931	618126
5	営業１課	田端　義之	佐伯食料店	新宿区	食料品店	377156	356299	330229	378894	370944	444088
6	営業１課	田端　義之	山本食料品店	新宿区	食料品店	1010361	956172	886250	1019101	994866	1189286
7	営業１課	田端　義之	森富食品	新宿区	食料品卸業	0	0	0	0	0	0

操作前の表

1 営業3課の「担当者別月別推移表」作成

ピボットテーブルを起動し、[課名] をページ欄へ、[担当者名] を行欄へ、[4月] ～ [9月] までをデータ欄へ、それぞれドラッグします。そして、[課名] から「営業3課」を条件指定します。4月から9月までの合計を見やすく横並びになるように、B3の [データ] ボタンを、ここではC3の列欄へドラッグします。

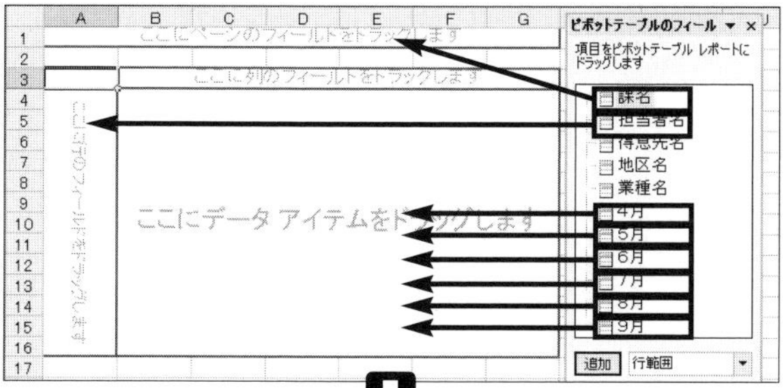

	A	B	C	D	E	F	G
1	課名	営業３課					
2							
3		データ					
4	担当者名	合計 / ４月	合計 / ５月	合計 / ６月	合計 / ７月	合計 / ８月	合計 / ９月
5	横田　政彦	5816967	5262601	6369271	5448915	6326855	5369119
6	溝田　健治	15964474	17216753	16512891	18263585	16379555	18219747
7	木村　和夫	20280093	18540917	19755229	19670175	15025253	14071268
8	総計	42061534	41020271	42637391	43382675	37731663	37660134
9							
10							

2 表を選択してコピー

ピボットグラフでは、合計の入ったグラフが作成できないので、通常のシートに表をコピーします。ピボットテーブルの表を範囲指定して [Ctrl] ＋ [C] キーでコピーします。

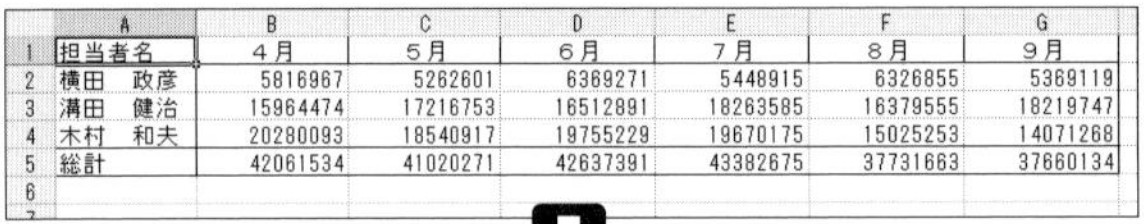

	A	B	C	D	E	F	G
1	担当者名	4月	5月	6月	7月	8月	9月
2	横田　政彦	5816967	5262601	6369271	5448915	6326855	5369119
3	溝田　健治	15964474	17216753	16512891	18263585	16379555	18219747
4	木村　和夫	20280093	18540917	19755229	19670175	15025253	14071268
5	総計	42061534	41020271	42637391	43382675	37731663	37660134
6							

3 表を別シートに貼り付け

別シートで［Ctrl］＋［V］キーを押して貼り付けます。なお、月の項目名は修正しています。

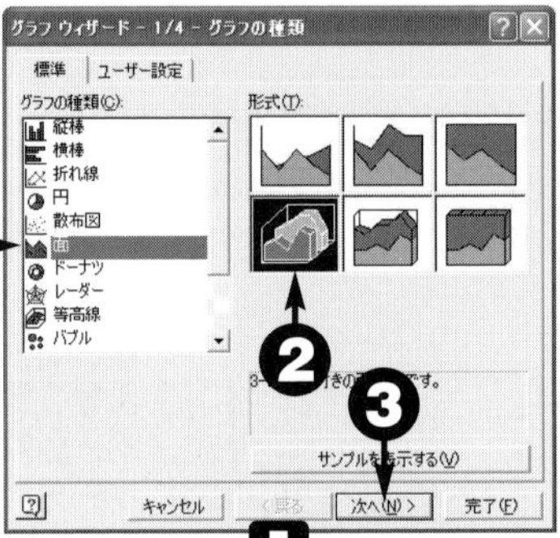

4 立体面グラフの作成

コピーした表内をクリックし、［グラフウィザート］ボタンをクリックします。表示された画面の［標準］タブをクリックし、❶から「面」を、❷から「3-D効果付き面グラフ」を指定します。❸をクリックし、［グラフウィザードー4/4］まで進みます。

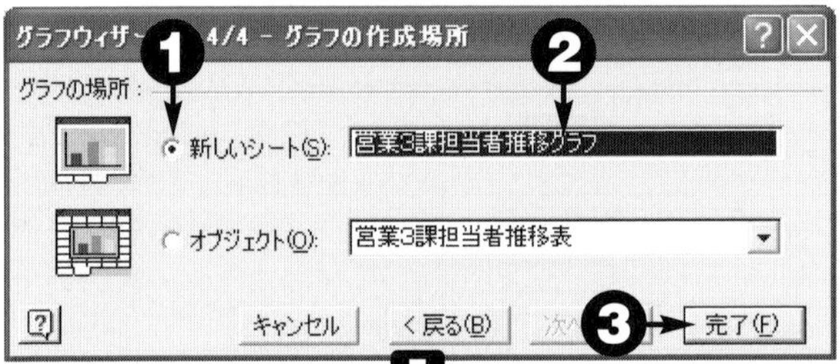

5 グラフに新しいシートを作成

❶をクリックし、❷にグラフ名を入れて❸をクリックします。

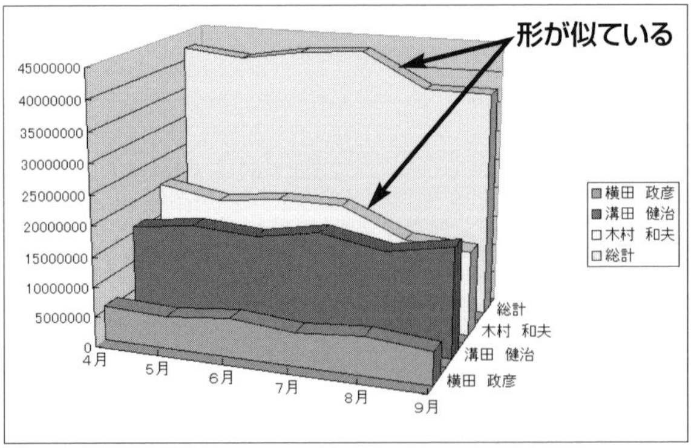

6 立体面グラフで落ち込み要因を推測

課の総計と担当者の推移グラフが作成されました。このグラフを見ると、総計＝営業3課の落ち込み推移傾向に最もよく似ている部分（担当者）は、「木村和夫」です。「溝田健治」は伸びており、「横田政彦」は横ばいです。つまり、このグラフから、3課の落ち込みの要因は、「木村和夫」であることがわかります。

6 検証分析で「本当の真因」をつかむ

検証分析は、要因分析で仮説として浮上した要因を検証し、本当の真因とする分析です。検証分析は、犯人探しの証拠固めのようなものです。ここを誤ると、間違った結果を招くので慎重に行います。

検証分析には現場の業務知識が欠かせない

要因分析が犯人探しなら、検証分析とは、ほぼ犯人と目星をつけた容疑者の、傍証固めと似ています。本当に犯人なのか、証拠はあるのか、アリバイはどうだ、ほかに犯人はいないのか、などとあらゆる角度から傍証固めを行うように、その要因を検証する作業です。また、なぜ起きたのかという動機も探します。

動向分析も要因分析も、グラフを見て行う分析です。直感的にわかり、大筋間違いのない要因が見つけられます。また、データを分析し始めればすぐに実践でき、仮説としての要因がつかめます。しかし、本当に真の要因＝真因とするには、説得力が弱いのです。そこで、あらゆる角度から、その要因を検証し確信を持つようにします。

この検証分析こそが、日頃の経験やノウハウ、業務知識を必要とする作業なのです。数字の裏に隠れた本当の真因は現場にしかありませ

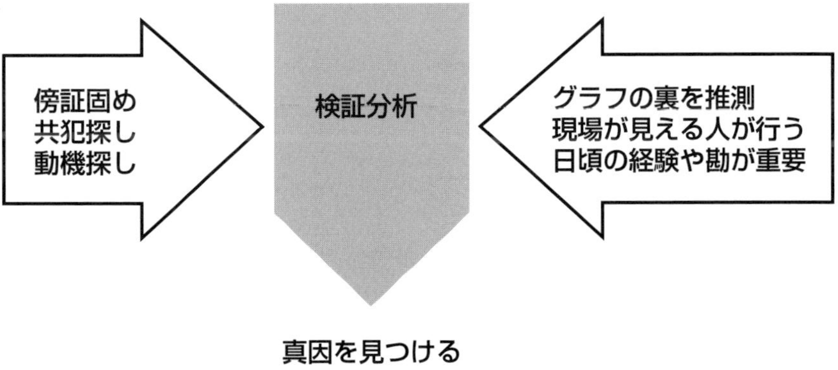

ん。その現場がわかる人が検証してこそ本当の原因がわかるのです。

「動機」をつかみ、「証拠」を固めよ

検証分析には、2つの作業があります。「傍証固め」の分析と「動機をつかむ」原因の分析です。検証分析は、グラフと比率などの数字を利用して行います。

◆「傍証固め」のための検証分析のポイント

傍証固めの検証分析は、目星をつけた要因をドリルアップし、また観点を変えてグラフを作成したり、数字を加工したりして行います。

たとえば、ある営業担当者のある得意先が要因と思えたら、その得意先だけなのか、共犯はいないかなど、同じ業種のほかの得意先をグラフにしてみたり、その担当者の得意先を業種別に集計してグラフにしたりします。業種別グラフが担当者の推移と似ていれば、ほかに要因となる同じ業種の共犯がいる可能性があります。

または、この得意先が犯人でないとしたら、ほかに犯人の可能性のある得意先はないかという視点で分析したりします。そして、犯人と思われる要因の証拠固めに入ります。

◆「動機をつかむ」ための検証分析のポイント

なぜ、その要因は発生したのか、その真の原因をつきとめる作業が、動機をつかむ検証分析です。しかし多くの場合、この動機はデータ分析の中から見つけることは困難です。なぜなら、動機のほとんどは人間系、つまり、営業と顧客の窓口、会社と会社など、さまざまな人間関係や人の動きから出て来るものだからです。それ故に、データの裏に現場が見える人こそ、本当のデータ分析ができるという訳なのです。

ただ、ある程度、動機を推測・推察するくらいは、データ分析からできます。そのときも推測できる現場の経験や知識を必要とします。

検証分析のまとめ

検証分析の目的……検証分析の目的とは、見つけた要因が本当の原因かを検証し、真因を探し出すこと。

検証分析の進め方…傍証固めと動機発見の検証作業を行うこと。ドリルアップして上の階層で再検討したり、観点を変えて分析したりすること。伸び率や構成比率など比率数字からの検証も行うこと。

検証分析の進め方

検証分析の進め方は、「共犯を探す」「あえて別の犯人を考える」「証拠固めを行う」「動機を考える」の4つのステップで行います。検証分析では、ドリルアップしてほかの要因を探したり、共犯を探したりします。また、得意先1件当たりの売上高や、営業1人当たりの得意先件数など、数字を加工し、グラフ化して分析します。

Step1　共犯を探す

検証分析でまずやることは、ほかに要因はないかと調べてみることです。グラフの形態で、ある要因をまず仮説として見つけ出しました。まだほかによく似た要因があるかもしれません。

Step2　別の犯人をあえて探す

この要因が犯人ではないと仮説を立て、別の犯人をあえて探します。
この要因が本当の要因ではないとしたら、ほかに考えられる要因ないか、という視点で別の要因探しをします。そして、結果としてほかに要因がなければ、その要因が消去法的に真の要因と考えることになります。

Step3　要因の証拠固めを行う

Step1、2を行ったあとに、その要因の証拠固めを行います。最初から見出した要因を、真の要因としてどんどん証拠固めを始めると、ドツボにはまってしまうことがあるので、広い視野をもって共犯やほかの犯人探しを行います。そのあとに証拠固めを行います。

Step4　動機の分析を行う

最後に原因・真因の分析（動機の分析）を行います。その要因が本当の要因と分析されたなら、「なぜ、そうなったのか」の原因を探します。

7 逆トーナメント手法で要因・検証分析を行う

要因分析で代表的な分析手法が、ドリルダウン手法のひとつである「逆トーナメント手法」です。大きな観点から詳細データへ、あみだくじのように降りていく手法です。

逆トーナメント手法は誰でもできる要因分析手法

逆トーナメント手法は、落ち込みや成長の一番顕著なものだけを、あみだくじのようにドリルダウンして行う要因分析手法です。この手法は、落ち込みなどの問題点の原因（要因）を探すには、最もシンプルでわかりやすく、誰でも行えることが特徴です。

ただし、一番要因となるものだけをドリルダウンで探すため、探し当てた要因はあくまでも仮説としての要因にすぎません。そこで、その要因を確かめる検証分析と必ずセットで利用します。

逆トーナメント手法は、下図の地域組織軸での分析を例とすると、

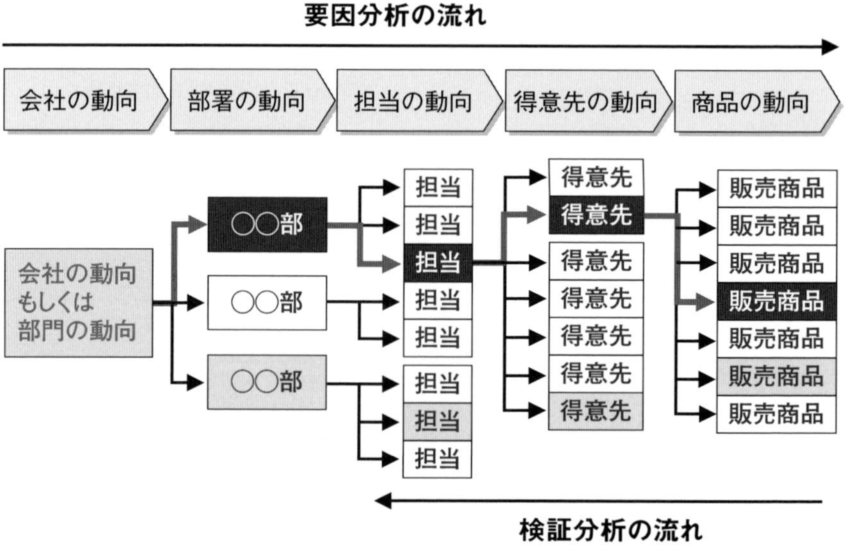

全社→部署→営業担当→得意先→商品とドリルダウンしながら、その中で一番顕著な要因を探っていきます。

ドリルダウンでまず仮説の要因となる商品を見つけ、その後、共犯の商品はないか、ほかの得意先に同じ傾向はないか、ほかの担当ではどうかなどとドリルアップでその仮説を検証していきます。

何を分析するのか明確にして逆トーナメント開始

逆トーナメント手法の進め方は、まず何を分析するかという視点を明確にすることから始めます。落ち込み分析なのか成長分析なのか、分析の切り口によってドリルダウンで選択するものがまったく違ってきます。前ページの地域組織軸での例で、落ち込み分析を推移分析の切り口で行う進め方を見てみましょう。

分析の順序	分析の進め方
全体の推移動向の分析	全体が伸びているか落ちているかを、折れ線グラフでつかみます。
次の部署の階層を分析	落ち込み部署があれば、その部署のみを分析対象として、その部署の担当者を分析します。
担当者の分析	落ち込み部署の落ち込み傾向と同じ傾向を示す担当者を探します。一番傾向がよく似ている担当者を要因としてとらえて、その担当者の分析を行います。
得意先の分析	落ち込み担当者の要因となる得意先を上記と同じ方法で探します。要因となる得意先が見つかったら、なぜ落ち込んだのかを分析するため、取引商品の売上推移動向を分析し、その落ち込み要因となる商品を見つけます。ここからは複数商品が要因となる場合があります。
落ち込み商品の分析	落ち込み要因となる商品が見つかれば、その得意先との独自な取引要因か、商品そのものの商品力の低下かなどを検証するため、その商品の部門の売上推移、また全社での売上推移などをドリルアップして分析し、その結論を出します。
共犯得意先の分析	要因となる得意先が見つかれば、その得意先と同じ傾向を示す共犯はいないか、まったく違う観点での要因はないかと検証分析を始めます。
業種や地区の分析	要因となる得意先の同業種や地区に同じ傾向はないか、その担当者の業種別や地区別の分析を行います。担当者の推移傾向と似た傾向を示す業種や地区が、その要因となる得意先を持つ可能性が考えられます。
業種・地区の 得意先分析	要因と思われる業種や地区の中の得意先はどこかを調べ、その中の得意先が、得意先の分析で見つけた得意先などと一致するのかという検証分析を行います。
担当者と部門の分析	落ち込み得意先などが見つかったあとに、担当者と部門の検証分析を行います。ほかの担当者や部門の業種別売上比較、得意先件数比較などを行い、構造的な問題はないかドリルアップして検証分析を行います。

要因探しも検証も使うのはピボットグラフだけ

逆トーナメント手法は、おもにピボットグラフを利用して、同じ傾向を示す要因を探します。ページ欄の条件指定機能を利用して、ドリルダウン分析を行います。

操作事例 4-8 逆トーナメント手法で要因をつかみ検証する

得意先別売上推移データを利用して、落ち込んでいる課、落ち込み担当者、そして落ち込み得意先の分析を行います。また、地区や業種からの検証分析も行います。

	A	B	C	D	E	F	G
1	課名	担当者名	得意先名	地区名	業種名	月	売上額
2	営業1課	山本　哲朗	アルプス	新宿区	コンビニ	4月	905,204
3	営業1課	山本　哲朗	カリン	新宿区	ディスカウントショップ	4月	1,475,846
4	営業1課	山本　哲朗	キンギン	新宿区	コンビニ	4月	345,580
5	営業1課	山本　哲朗	サンキュート	新宿区	ディスカウントショップ	4月	1,285,144
6	営業1課	山本　哲朗	サントロフト	新宿区	コンビニ	4月	344,528

操作前の表

1 「月別売上高表」の作成

ピボットテーブルを起動し、[月] を行欄へ、[売上額] をデータ欄へ、それぞれドラッグします。

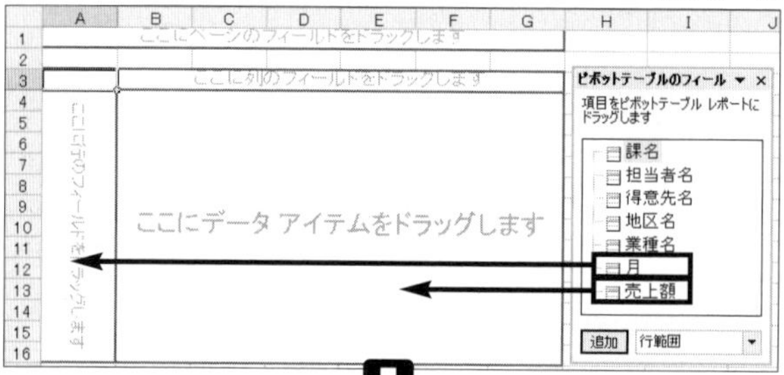

	A	B
3	合計 / 売上額	
4	月	合計
5	4月	257496465
6	5月	270714779
7	6月	271432271
8	7月	292880901
9	8月	280117317
10	9月	286239124
11	総計	1658880857

2 全体推移グラフの作成

[グラフウィザード] ボタンをクリックし、折れ線のピボットグラフを作成します。

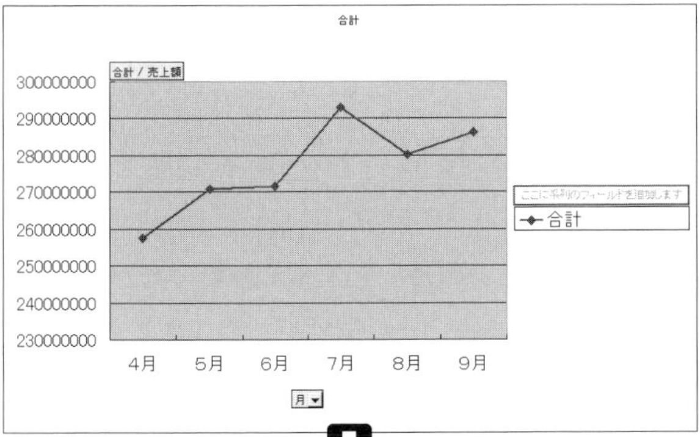

3 全体の推移グラフの作成

全体としては、伸びていることが見てとれます。
ここからは、分析方法の順序を中心に解説していきます。

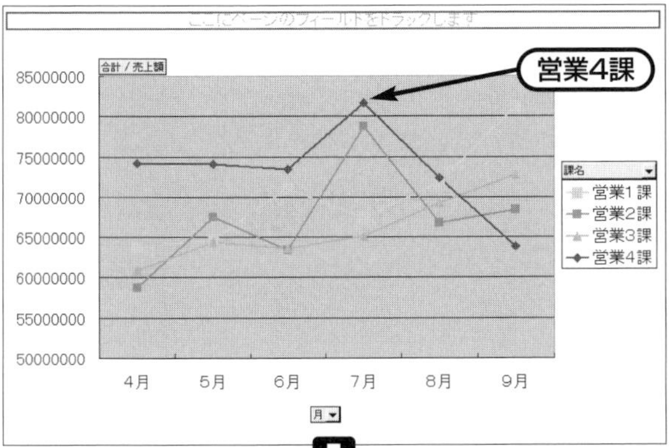

4 「課別推移グラフ」の作成

「フィールドリスト」から［課名］を系列欄にドラッグします。また、推移動向をわかりやすくするため、数値軸の最小目盛を「5000万」にし、補助目盛間隔を「500万」にして、「差の強調」をしています。これを見ると、営業4課の落ち込みが一目瞭然です。次は、営業4課の担当者推移動向を見ます。

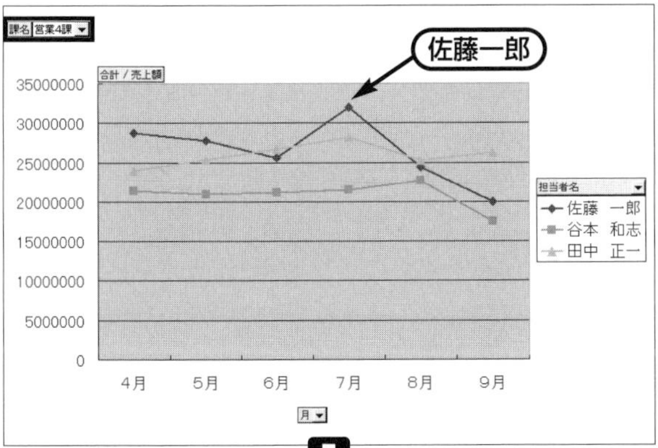

5 「4課の担当者別推移グラフ」の作成

系列欄の［課名］をページ欄に移動し、「営業4課」を抽出条件に指定します。次に［担当者名］を系列欄にドラッグします。ここでは、数値軸の最小目盛を「0」に戻しています。これを見ると、営業4課の落ち込み推移傾向と一番似ている「佐藤一郎」が、営業4課の落ち込みの要因であると推測されます。

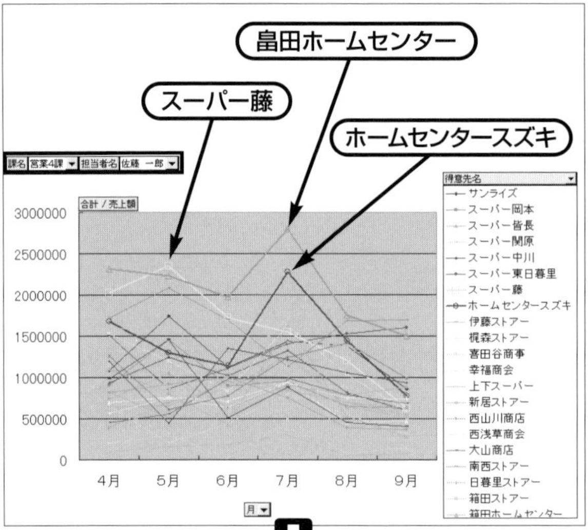

6 「佐藤の得意先別推移グラフ」の作成

系列欄の［担当者名］をページ欄に移動し、「佐藤一郎」を抽出条件に指定します。そして［得意先名］を系列欄にドラッグします。補助目盛間隔を「50万」にします。これを見ると、佐藤一郎の推移傾向と似ている「畠田ホームセンター」と「ホームセンタースズキ」が落ち込み要因と推測され、傾向が違う「スーパー藤」は問題点と考えられます。ホームセンターが2社あるので、業種別推移を見てみます。

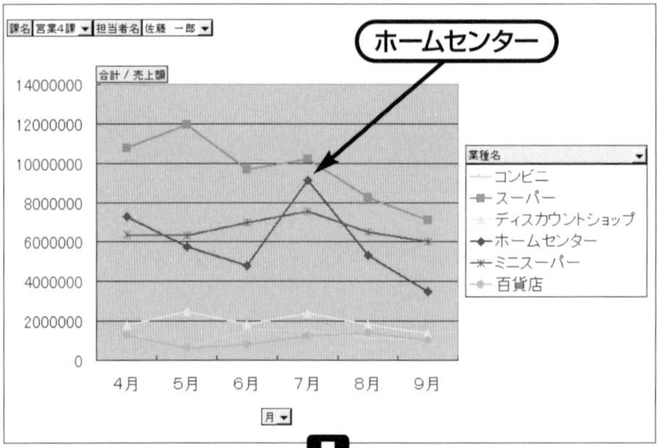

7 業種別推移グラフの作成

系列欄の［得意先名］をグラフから削除し、［業種名］を系列欄にドラッグして追加します。これで「佐藤一郎の業種別推移グラフ」が作成されました。「佐藤一郎」の推移傾向と一番似ているのは、やはりホームセンターです。そこで、地区別に何らかの傾向がないか見てみます。

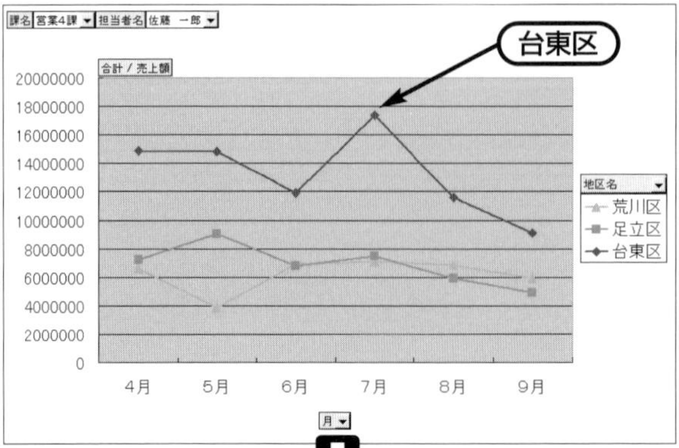

8 地区別推移グラフの作成

系列欄の［業種名］を削除し、［地区名］を系列欄に追加します。「佐藤一郎の地区別推移グラフ」ができました。これを見ると、「佐藤一郎」の推移傾向と一番似ている傾向は「台東区」です。次に地区別業種別での傾向を見てみます。

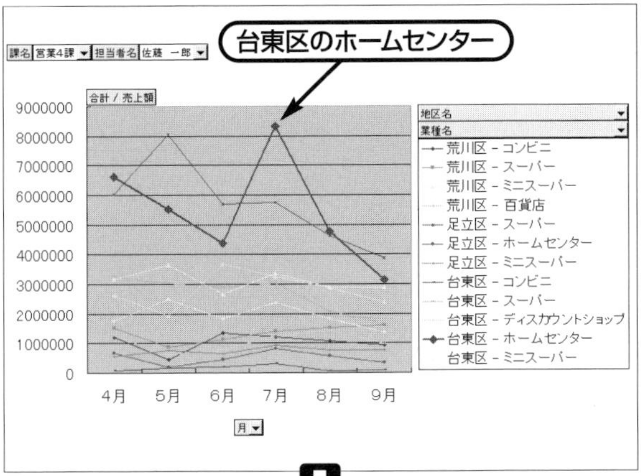

9 地区別業種別推移グラフの作成

系列欄の[地区名]に[業種名]を追加します。「佐藤一郎の地区別業種別推移グラフ」が作成されます。ピボットグラフ特有の複数項目指定グラフです。これを見ると、「佐藤一郎」の推移傾向と一番似ている傾向は、台東区のホームセンターです。次は、この台東区のホームセンターの得意先の推移傾向を見てみます。

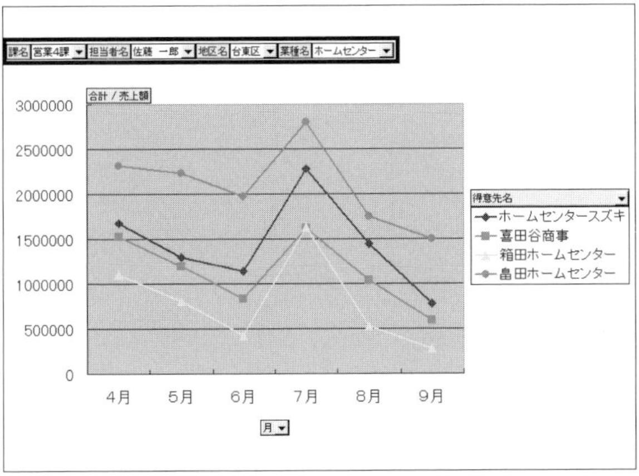

10 得意先推移グラフの作成

系列欄の[地区名]をページ欄に移動して抽出条件に「台東区」を指定し、同様に[業種名]をページ欄に移動して[ホームセンター]を条件指定します。そして、[得意先名]を系列欄にドラッグして追加します。これで「営業4課の佐藤一郎が担当する台東区、ホームセンターの得意先推移グラフ」になりました。

ワンポイント　分析から得られる落ち込み要因は？

このグラフを見ると、「畠田ホームセンター」「ホームセンタースズキ」の2社だけでなく、あと2社も同じ傾向の共犯であることが確認できます。全体の中で「営業4課」が落ち込み、その要因は「佐藤一郎」、その要因は「台東区」の「ホームセンター」の4社であることがわかりました。

ワンポイント ピボットグラフで行う逆トーナメント

ピボットグラフでの逆トーナメント分析のポイントは、前ページまでの例でわかるとおり、ページ欄にあみだくじ方式でドリルダウンする条件を指定することです。そして、系列欄でその階層の分析項目を指定します。系列欄で見つけた要因を、ページ欄に移動させることで、次の階層に降りていくことができます。このピボットグラフの機能を利用して、逆トーナメント分析が簡単に行えます。

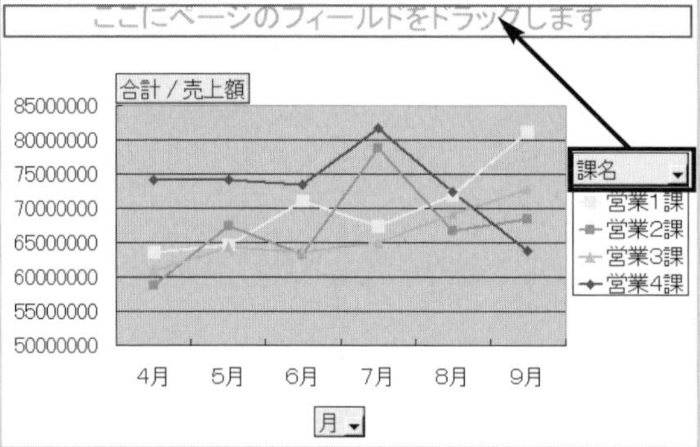

要因を見つけたら、ページ欄に移動して要因を指定し、次の階層の要因を探る

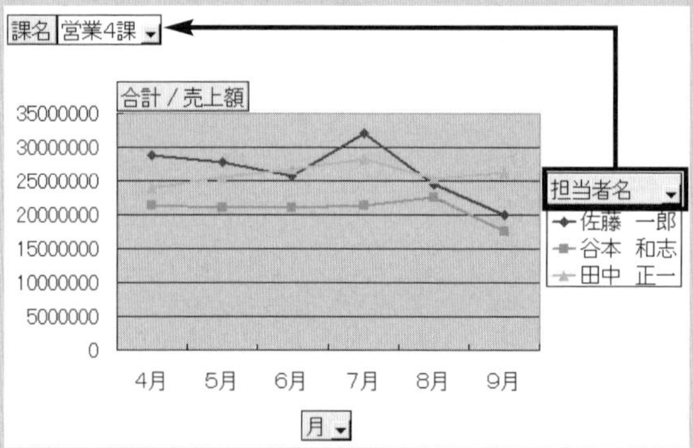

次の階層で要因を見つけたら、ページ欄に移動して要因を指定し、さらに探る

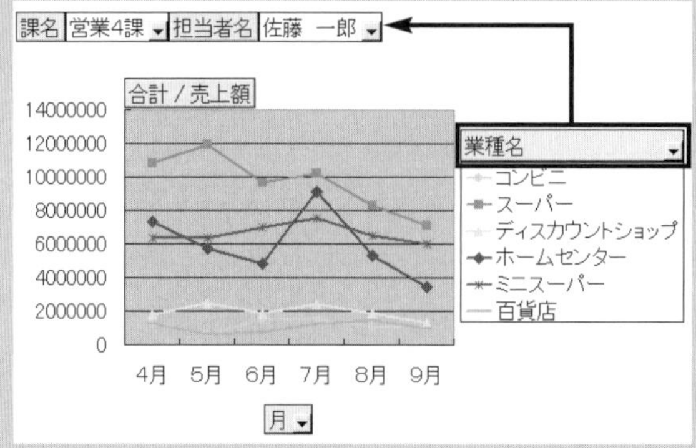

最終詳細データになるまで、要因を探し続ける

この手順を守ればあなたも検証分析がすぐできる

検証分析は、4つのステップをドリルアップや多角的な観点からのグラフ作成、比率の比較などを通じて行います。ここでは、105ページで解説したステップの順番に沿って検証分析の例を紹介します。

操作事例 4-9 検証分析を多角的に行う

「操作事例 4-8　逆トーナメント手法で要因をつかみ検証する」で見つけた「佐藤一郎」や「ホームセンター」などの要因を、6つの観点から検証分析していきます。基本操作はこれまでと同じなので、ここでは詳細な手順は割愛します。

	A	B	C	D	E	F	G
1	課名	担当者名	得意先名	地区名	業種名	月	売上額
2	営業1課	山本　哲朗	アルプス	新宿区	コンビニ	4月	905,204
3	営業1課	山本　哲朗	カリン	新宿区	ディスカウントショップ	4月	1,475,846
4	営業1課	山本　哲朗	キンギン	新宿区	コンビニ	4月	345,580
5	営業1課	山本　哲朗	サンキュート	新宿区	ディスカウントショップ	4月	1,285,144
6	営業1課	山本　哲朗	サントロフト	新宿区	コンビニ	4月	344,528

操作前の表

この検証分析では、得意先別の4月から9月までの売上データを利用します。ここから、さまざまなピボットテーブルやグラフで分析します。

●STEP1　共犯を探す　110ページの操作7以降がこれにあたります。

●STEP2　別犯人を探す「検証分析1　佐藤一郎の別の犯人探し」の検証

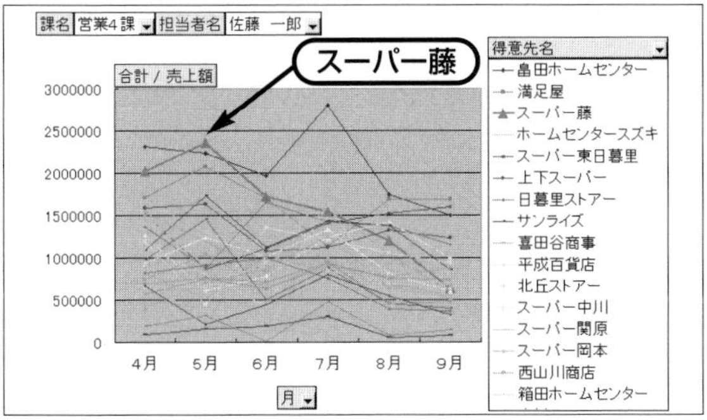

別の犯人探し

「得意先別月別推移グラフ」（操作手順は110ページの操作6までを参照）で別犯人を探します。「佐藤一郎」の推移傾向と違う観点で別の犯人を探すと、「スーパー藤」の落ち込みが大きく、非常に問題であることがわかります。

●STEP3 要因の証拠固め① 検証分析2「営業4課の4月対比伸び率」の検証

	A	B	C	D	E	F	G	H
1	課名	営業4課 ▼						
2								
3	合計 / 売上額	月 ▼						
4	担当者名 ▼	4月	5月	6月	7月	8月	9月	総計
5	佐藤　一郎	28764573	27719311	25610043	32000155	24400528	19949966	158444576
6	谷本　和志	21380025	20953857	21119412	21459989	22640010	17540029	125093322
7	田中　正一	24003535	25435423	26691152	28205143	25311574	26290086	155936913
8	総計	74148133	74108591	73420607	81665287	72352112	63780081	439474811
9								
10								
11								
12								
13								
14								
15								
16								
17								
18								
19								
20								
21								

1 4課担当者別月別売上表の作成

ピボットテーブルを起動し、[課名]をページ欄へ、[担当者名]を行欄へ、[月]を列欄へ、[売上額]をデータ欄へ、それぞれドラッグします。そして、[課名]の条件を「営業4課」に指定します。「総計」の数値をクリックし、[降順に並べ替え]ボタンをクリックします。

⬇

	A	B	C	D	E	F	G
1	担当者名	4月	5月	6月	7月	8月	9月
2	佐藤　一郎	28,764,573	27,719,311	25,610,043	32,000,155	24,400,528	19,949,966
3	4月対比伸率	100%	96%	89%	111%	85%	69%
4	田中　正一	24,003,535	25,435,423	26,691,152	28,205,143	25,311,574	26,290,086
5	4月対比伸率	100%	106%	111%	118%	105%	110%
6	谷本　和志	21,380,025	20,953,857	21,119,412	21,459,989	22,640,010	17,540,029
7	4月対比伸率	100%	98%	99%	100%	106%	82%
8	4課総計	74148133	74108591	73420607	81665287	72352112	63780081
9	4月対比伸率	100%	100%	99%	110%	98%	86%
10							
11							
12							
13							
14							
15							
16							

2 4課担当別推移表の作成

A4～G8を別シートにコピーし、各担当者の下に行を挿入して、4月を100%とした表を作成します。この表でも、「佐藤一郎」の伸び率が悪いことがわかります。

●STEP3　要因の証拠固め②　検証分析3「佐藤一郎の得意先の9月と4月の差」からの検証

	A	B	C	D	E	F	G	H
1	担当者名	佐藤　一郎 ▼						
2								
3	合計 / 売上額	月 ▼						
4	得意先名 ▼	4月	5月	6月	7月	8月	9月	総計
5	サンライズ	1084517	1738838	1118701	1435896	1382493	859797	7620242
6	スーパー岡本	906187	1452694	902349	952218	651517	631365	5496330
7	スーパー皆長	401296	706923	863687	1254695	646853	521420	4394874
8	スーパー関原	1507251	860485	864932	943069	875023	671831	5722591
9	スーパー中川	932331	1243148	1014900	1328379	815576	601421	5935755
10	スーパー東日暮里	1512021	864466	1111298	1408428	1527548	1602145	8025906
11	スーパー藤	2023394	2350800	1723009	1544735	1200524	631947	9474409
12	ホームセンタースズキ	1674016	1297348	1135428	2277927	1442851	777060	8604630
13	伊藤ストアー	640142	652968	946867	845749	696349	626518	4408593
14	梶森ストアー	563308	751820	635137	934654	750437	743272	4378628
15	喜田谷商事	1529170	1191968	830411	1620180	1035313	596493	6803535
16	幸福商会	689859	763031	710733	944342	451773	475172	4034910
17	上下スーパー	1587405	1631604	1078797	1125618	1324959	1229476	7977859
18	新居ストアー	92907	160473	188050	300577	53772	75937	871716
19	西山川商店	742106	1041948	633542	903712	782458	881052	4984818
20	西浅草商会	661482	207478	444583	801057	547292	325025	2986917
21	大山商店	450271	557935	978873	991675	783867	686362	4448983
22	南西ストアー	825003	511241	1036026	838246	696321	542271	4449108

1　佐藤の得意先別月別売上表の作成

ピボットテーブルを起動し、[担当者名]をページ欄へ、[得意先名]を行欄へ、[月]を列欄へ、[売上額]をデータ欄へ、それぞれドラッグします。[担当者名]から「佐藤一郎」を条件指定します。

⬇

	A	B	C	D	E
1	得意先名	9月	4月	9月と4月の差	落ち込み率
2	スーパー藤	631947	2023394	-1391447	31.2%
3	喜田谷商事	596493	1529170	-932677	39.0%
4	ホームセンタースズキ	777060	1674016	-896956	46.4%
5	スーパー関原	671831	1507251	-835420	44.6%
6	箱田ホームセンター	275469	1106267	-830798	24.9%
7	畠田ホームセンター	1501024	2314131	-813107	64.9%
8	木村屋	404293	983324	-579031	41.1%
9	平野スーパー	369367	818592	-449225	45.1%
10	上下スーパー	1229476	1587405	-357929	77.5%
11	西浅草商会	325025	661482	-336457	49.1%
12					
13					
14					
15					

2　得意先別9月4月売上表

「得意先名」と「9月」「4月」のデータを別シートにコピーし、「9月と4月の差」と「落ち込み率」(9月÷4月)を計算で新規作成します。「9月と4月の差」を降順に並べ替え、ワースト10を出します。
「佐藤一郎」の得意先では、「スーパー藤」の落ち込みが顕著です。

●STEP3 要因の証拠固め③ 検証分析4 「9月と4月の差」グラフからの検証

得意先名	9月	4月	9月と4月の差	落ち込み率
スーパー藤	631947	2023394	-1391447	31.2%
喜田谷商事	596493	1529170	-932677	39.0%
ホームセンタースズキ	777060	1674016	-896956	46.4%
スーパー関原	671831	1507251	-835420	44.6%
箱田ホームセンター	275469	1106267	-830798	24.9%
畠田ホームセンター	1501024	2314131	-813107	64.9%
木村屋	404293	983324	-579031	41.1%
平野スーパー	369367	818592	-449225	45.1%
上下スーパー	1229476	1587405	-357929	77.5%
西浅草商会	325025	661482	-336457	49.1%

1 「9月と4月の差」グラフの作成

検証分析3で作成した表から、「得意先名」と「9月と4月の差」を範囲指定して通常の縦棒（集合縦棒）グラフを作成します。

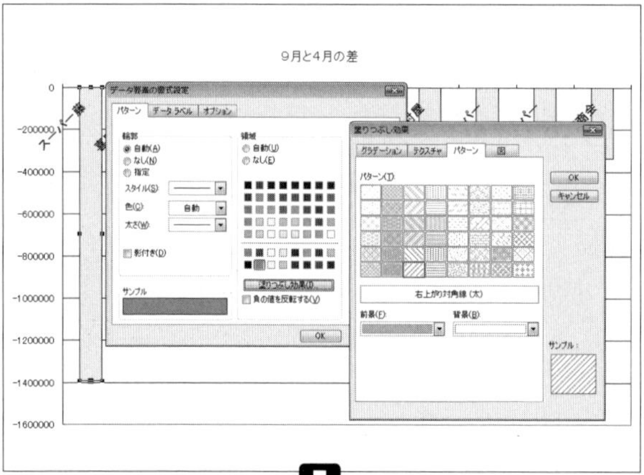

2 得意先の業種別塗り分け

検証分析3 操作1のピボットテーブルで、［業種名］を行欄へドラッグしてワースト10である得意先の業種を調べ、業種別に色分けします。棒グラフを1本ずつ選択し（棒グラフをゆっくり2回クリックし）ます。次に、棒上で右クリックして表示されたメニューから［データ系列の書式設定］を選択し、表示された画面の［パターン］で色を変え、［塗りつぶし効果］よりパターンを適用しました（ホームセンターに斜線を入れました）。

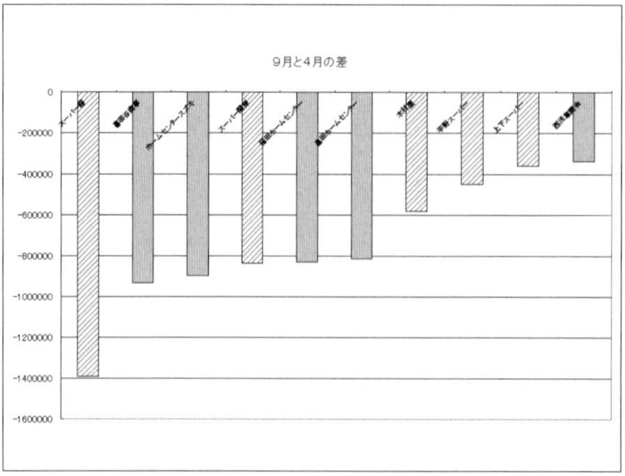

3 9月と4月の差を業種別に見る

このグラフを見ると、スーパーとホームセンターしかないことがわかります。スーパーの落ち込みも、「佐藤一郎」の別の問題点です。

●STEP4　動機の分析①　検証分析5「営業4課の業種別売上内訳グラフの比較」からの検証

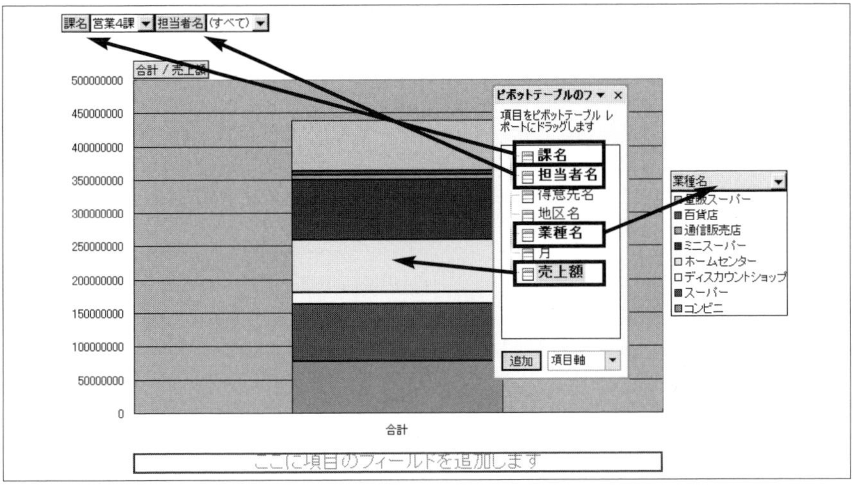

1 課別担当別業種別売上グラフの作成（直接ピボットグラフを作成）

元データからピボットテーブルを起動し、下段でピボットグラフの方を選択し、[完了] をクリックします。[課名] と [担当者名] をページ欄へ、[業種名] を系列欄へ、[売上額] をデータ欄へそれぞれドラッグします。[課名] から [営業4課] を条件指定します。

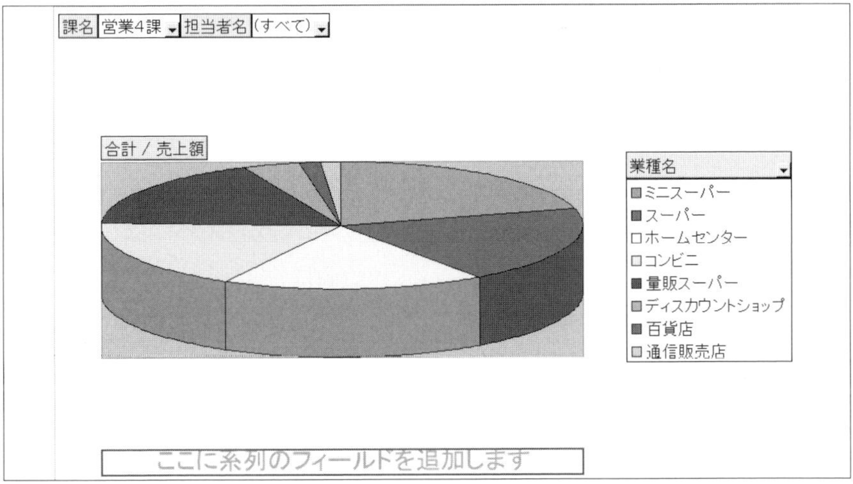

2 営業4課、業種別売上内訳グラフの作成

グラフの種類を「3-D効果の付いた円グラフ」に変更します。系列欄の [業種名] が項目欄に移動していたら、系列欄へドラッグします。系列欄の [業種名] を売上額の降順に並べ替えます。

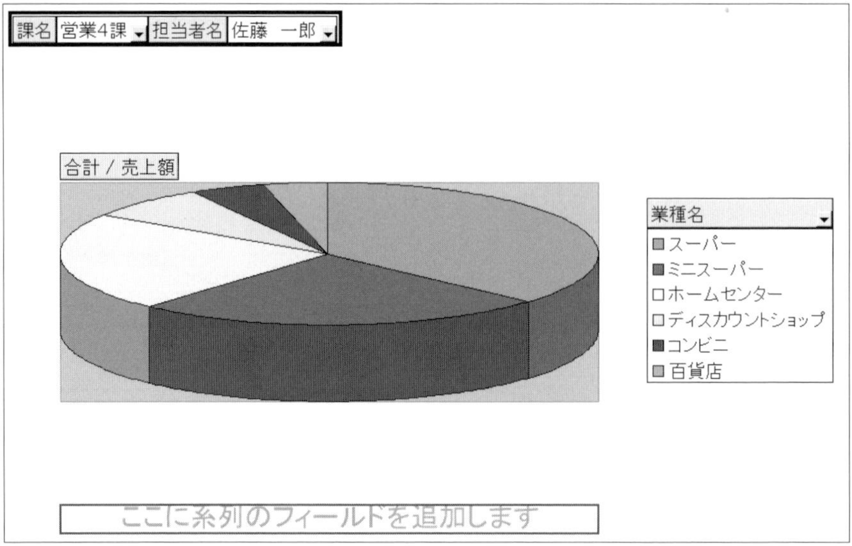

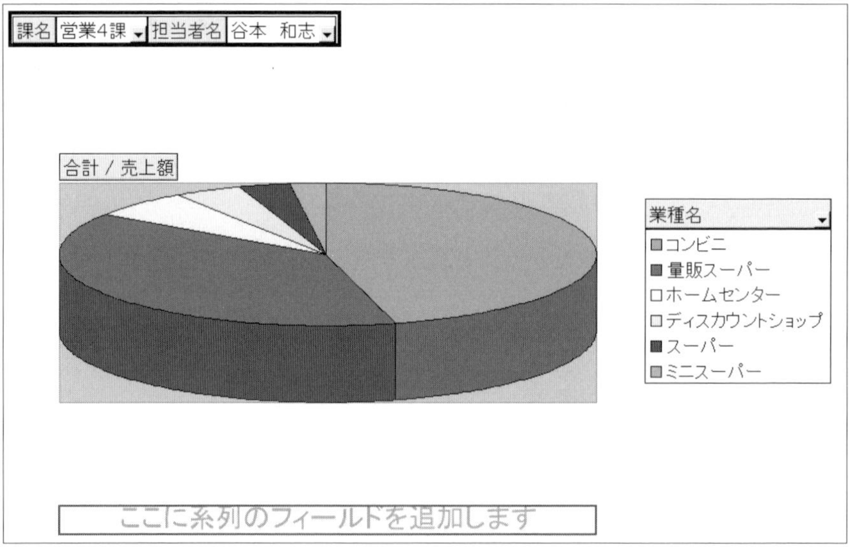

3 業種別売上構成比較での分析

営業4課と担当者の業種売上を比較してみます。まず「佐藤一郎」と「谷本和志」だけを表示してみます。すると、地区別に担当がわかれているにも関わらず、売上構成がバラバラであることがわかります。

佐藤一郎は売上構成の大きい「スーパー」と「ホームセンター」の落ち込みが課題であると思われます。また、「谷本和志」も、業種構成に偏りがあることが今後の課題となります。

●STEP4 動機の分析② 検証分析6「得意先件数と1件当たり売上」からの検証

	A	B	C	D
1	ここにページのフィールドをドラッグします			
2				
3			データ	
4	課名	担当者名	データの個数 / 得意先名	合計 / 売上額
5	営業1課	太田　俊正	168	153845247
6		山本　哲朗	138	136611923
7		北山　和夫	138	129538406
8	営業2課	滝本　清登	204	214751292
9		山上　雅人	156	97698845
10		西田　昌男	114	90959816
11	営業3課	横田　真二	108	155484206
12		鈴木　英生	78	124647567
13		長谷　龍一	78	115868744
14	営業4課	佐藤　一郎	162	158444576
15		田中　正一	84	155936913
16		谷本　和志	96	125093322
17	総計		1524	1658880857
18				
19				

1 課別担当別得意先件数売上表の作成

ピボットテーブルで、[課名]と[担当者名]を行欄へ、[得意先名]と[売上額]をデータ欄へ、それぞれドラッグします。ここではC4にある[データ]ボタンを、D4の列欄へドラッグし、表示を整理します。課名の合計行を非表示とします。

次に担当者ごとに売上高が多い順に並べ替え、A4〜D16を範囲指定してコピーし、別シートに貼り付けます。

	A	B	C	D	E	F
1	課名	担当者名	データの個数 / 得意先名	売上額	得意先件数	1件当り売上額
2	営業1課	太田　俊正	168	153845247	=C2/6	
3		山本　哲朗	138	136611923		
4		北山　和夫	138	129538406		
5	営業2課	滝本　清登	204	214751292		
6		山上　雅人	156	97698845		
7		西田　昌男	114	90959816		
8	営業3課	横田　真二	108	155484206		
9		鈴木　英生	78	124647567		
10		長谷　龍一	78	115868744		
11	営業4課	佐藤　一郎	162	158444576		
12		田中　正一	84	155936913		
13		谷本　和志	96	125093322		
14						
15						
16						
17						

2 1件当たり売上額表の作成1

別シートに貼り付けた表で、[合計／売上額]の項目名を「売上額」に変更します。E列に「得意先件数」を作成し、E2に「=C2/6」と入力して、E2をE13までコピーします（6で割る理由はワンポイントを参照）。

	A	B	C	D	E	F
1	課名	担当者名	データの個数 / 得意先名	売上額	得意先件数	1件当り売上額
2	営業1課	太田　俊正	168	153845247	28	=D2/E2
3		山本　哲朗	138	136611923	23	
4		北山　和夫	138	129538406	23	
5	営業2課	滝本　清登	204	214751292	34	
6		山上　雅人	156	97698845	26	
7		西田　昌男	114	90959816	19	
8	営業3課	横田　真二	108	155484206	18	
9		鈴木　英生	78	124647567	13	
10		長谷　龍一	78	115868744	13	
11	営業4課	佐藤　一郎	162	158444576	27	
12		田中　正一	84	155936913	14	
13		谷本　和志	96	125093322	16	

3 1件当たり売上額表の作成2

さらに、F列に「1件当たり売上額」を作成し、F2に「=D2/E2」と入力してF13までコピーします。

ワンポイント ここで使用するデータの個数と得意先件数の関係について

[得意先名]をデータ欄へドラッグすると、得意先名のデータ個数が表示されます。ただし、ここで扱う元データは明細型データ（注）なので、得意先ごとに4〜9月の6ヶ月分の[月]データがあります。そのため、実際の担当者ごとの得意先を算出するには、6で割る必要があります。

（注）「明細型データ」はコンピュータのデータベースにある1行1データ形式のデータのことです。もう1つの「集計型データ」はすでに一度集計加工された1行多要素のデータ形式のデータのことです。

	A	B	C	D	E	F	G
1	課名	担当者名	データの個数 / 得意先名	売上額	得意先件数	1件当り売上額	
2	営業1課	太田　俊正	168	153845247	28	5494473	
3		山本　哲朗	138	136611923	23	5939649	
4		北山　和夫	138	129538406	23	5632105	
5	営業2課	滝本　清登	204	214751292	34	6316214	
6		山上　雅人	156	97698845	26	3757648	
7		西田　昌男	114	90959816	19	4787359	
8	営業3課	横田　真二	108	155484206	18	8638011	
9		鈴木　英生	78	124647567	13	9588274	
10		長谷　龍一	78	115868744	13	8912980	
11	営業4課	佐藤　一郎	162	158444576	27	5868318	
12		田中　正一	84	155936913	14	11138351	
13		谷本　和志	96	125093322	16	7818333	

4 1件当たり売上額グラフの作成

A、B、E、F列を範囲指定して［グラフウィザード］ボタンをクリックします。［グラフウィザード1/4］で［ユーザー設定］タブをクリックし、［グラフの種類］から［2軸上の折れ線と縦棒］を選びます。

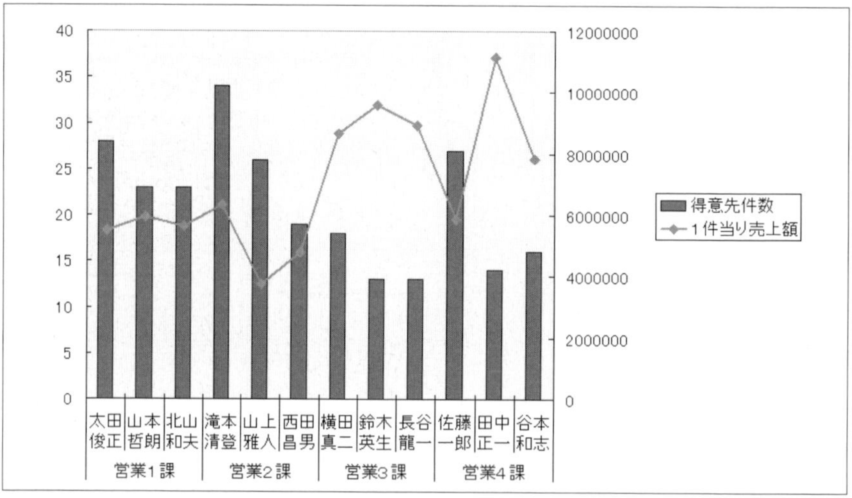

5 担当別1件当たり売上額での分析

課別に担当者の得意先件数と1件当たりの売上額を比較してみました。「佐藤一郎」は、4課の中で得意先件数が多いにも関わらず、1件当たりの売上が少なく、営業活動が荒い可能性が推測されます。
また、このグラフから、営業2課にも課題があることもわかります。

ワンポイント　分析から得られる今後の対策

「佐藤一郎」が受け持つ「台東区」の「ホームセンター」4 社は、あまりにも傾向が似ているために、押し込みなどの意図的な営業活動の結果であることが推測されます。売上伝票明細データを利用して、この4社の商品分析が必要です。また、スーパーの分析も必要と思われます。
これらの結果と「田中正一」が1件当たりの売上額が異常に高いこと、各営業の業種別売上のバランスが違いすぎることなどから、営業4課全員の業種別得意先の割り当てを見直す必要があるように思われます。

STEP

5

グラフの読み方、
使い方をマスター

1 グラフの裏の作り手の意図にダマされるな

グラフは、ひと目でその傾向や比較がつかめるものです。そのため、データ分析はグラフを利用しますが、それ故に落とし穴もあります。グラフは魔物です。作る側も見る側も、注意が必要です。

目盛りの取り方ひとつでグラフの印象は変わる

ひと目で傾向や比較を表すグラフだからこそ、気を付けることがあります。

下の2つの達成率グラフを見ると、まったく違う別のグラフのように見えますが、実は同じデータ（表1）から作成したグラフです。その違いは、目盛りの表示方法にあります。

グラフ1を見ると、A商品とB商品、C商品はさほど差がない達成率を示していることがわかります。しかし、グラフ2を見ると、C商品はA商品の3倍以上の達成率を示しているように感じます。

グラフは、面積や線の長さ、傾きなどで数字を表現します。したが

●グラフ1

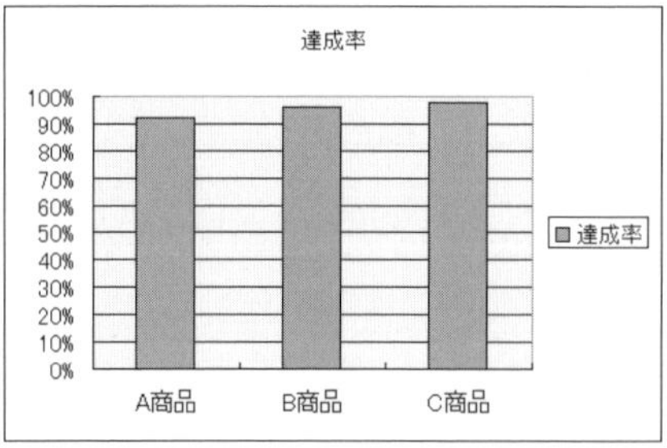

●グラフ2

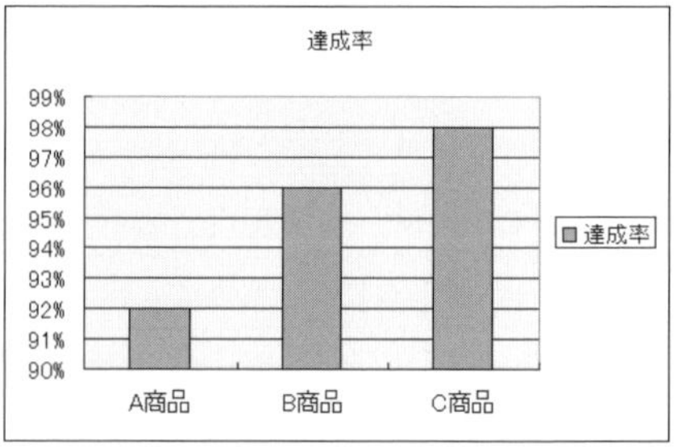

●表1

	A商品	B商品	C商品
達成率	92%	96%	98%

って、論理的な左脳ではなく、図形や空間パターンなどを認識する直感的な右脳に働きかけます。ここに落とし穴があります。

雑誌や新聞などには、いろいろなグラフが掲載されていますが、その際、最初に注意すべきは「目盛り」です。目盛りの最小値がどこから始まっているかで、作者の意図を読み取ることができます。

グラフ2の目盛りに注目してください。縦軸の目盛りが90%からスタートしています。そのため、グラフ1より差が強調されて見えます。このように、目盛りの値をゼロからではなく、途中から表示する手法を「差の強調」と呼びます。

このように、グラフで提供される情報には、作り手の意図が含まれています。読み手は、常に作り手の意図を考えながらグラフを見なければ、作り手のマジックに簡単に引っかかってしまいます。この例の場合では、A商品の達成率がひどく悪く、C商品の達成率が飛び抜けて良い印象を持つ、という具合です。これが「グラフは魔物である」という理由です。

ただし、これを逆手にとれば、意図して読み手を誘導するような（たとえば、プレゼンで自社製品を有利にするような）グラフを作成することもできます。

●グラフを見るときの注意点

まず目盛りを見る	必ず目盛りを見るクセをつけます。目盛りの取り方に作り手の意図があります。
数字で大雑把にイメージをつかむ	数字データがある場合には、数字を見て、その概要をある程度イメージしておくと、グラフがおかしいことが判断できます。
グラフができてきた背景をつかむ	グラフや数字が生まれた背景や、生い立ちをつかみ、そのグラフの裏にある現場を思い起こします。 日頃の経験と勘でグラフの信憑性を判断します。
グラフのパターンをつかむ	どのようなグラフが、どういった目的に利用するのかという知識と、そのグラフのパターンを見ることで、グラフの裏が見えてきます。

差がわかりにくければ傾向を強調してみる

次はグラフの目盛を途中から表示する「差の強調」を利用して、傾向を強調する例です。推移などの上がり下がりの傾向を強調して見せたい場合や、差がわかりにくい場合に強調して分析しやすくします。

操作事例 5-1　ピボットグラフの目盛りを変更して傾向を強調する

月別推移グラフの軸の目盛の最小値を高く設定して傾向を強調し、判別しやすくしてから推移動向を分析します。

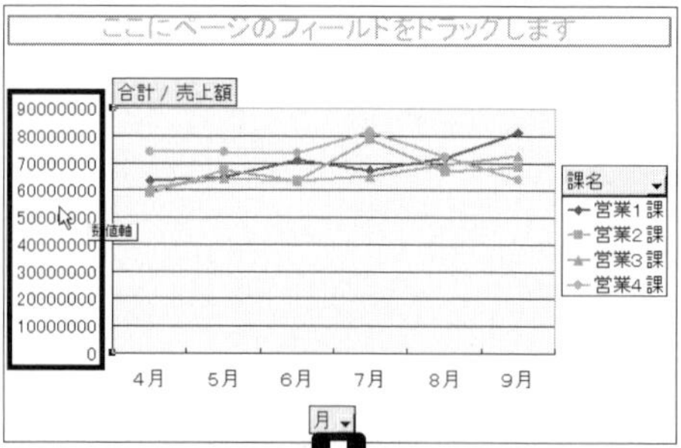

1 軸の書式設定の表示

数値軸の場所をダブルクリックすると書式設定の画面が表示されます。

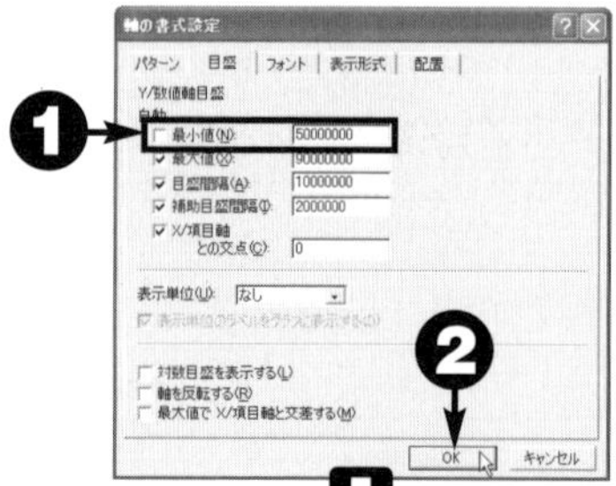

2 数値軸の最小値の変更

表示された［軸の書式設定］で、［目盛］タブをクリックします。❶をクリックしてチェックを外し、最小値を入力します。ここでは50000000（5000万）と入力して❷をクリックします。

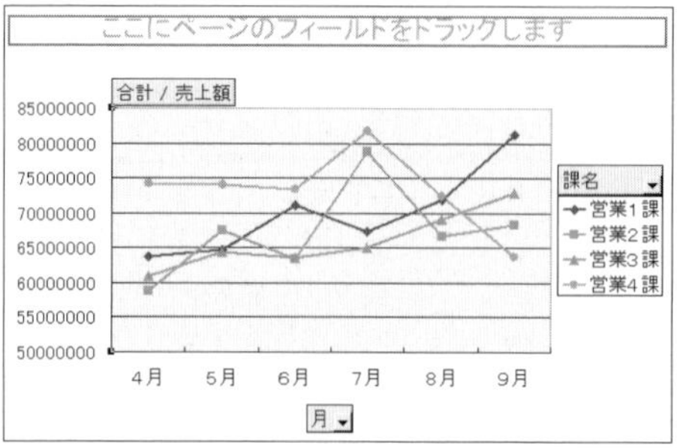

3 差を強調したグラフの表示

最小値が50000000から始まる、差の強調されたグラフになりました。このグラフを見ると、各課の上がり下がりの動向がよくわかります。特に、営業4課の期末での落ち込みがつかめ、そのほかの課が伸びている様子が把握できます。このように、差を強調して傾向を強調することにより、分析しやすくなります。

2 グラフ分析でまず見るべきは「異常値」

グラフ分析の基本は、異常値を分析することから始めます。急激な落ち込みや伸びという「異常値の要因」は何かを検討するのです。グラフから異常値を発見し、分析する方法を解説します。

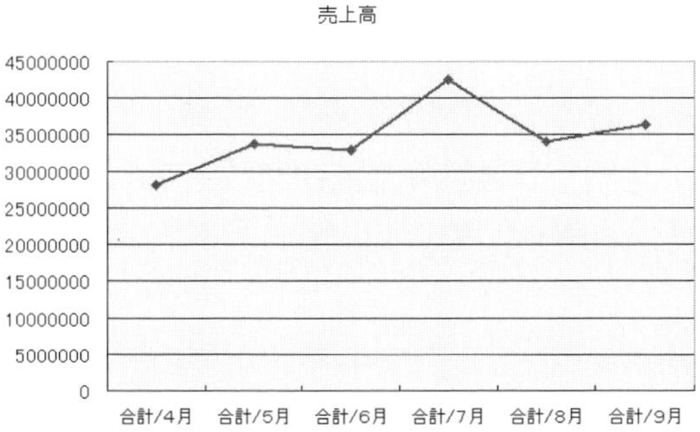

■急激な伸びが異常値

このグラフでは8月が落ち込んでいるように見えますが、実は7月が異常値で6月から8月9月と順調に伸びています。この7月の急激な伸びを分析することが異常値分析です。

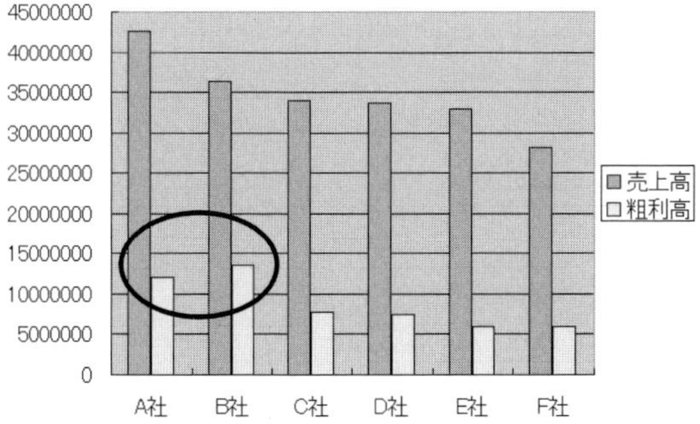

■売上高と粗利高を比較した異常値発見

このグラフは、得意先別の売上高順に粗利高を並べて比較したグラフです。ここでの異常値は、A社B社の粗利高です。A社が粗利率が低いのか、B社が逆に高すぎるのか、全社平均の粗利率の数字と比較して、その実態と原因を分析します。

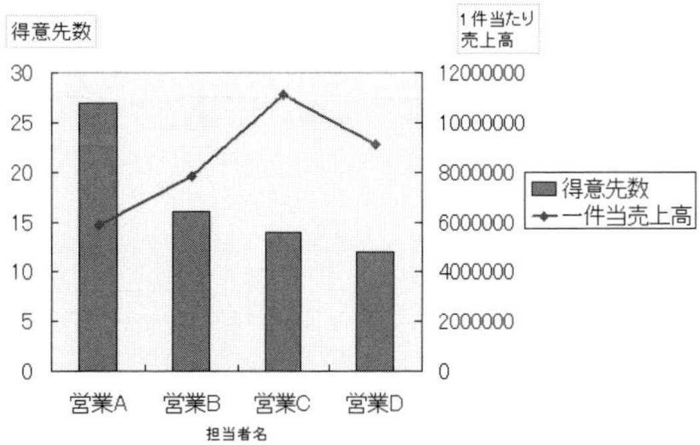

■2軸グラフで異常値発見

このグラフは、営業担当別の得意先数（棒グラフ）と1件当たりの売上高（折れ線）を示した2軸グラフです。得意先数の上位3人は、得意先数と1件当たりの売上高が反比例しています。すると、営業Dの1件当たりの売上高が低いことが異常値であると判断でき、この原因を分析します。

5つの分析方法で異常値を探し出す

　グラフを見れば急激な落ち込みや伸びをすぐに判断できます。また、比較することで異常値を見つけ出すこともできます。そのため、グラフ分析は、異常値を見つけ出したり、異常値の要因を分析することから始めて行きます。

◆異常値分析の進め方

　グラフでの異常値分析には、基本分析、比較分析、平均比較分析、傾向比較分析、ベストワースト分析の5種類の方法があります。

<table>
<tr><th>種類</th><th>内容</th><th>グラフ例と異常値</th></tr>
<tr><td>基本分析</td><td>折れ線グラフや棒グラフなどで、急激な伸びや落ち込みをつかむ方法です。まず最も急激に伸びたり落ちているものを探し、その要因をドリルダウンで分析します。</td><td>
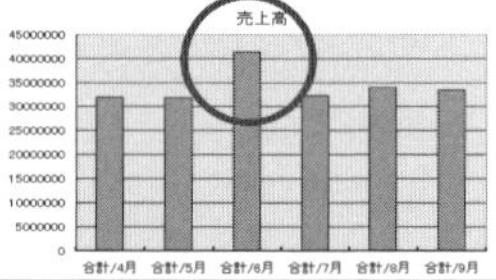

</td></tr>
<tr><td>比較分析</td><td>2つ以上のデータを比較して異常値を探し出すものです。下記のような例があります。
・売上高と粗利額などの要素別実数比較
・前年と今年の同月推移比較
・1件当たりで比較
・実数と率を比較
・率と率を比較</td><td>
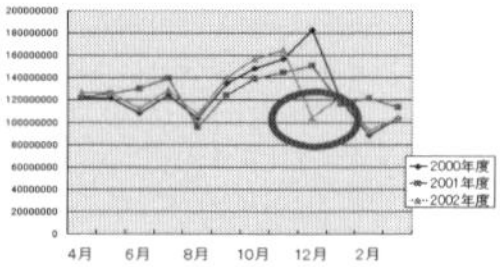

</td></tr>
<tr><td>平均比較分析</td><td>ある平均値を出し、その平均から際だって高い（低い）ものを異常値として見る方法です。粗利率などの全社平均との個別の比較、1件当たり平均との比較、平均伸び率との比較などがあります。</td><td>
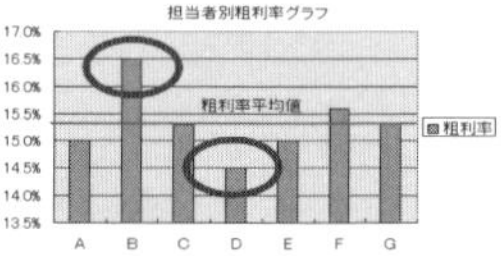

</td></tr>
<tr><td>傾向比較分析</td><td>推移傾向が伸びているか落ちているかを、エクセルの「近似曲線」を利用して傾向線を描き、その傾向線から著しく外れているものを異常値として分析する方法です。</td><td>
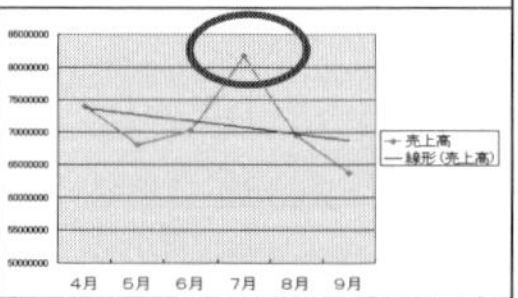

</td></tr>
<tr><td>ベストワースト分析</td><td>過去データをベストあるいはワースト順に並べ替え、現在のデータを表示して見る分析方法です。過去のベストが現在どうなっているかで異常値を見つけ出します。</td><td>
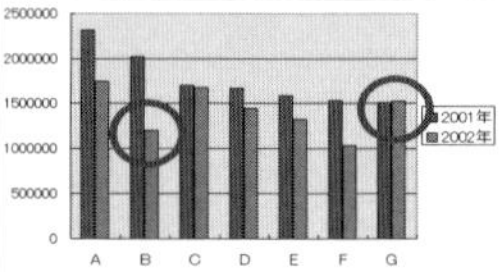

</td></tr>
</table>

比較する項目を追加して本当の異常値を見つけよう

異常値分析のひとつに、順位比較グラフを利用する分析方法があります。たとえば、売上高順グラフに粗利額を表示させて比較し、売上高順と異なる傾向を示すモノを、異常値として分析対象にします。

操作事例 5-2 順位比較で異常値を見つける

得意先別の売上額と粗利額を比較して、顕著な高粗利額や低粗利額の得意先を、異常値として分析対象に選びます。ここでは、ある担当者の得意先の売上額と粗利額を比較し、その後、粗利率を加えて異常値を分析します。

	A	B	C	D	E	F
1	部門名	担当者名	得意先名	売上額	粗利額	粗利率
2	営業1課	伊藤　三郎	うねみ屋	13561749	2118355	15.6%
3	営業1課	伊藤　三郎	サーモピレー	22560346	3550109	15.7%
4	営業1課	伊藤　三郎	スーパーあさぎり	4722900	701120	14.8%
5	営業1課	伊藤　三郎	スーパーさくらい	22499034	3496503	15.5%
6	営業1課	伊藤　三郎	スーパーたのくら	20952757	3201677	15.3%

操作前の表

1 得意先別売上額順粗利額表の作成

ピボットテーブルを起動し、[担当者名]をページ欄へ、[得意先名]を行欄へ、[売上額]と[粗利額]をデータ欄へ、それぞれドラッグします。[担当者名]から「松枝実雄」を条件指定します。

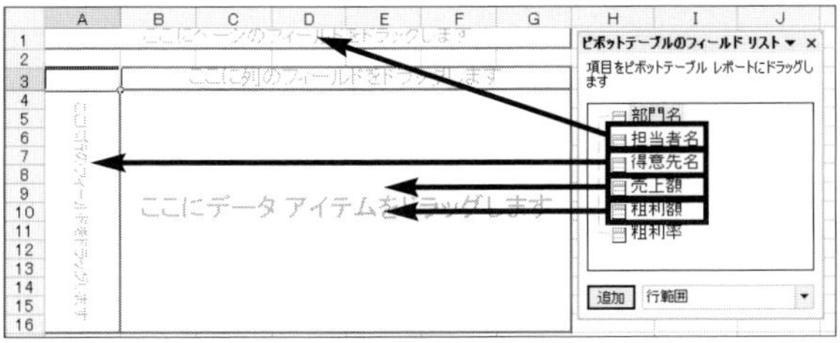

	A	B	C
1	担当者名	松枝　実雄	
2			
3	得意先名	データ	合計
4	スーパーレッズ	合計 / 売上額	21839350
5		合計 / 粗利額	3013818
6	スーパー喜	合計 / 売上額	12080877
7		合計 / 粗利額	1880623
8	スーパー夢	合計 / 売上額	21798884
9		合計 / 粗利額	3356668
10	レストラン深海	合計 / 売上額	22513013
11		合計 / 粗利額	3478668
12	割烹水龍	合計 / 売上額	15996595
13		合計 / 粗利額	2503874
14	岸沢食品店	合計 / 売上額	7036201
15		合計 / 粗利額	1075207
16	吉沢食品店	合計 / 売上額	17339244

2 データ欄の整理

B3にある[データ]ボタンを、ここではC3の列欄にドラッグします。

	A	B	C
1	担当者名	松枝　実雄	
2			
3		データ	
4	得意先名	合計 / 売上額	合計 / 粗利額
5	石崎ストアー	28083237	4467298
6	レストラン深海	22513013	3478668
7	スーパーレッツ	21839350	3013818
8	スーパー夢	21798884	3356668
9	吉沢食品店	17339244	2705423
10	割烹水龍	15996595	2503874
11	西川食品商会	12622291	2017642
12	スーパー喜	12080877	1880623
13	山東ストアー	11240785	1737972
14	山下食料品店	10924264	1680656

ピボットテーブル
ピボットテーブル(P)▾

3 売上額順に並べ替えてグラフ作成

［売上額］(B列)の任意の数値をクリックし、［降順に並べ替え］ボタンをクリックします。次に［グラフウィザード］ボタンをクリックし、積み上げ棒グラフが表示されたら、集合縦棒グラフに変更します。

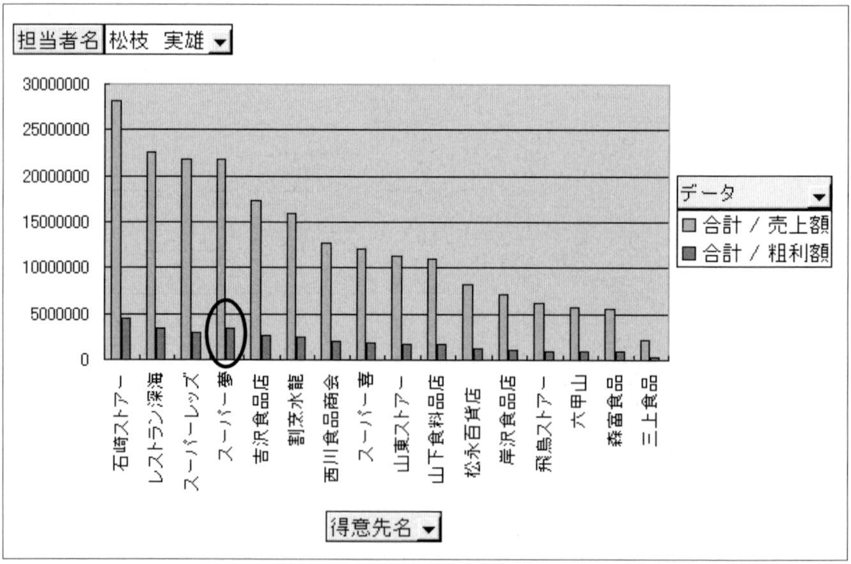

4 異常値を見つける

売上額順に並んだグラフで、粗利額が前の得意先より多いものがあります。「スーパー夢」です。これは、「スーパー夢」が粗利率が高いのか、前の「スーパーレッツ」が低いのかが判断できません。そこで、粗利率を加えたグラフを作成し、異常値分析を行います。

	A	B	C	D
1	担当者名	松枝　実雄		
2				
3		データ		
4	得意先名	合計 / 売上額	合計 / 粗利額	合計 / 粗利率
5	石崎ストアー	28083237	4467298	0.159
6	レストラン深海	22513013	3478668	0.155
7	スーパーレッズ	21839350	3013818	0.138
8	スーパー夢	21798884	3356668	0.154
9	吉沢食品店	17339244	2705423	0.156
10	割烹水龍	15996595	2503874	0.157
11	西川食品商会	12622291	2017642	0.16
12	スーパー喜	12080877	1880623	0.156
13	山東ストアー	11240785	1737972	0.155
14	山下食料品店	10924264	1680656	0.154
15	松永百貨店	8214238	1266635	0.154
16	岸沢食品店	7036201	1075207	0.153

5 粗利率の追加と新規グラフの作成

ピボットテーブルのシートに表示を切り替えて、[フィールドリスト] から [粗利率] をデータ欄へドラッグします。次に [グラフウィザード] ボタンをクリックします。

6 粗利率表示のため2軸グラフに変更

グラフが作成されたら、再び [グラフウィザード] ボタンをクリックし、表示された [グラフウィザード1/4] 画面で、[ユーザー設定] タブをクリックします。[グラフの種類] から❶を選択して、❷をクリックします。

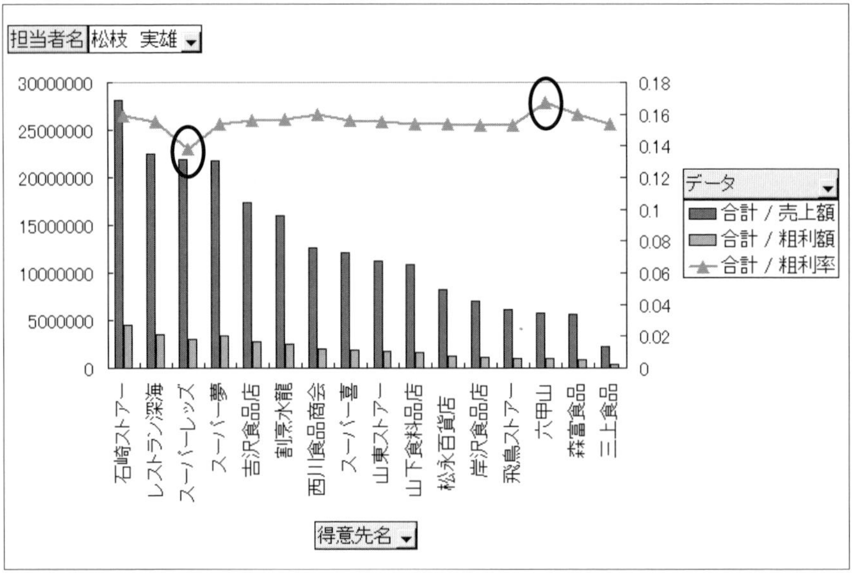

7 異常値を分析する

このグラフを見ると、異常値は「スーパー夢」ではなく、「スーパーレッズ」の低粗利率であることがわかります。また、「六甲山」が高粗利率の異常値と判明しました。
このように、順位比較や率比較によって異常値を発見し、その異常値に絞った分析を続けて行います。

3 分析する内容によってグラフを使い分ける

グラフは、順位・比較・推移・内訳・関係という5つの分析表現機能を利用してデータを分析します。この分析表現機能の基本的な考え方と読み方を知ることが、データ分析の基本知識となります。

グラフには5つの分析表現機能がある

グラフには、降順・昇順の「順位」、複数項目を対比させる「比較」、時系列に表現する「推移」、シェアなどの構成比を表す「内訳」、複数の項目の関係を表す「関係」の5つの分析表現機能があります。

種類	内容	グラフ例
順位分析	視覚的に訴えるグラフの分析活用の基本は、順位を見ることです。順位の動向や、その差がひと目で判断できます。データを降順・昇順に並べ、その並び方の傾向から問題や課題を見出します。	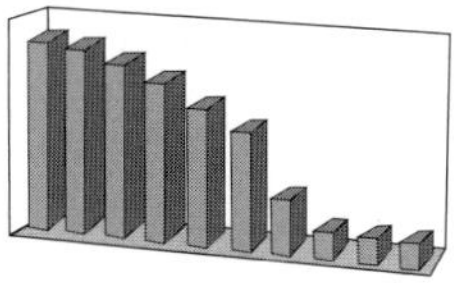
比較分析	視覚的に訴えるグラフの最大の特徴は、比較が容易にできることです。絶対額での比較、単位当たりの比較、指数での比較などにより、良し悪しの判断材料が得られます。	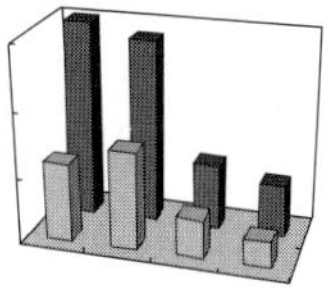
推移分析	推移の分析は、時系列の傾向として伸びや落ち込みの動向を分析します。おもに折れ線グラフを利用し、単純推移・複数推移比較・前年対比などの動向分析を行います。	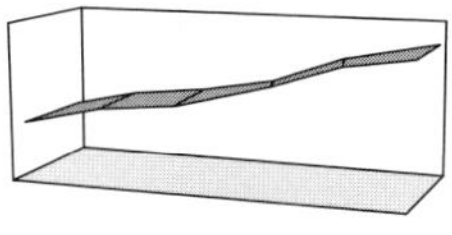
内訳分析	内訳の分析は、シェアや構成比を表す分析です。全体の中で各要素が占める割合を、円グラフや積み上げ縦棒（要素棒）グラフで表し、全体の動向に対する内訳や要因を分析します。	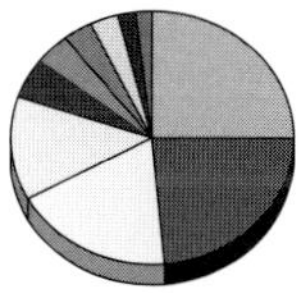
関係分析	関係分析は、2項目以上の複数項目間における相関関係や散布状態を分析するものです。相関関係を、散布図やバブルチャートを利用して分析します。	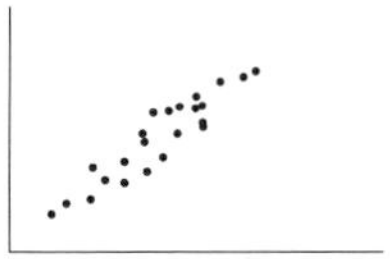

◆グラフの特性を覚えて効果的に分析する

5つの分析表現機能は、それぞれの分析表現に適したグラフの利用により、効果的な分析を行うことができます。5つの機能を利用するグラフの関係は、下表の通りです。

グラフ／機能	イメージ	順位	比較	推移	内訳	関係
縦棒・横棒グラフ	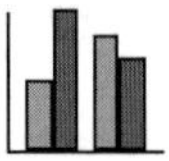	●	●	○		
積み上げ縦・横棒 （要素棒グラフ）	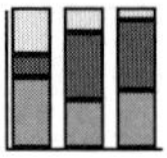	○	●	●	●	
折れ線グラフ	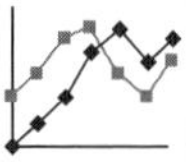		●	●		
円グラフ	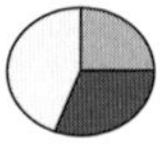	●	○		●	
面グラフ	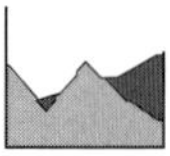		○	●		
積み上げ面グラフ			●	●	●	
散布図	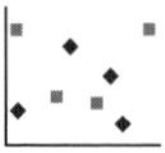					●
ドーナツグラフ	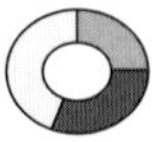	○	●	●	●	
レーダーチャート	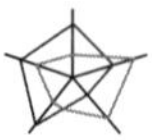		●	●	●	●
バブルチャート	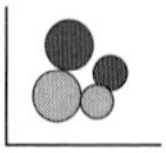	○	●		○	●

●…主な機能　○…従となる機能

4 | 順位グラフで見るべきは並び・差

視覚的に訴えるグラフの分析活用の基本は、順位を見ることです。順位の動向や、差がひと目で判断できます。データを降順·昇順に並べ、その並び方の傾向から問題や課題を見出します。

順位グラフの利用ポイント

順位グラフの基本的な利用ポイントは、まず降順（大きい順）に見ることです。数値の大きな順に見ることで、全体の動向がつかめます。また、粗利率のように昇順（小さい順）に見ることで意味がある項目もあります。そうしたグラフの並びや差が分析の判断材料となります。

項目	グラフ利用のポイント	グラフイメージ
降順に見る	数値を大きい順に並べて見ます。数値の大きいほうが好ましければベスト10になり、不都合ならワースト10となります。一般的に順位グラフではベスト・ワーストともに20くらいまでが見やすく判断しやすいようです。	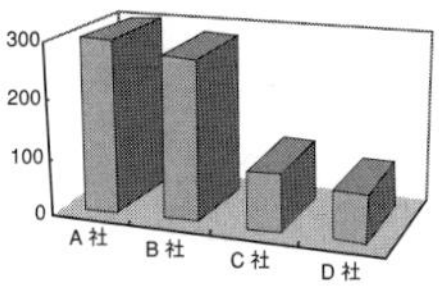
昇順に見る	数値を小さい順に並べて見ます。小さいほうが好ましければベスト10になり、不都合ならワースト10となります。特に、率などの指数で利用します。粗利率などを昇順で見ると問題点が浮き彫りになります。	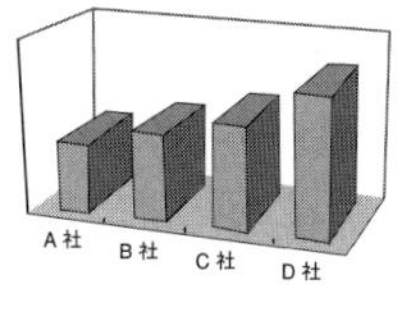
その差を見る	金額や数量のように、0から積み上げた絶対値で見るグラフは、そのグラフに表示された差そのものが、分析の判断材料となります。どれくらいの差があるかが、順位グラフを読むポイントとなります。 ただし、目盛の単位を途中から始めた「差の強調」グラフでは、差が強調されているので判断材料としないことに、注意しなければなりません。	0から積み上げ 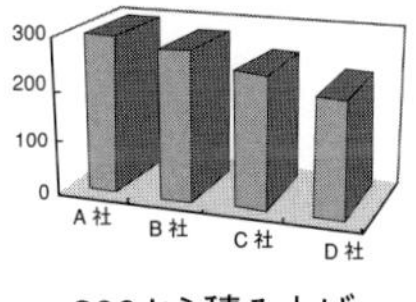 200から積み上げ 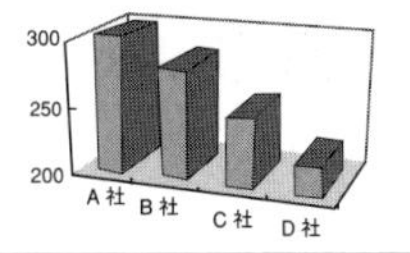

順位グラフから差のパターンを読み解く

順位グラフでは、順位の差の傾向を読み取ります。差にはあるパターンがあります。そのパターンの形態の特徴をつかむことが、順位グラフの読み方の基本となります。ここでは、ベストパターンの読み方を解説します。

型	基本的な利用の仕方・読み方	グラフパターン
スター型パターン（崖型）	物事に主力とそれ以外があることを示します。このパターンの特徴は、A ランクが数個のスター型で、B ランクがほとんどないというものです。問題はスターがなくなったときです。そのための対策は、次のスターの育成と B ランクの強化になります。	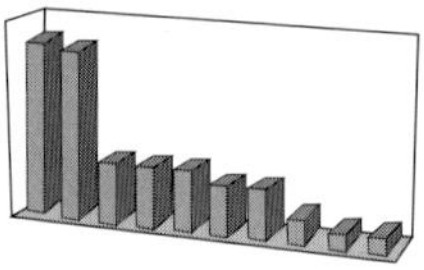
特定依存型パターン（谷型）	上位に集中するパターンで、A ランク集中型です。特定の有力なものが存在し、特定の顧客や商品に売上が依存しているパターンです。この場合は、トップクラスの動向に全体が左右されます。対策は、取り扱いの数を増やし、次の層のランクアップを行うことです。	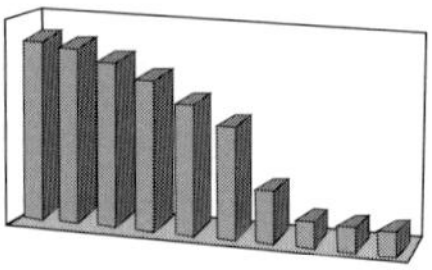
漸次パターン（坂型）	平均した順位構成を表します。このパターンはいつでも順位が変動する可能性を持つパターンです。対策は、ひとつの事柄のみに目を奪われず、全体を見通すように上位から下位までを見て、その動向を絶えず把握することです。	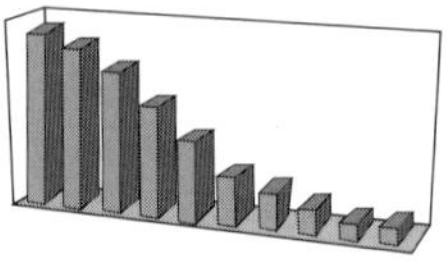
スター不在型パターン（平地型）	全体に均等化した構成で、ランク分けするほどの差はなく、一般的に低い数字で平地化します。対策は、A ランクのスターを作り上げることであり、成長可能なものを選択し、集中して強化することが必要です。またこのような傾向は、顧客や商品数が少ないときに起きることが多いので、取り扱いの数を増加させることもポイントです。	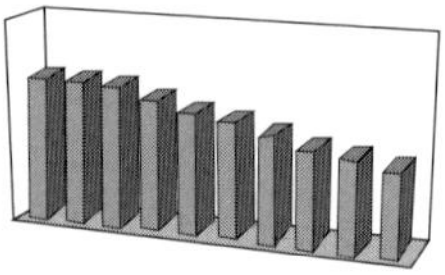

! ワンポイント ランク

グラフを読み取る際に、全体をA、B、Cの3 段階にランク分けを行い、分析します。たとえば、ある商品のベストパターンであれば、Aランクは花形商品を含む売上トップクラスの製品が属し、Bランクは可もなく不可もない売れ筋商品、Cランクは停滞気味か、伸び悩んでいる製品を示します。

5 実数比較だけではない比較グラフの活用法

視覚的に訴えるグラフの最大の特徴は、比較が容易にできることです。絶対額での比較、単位当たりの比較、指数での比較などにより、良し悪しの判断材料を得ることができます。

比較グラフの利用ポイント

比較グラフの基本的な利用ポイントは、何を比較するかということ

項目	グラフ利用のポイント	グラフイメージ
予実績の比較	予算目標への達成の割合をつかみ、未達成へのアクションを起こします。この際、1項目の予実績だけでなく、複数の項目の予実績を見ることで、ほかとの比較から別の分析視点を見出せます。	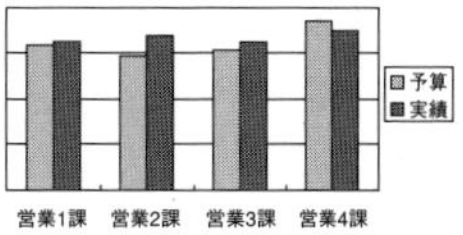
実数と率の比較	売上額と粗利率のように、実数と率を比較して問題点などを分析します。実数での数字の大小と、率の大小は異なることが多く、その違いや差が分析の対象となります。この比較は「2軸グラフ」で行い、棒グラフと折れ線などの組み合わせでわかりやすい比較ができるようにします。	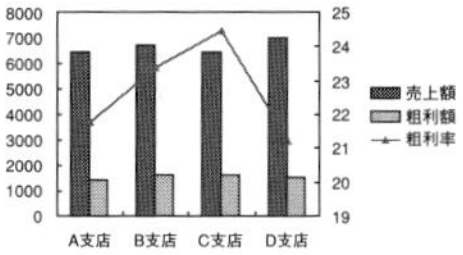
期間の比較	複数年の月別推移の比較や、前年同月比較など、期間の動向を比較して伸びや変動をつかみ、その要因を探ります。折れ線グラフはおもに推移の変化を見るときに、棒グラフはある時期の大きさの差を比較するときに利用します。	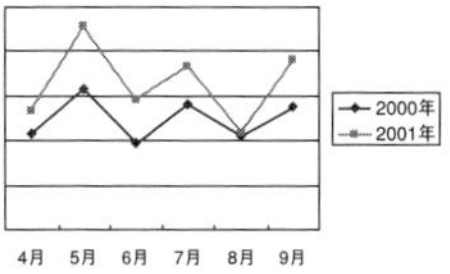
内訳の比較	内訳（構成比）の比較から、シェアや割合の上下の動向をつかみます。構成比率の比較は、100%中の内訳割合の変化を見ます。必ず実数の積み上げ縦棒グラフと併用し、右図のように実数の動向（下）と比率の動向（上）を比較しながら分析します。	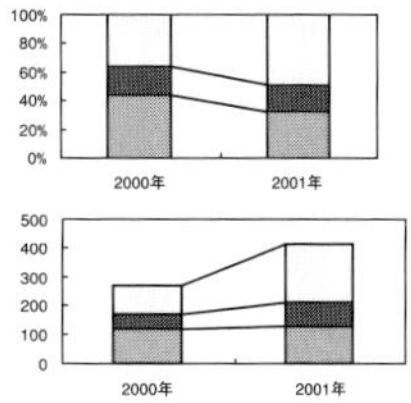

を明確にしたうえでグラフを作成し、分析することです。比較対象には、予算と実績、売上額と粗利額などの「実数の比較」、売上額と値引き率などの「実数と率の比較」のほか、「期間での比較」や「単位当たりの比較」などがあります。

数値の順位化・指数化でより比較しやすくなる

比較グラフは、2つ以上の項目や項目内要素を、大小関係や推移動向で比較して見るグラフです。比較は、線（棒）の長さによるものと、面積によるものとがあります。ここでは、比較する内容別のパターンから、比較分析の利用ポイントを見てみましょう。

<table>
<tr><th></th><th>基本的な利用の仕方・読み方</th><th>グラフパターン</th></tr>
<tr><td>系列と項目による比較</td><td>右図の売上高と粗利額のように、1つの系列に複数の項目を比較します。ポイントは、片方の項目を順位化することです。それにより、比較項目の差異がつかめます。右図は、A社とB社の売上高と粗利高が比較分析対象になります。</td><td>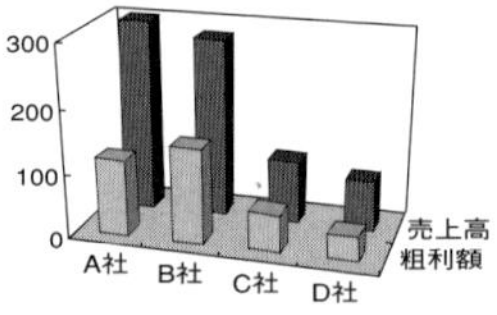
</td></tr>
<tr><td>項目と要素による比較</td><td>1つの項目全体の比較と、その内訳としての要素の比較を行います。ポイントは、構成要素の比較がひと目でわかるようにすることです。右図は、①と②の推移動向の変化が比較分析対象になります。</td><td>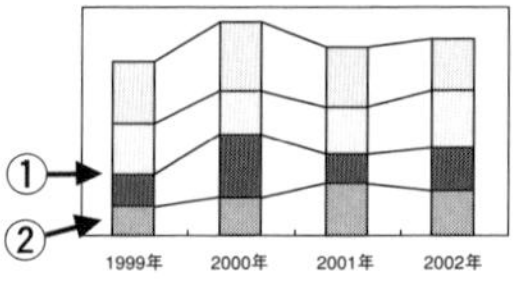
</td></tr>
<tr><td>単位を揃えた比較</td><td>ある一定単位にデータを標準化し、その単位別に比較する方法です。たとえば、売上高や従業員数が異なる会社の売上効率の分析で利用する「1人当たり売上高比較」や、売り場面積の「1坪当たり売上高」など、各単位に揃えて比較します。</td><td>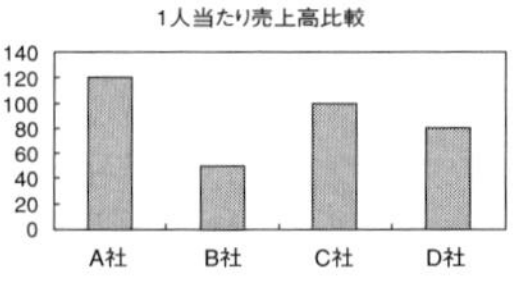
</td></tr>
<tr><td>指数で比較</td><td>単位比較の1つですが、単位を指数にして比較する方法です。ある年度や月を100として、それ以降をその年度や月に対する指数にして作成し、比較します。このようなグラフを「ファンチャート」と呼びます（P.162参照）。</td><td>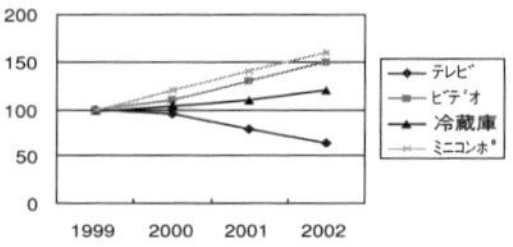
</td></tr>
</table>

6 比較の要素を推移グラフに加えると一歩先が見える

推移の分析は、時系列の傾向として伸びや落ち込みの動向を分析し、予測などに役立てます。主に折れ線グラフを利用して、単純推移、複数推移比較、前年対比などの動向分析を行います。

推移グラフの利用ポイント

推移分析は、時系列の推移動向を、折れ線グラフや棒グラフなどを利用して行う分析方法です。このとき利用する推移グラフには、単純

項目	グラフ利用のポイント	グラフイメージ
単純推移	ある１項目の推移を表したものです。その項目の推移傾向を、伸びや落ち込みの推移として把握したり、急な伸びや落ち込みの異常値分析などを行います。	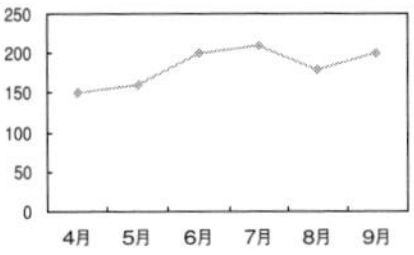
複数推移	複数の項目の推移を表したものです。まずは項目間の推移傾向の比較をつかみます。そして全体の推移動向などと比較して、どの項目が伸びや落ち込みの要因なのかを分析します。	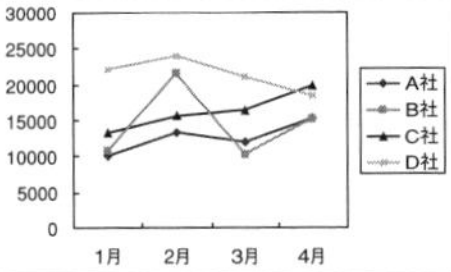
変動推移	季節変動のように繰り返し現れる変動を、グラフ化して分析する方法です。数年単位で月別に推移グラフを作成して季節変動の動向をつかみ、今後の予算立案などに利用します。	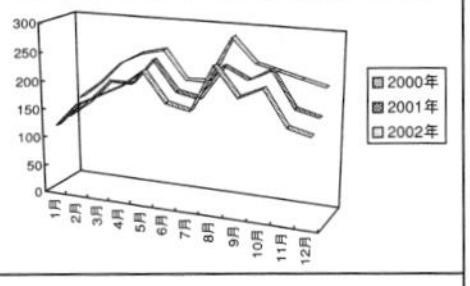
累積推移	季節変動が激しい業種では、毎月の売上高は上下変動します。これでは売上が伸びているか落ちているかを把握できません。そこで、毎月の過去1年間の売上累積をグラフにし、季節変動値を含んだ形で推移をつかむ「Zチャート」（154ページ参照）を利用します。	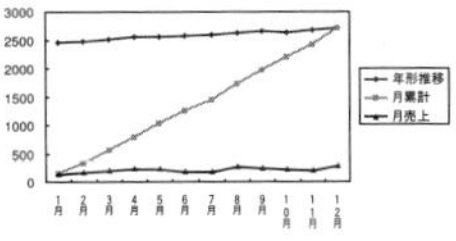
傾向推移	上がり下がりの多い推移グラフで、推移の傾向が落ちているのか伸びているのかをつかむ方法です。エクセルでは、「近似曲線」機能を利用し、統計的な伸びや落ち込みの動向を直線や曲線で表すことができます。	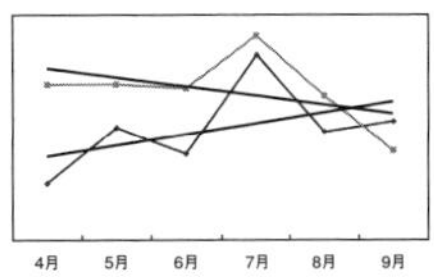

推移、複数推移、変動推移、累積推移、傾向推移の5つの基本的な表現方法があります。

推移グラフから今、そして今後の動向を予測する

物事には必ず栄枯盛衰があります。今がどのような時期なのかを、推移グラフのパターンからつかみ、今後を予測します。ここでは折れ線グラフで、8つのパターンを見てみましょう。

型	基本的な読み方	グラフパターン
アップ型	成長期のパターンです。しかし、必ず伸びが鈍くなるときがあります。その節目をいかに早くつかみ、素早く対応するかがポイントです。	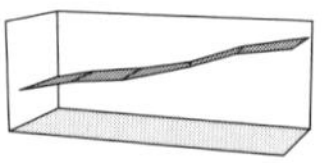
水平型	伸びが安定してきた成熟期のパターンです。衰退期の始まりを注意深く捉えることが必要な、要注意のパターンです。	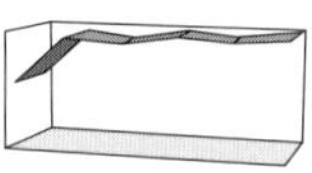
山型	ピークが過ぎたか、または何らかの理由でダウンしたか、その内容をつかみます。 ①のタイプは、まだテコ入れの可能性があります。 ②のタイプは、見切り判断が求められます。	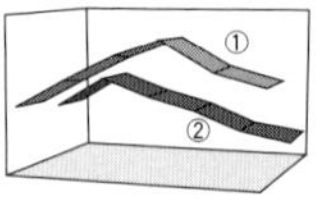
V字型	回復に向かった理由は何かをつかむ必要があります。このまま伸びるかダウンするか、その理由によって規則性や季節性がつかめます。	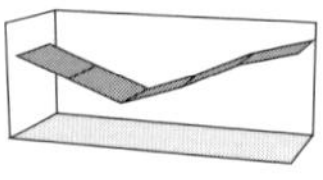
ダウン型	衰退のパターンです。このモノ以外の伸びるモノへ、力を振り向けることが必要です。	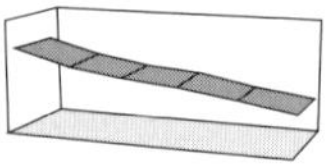
S字型	導入期、成長期、成熟期となったパターンです。ここで何らかの手を打たないと衰退していきます。新たなテコ入れが必要です。	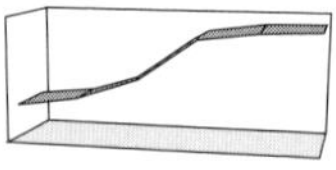
N字型	山型の①のパターンが回復したパターンです。対策はV字型と同じようになります。	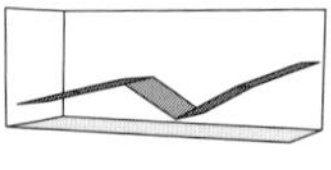
W字型	このパターンは規則性をつかむことが大事で、分析からその規則性を追求し、対処します。	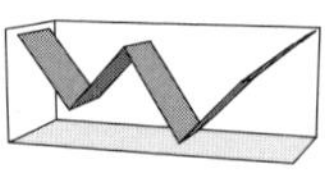

推移グラフを対比グラフにして比較してみる

年と月の項目がある表では、2年間推移グラフから前年同月対比グラフにワンタッチで簡単に変更できます。

操作事例 5-3　2年間推移を前年同月対比にする

ある3商品の2006年4月～2008年3月までの2年間の仕入れ推移を表したピボットグラフがあります。これを商品ごとに2年間で同月の売上を重ねて示す、前年同月対比グラフに変更してみます。

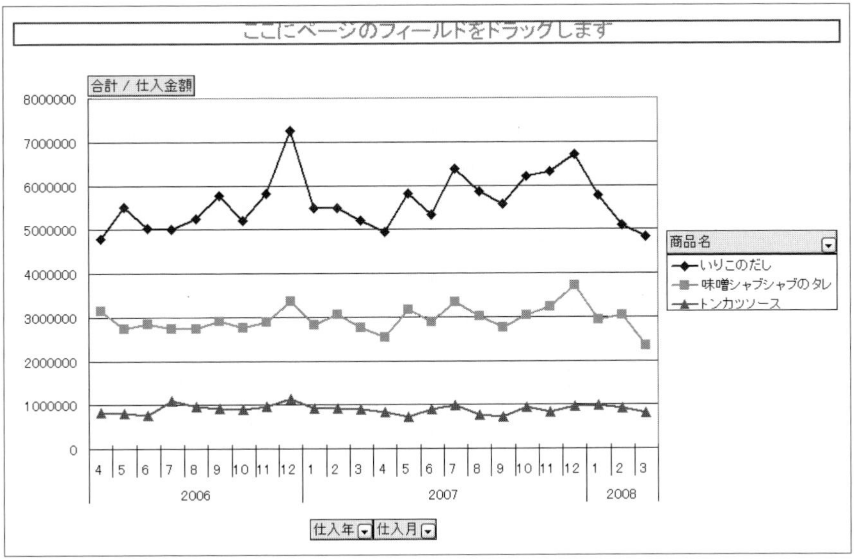

1 2ヶ年推移グラフを表示する

3商品の仕入れ金額の2ヶ年推移のグラフです。

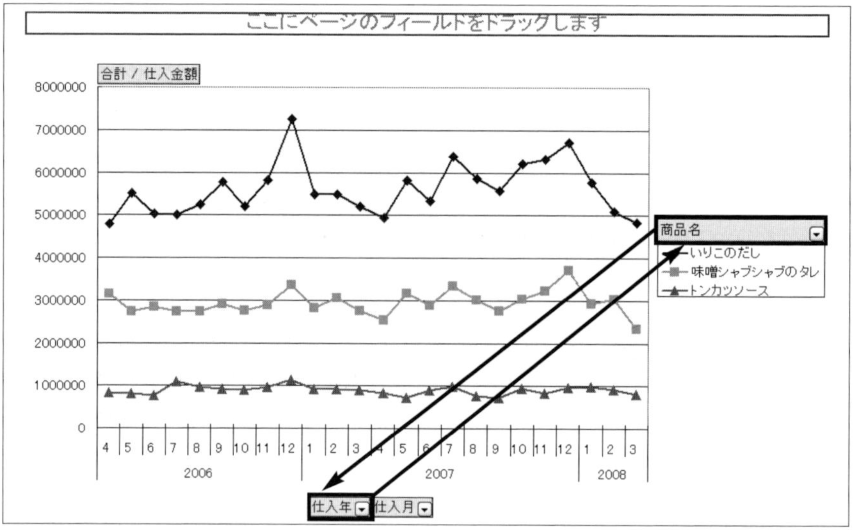

2 項目と系列の入れ替え

系列欄の「商品名」を項目欄の［仕入月］の前にドラッグします。続けて、項目欄の［仕入年］を系列欄へドラッグして、［商品名］と［仕入年］のボタンを入れ替えます。ドラッグの順番は、どちらからでもかまいません。

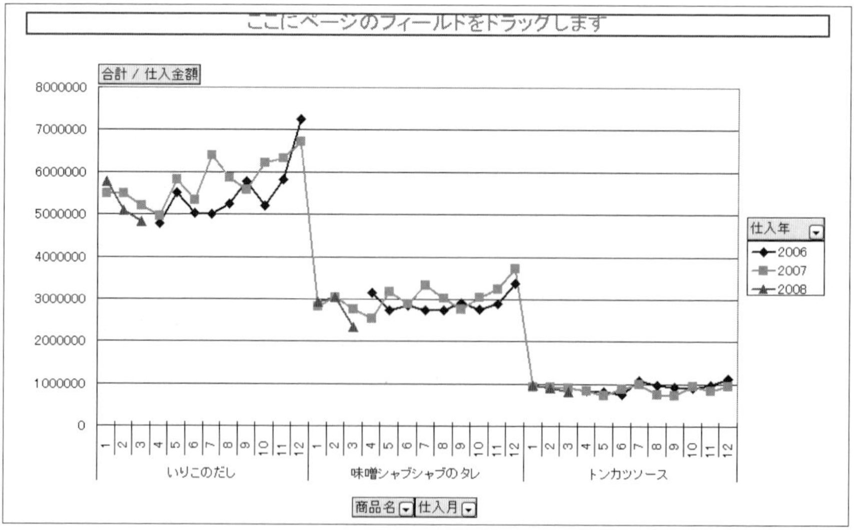

3 前年同月対比グラフの表示

3商品の前年同月対比グラフになりました。ここでは、3商品の対比グラフとそれぞれの比較ができるようになっています。商品間に見られる折れ線は、特に意味がないので、分析時には無視します。

7 内訳グラフのパターンから次の一手を読み解く

内訳の分析は、シェアや構成比を表す分析です。全体の中で各要素が占める割合を、円グラフや積み上げ縦棒（要素棒）グラフで表現し、全体の動向に対する内訳や要因を分析します。

内訳グラフを使うのは実数の構成状況チェック後に

内訳グラフの利用目的は、物事の構成の割合とその順序をつかむことです。内訳には、全体に対する割合を百分率で表す構成比率と、絶対値で表す実数の2種類があります。構成比率で表すのが円グラフや100%積み上げ縦棒グラフです。ただし、構成比率は実数を反映しま

項目	グラフ利用のポイント	グラフイメージ
順位構成	順位と構成比を同時に表現するもので、順位が時計回りになるように、元のデータを降順に並べてから作成します。それにより、上位いくつで何割を占めるということが容易につかめます。	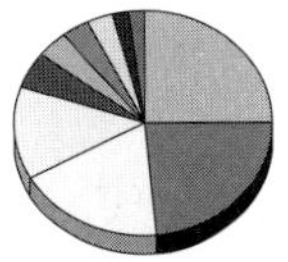
複数構成比較	順位構成を、年度比較などのように複数比較する際に利用します。利用のポイントは、年度であれば一番古いデータの降順か、最新データの降順のどちらかに元データを並び替えておくことです。	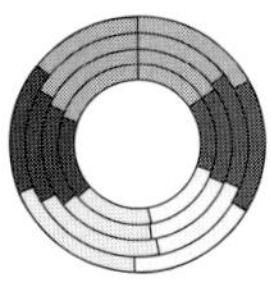
実数構成	実数での内訳（構成）状況をつかみます。推移比較なら、年別推移で伸びた年のその要因部分は何かといったことが右上図のように容易に把握できます。また、内訳比較では、右下図のように全体の数字を降順に並べて、全体と構成部分の2つを比較します。	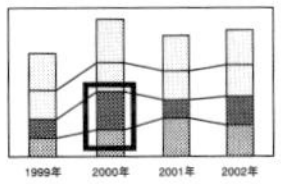 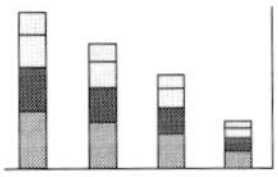
構成比比較	複数の項目を百分率で比較して見るもので、それぞれの項目の割合の大きさを比較します。この際、必ず実数比較と対比して利用します。このグラフを実数グラフにしたものが、すぐ上の実数構成にあるグラフイメージの図です。両者を同時に見ることで、誤解を少なくします。	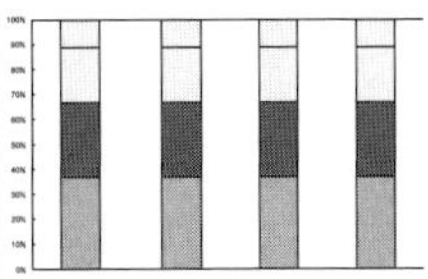

せん。そのため、構成比グラフの利用順序は、必ず積み上げ縦棒グラフなどで実数での構成状況を認知した後、100%積み上げ縦棒グラフなどのような百分率グラフを利用します。

内訳グラフのパターンは4つある

内訳グラフのパターンには、それぞれの割合から見た4つのパターンがあります。同じ割合が多い「群雄割拠型」、数個でシェアを占める「寡占型」、主力形成が進まない「群衆型」、そして1、2製品に集中する「独占型」です。これらの読み方と対処を、順位構成グラフを例に見てみましょう。

型	基本的な利用の仕方と読み方	グラフパターン
群雄割拠型	同じような力を持つものが数多くあるパターンです。物事が、ある程度の平均した分散性があることを示します。安定型ですが、成長のためには重点化も必要で、特定のものに力を注いで、スターを作ることも重要です。	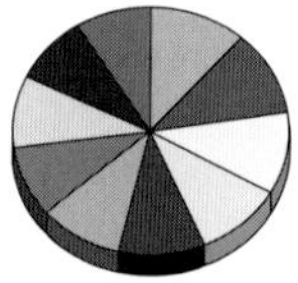
寡占型	物事の大多数が3～4項目に集中するパターンで、この中では明確なグループ化や主力化が進んでいることを示します。特定の強い顧客や商品がある場合に、このようになります。これらに続く、新規の有力なものの育成や、シンデレラ商品などの創造が必要です。	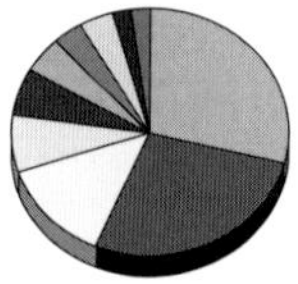
群衆型	内訳が細かく分散していることは、その物事に規則性や集中性がないことを表します。集めたサンプルがバラバラで統一性や方向性があまりない状態です。力のあるものが少なく、数で勝負しているパターンです。右図のように、群小は、「その他」としてひとくくりにして表示されます。	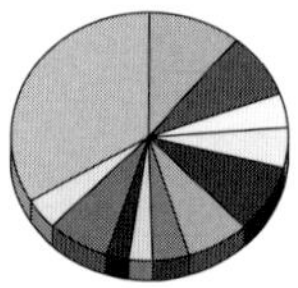
独占型	物事に強い集中性や独占性があることを示します。ある顧客（もしくは商品）が抜きん出て強い場合に、このようになります。この1つの物事の衰退に、すべての業績が左右されます。そのため、2番手3番手の育成が、これからの鍵となります。	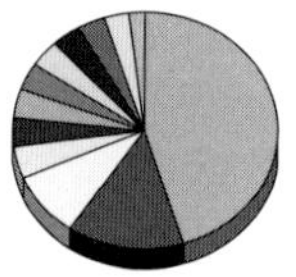

8　関係グラフの読み方と活用ポイント

関係分析は、2項目以上の複数項目間における相関関係や散布状態、位置関係を分析するものです。相関関係は散布図グラフで、位置関係はバブルチャート、項目関係はレーダーチャートを利用します。

関係グラフの利用ポイント

関係グラフの利用目的は、2つあるいは3つの項目間の相関関係や位置関係などを視覚化し、その関係を分析するものです。そのためには、散布図グラフで2つの項目に相関関係があるかどうかを分析したり、バブルチャートで位置と大小の関係を同時に表現したり、また項目ごとの割合と項目間の関係をレーダーチャートで分析したりします。

項目	グラフ利用のポイント	グラフイメージ
相関関係分析	2項目の分布状態から、その項目間に相関関係があるかどうかを分析する方法で、散布図グラフを利用します。 たとえば、売上高をX軸、営業人員数をY軸にして数十社の各数字を点で表すと、右図のような相関関係があることがわかります。相関関係には、正相関、負相関などがあります（次ページ参照）。	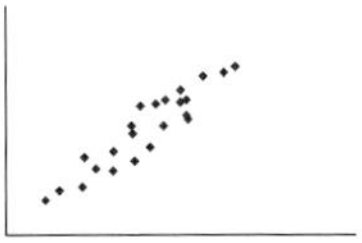
位置関係分析	2つの数値を縦軸と横軸で表し、その大小関係を円の大きさで表すのがバブルチャートです。 たとえば、市場成長率をX軸で、市場占有率をY軸で表し、売上高を円（バブル）の大きさで表すようなグラフです。	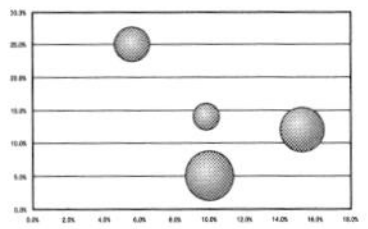
項目関係分析	5～8個ほどの項目における、それぞれの割合をグラフにし、その点を結んでひとつのエリアとして表すのがレーダーチャートです。レーダーチャートは、企業の経営分析などに利用されます。作成されたエリアの図形から項目ごとの強みと弱みを、エリア面積の大きさから項目全体で見た強みと弱みを把握し、分析します。	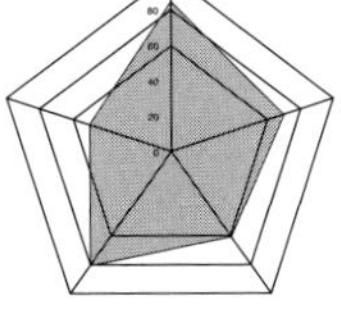

関係の深浅で散布図グラフはこんなに変わる

相関関係を表す散布図グラフの基本的読み方を、6つのパターンから見てみましょう。 散布図グラフは、数多くのデータをグラフにプロット（点を打つ）させ、X軸項目とY軸項目に相関関係があるかどうかを見る分析グラフです。

パターン	基本的な読み方	グラフイメージ
強い正相関のあるパターン	X軸の項目とY軸の項目に強い相関関係があるパターンです。X軸の項目が増えれば、Y軸の項目も一定の割合で増える関係です。たとえば、商品などの販売数量と物流費、営業人員数と交通費などのように、片方が増加すればもう片方も増加する場合です。	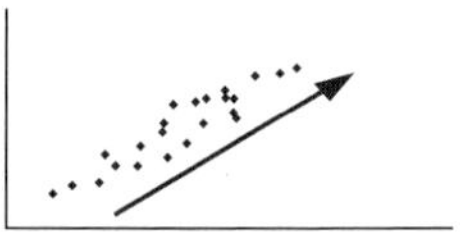
弱い正相関のあるパターン	強い正相関に比べ、相関の散らばりが広いパターンです。おおまかな正相関があると認識されます。たとえば、商品の値引率と販売数量の関係のように、ある程度値引き率が多ければ、それぞれの商品の販売数量もある程度増加するような例です。	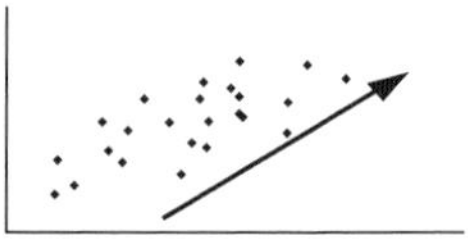
強い負相関のあるパターン	X軸項目とY軸項目に強い負相関があるパターンです。X軸の項目が増えれば、Y軸の項目が一定の割合で減る関係です。たとえば、一般的な商品の価格と販売数量の関係で、価格が高くなると販売数量が減少するような例や、クレーム件数と売上高の関係などの例です。	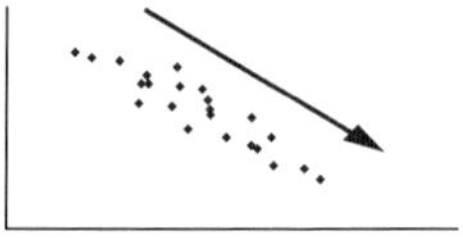
弱い負相関のあるパターン	強い負相関に比べて、相関の散らばりが広いパターンです。おおまかな負相関があると認識されます。 たとえば、ブランド品など、価格と販売数量の関係がやや弱く、高くても数多く売れる場合があります。しかし、おおまかには弱い負相関にあると思われます。	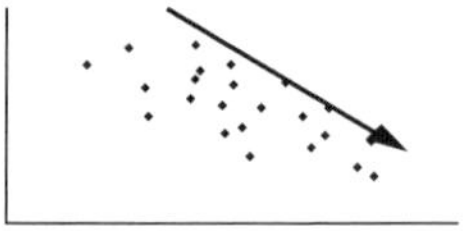
相関のないパターン	2つの項目に相関関係がまったくないパターンです。マーケティングなどで、2項目の関連を調べた際に、このような分布になるものは、相関がないものと考えます。	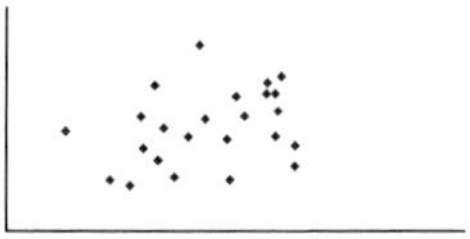

STEP

6

一歩上を行くグラフ分析の実践テクニック

1　ランク別に対策をとるならABC分析グラフを活用

ABC分析は、管理対象項目が多い場合に、ABCにランク分けし、そのランクに応じた管理を行う「ABC管理」の考え方から生じています。ABC分析を行うには、パレート図を利用します。

ABC分析にはまずパレート図を作る

パレート図は数値が大きい順に並んだ棒グラフと、その累積構成比を折れ線グラフで表した複合グラフです。累積構成比をABCにランク分けし、それぞれのランクに合った管理や対策を立てようとするのがABC分析です。ここでは、パレート図＋ランク分けのグラフをABC分析グラフと呼びます。

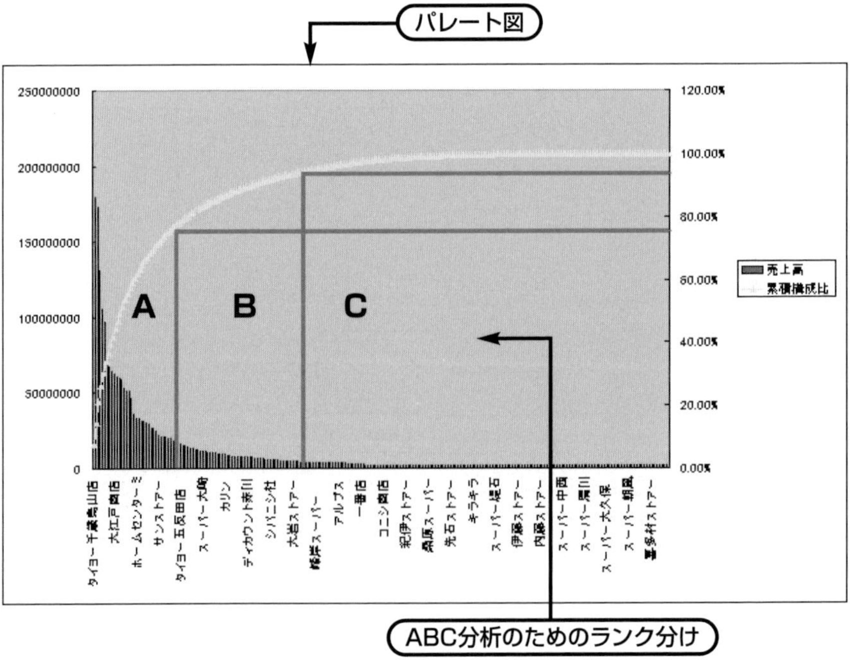

◆ABC分析のランク分けの目安

ABC分析のランク分けには、いろいろなパターンがあります。Aランクを累積80%まで、Bランクを累積95%まで、Cランクを残りとする考え方が一般的です。これは、売上の80%は上位20%の得意先（Aランク）が占めていることが多いためで、「80：20の法則」とも呼ばれる経験則からきています。

ABCのランク分けは、利用する会社や人の分析視点によって変わります。ケースに合わせて、以下の表のランク分けパターンを利用するといいでしょう。

利用パターン	Aランク	Bランク	Cランク
一般的な例	80%まで	95%まで	100%まで
シェアランク法	74%まで	94%まで	100%まで
主力絞り込み型	70%まで	90%まで	100%まで

◆ABC分析の利用のポイント

ABC分析は、ランク分けしたABCの実態をつかむことから始めます。Aランクに入っているのは、全体の何パーセントか、Bランクは、Cランクはと見ていきます。

売上高のABC分析を例にとると、Aランク（累積売上高75～80%）は一般的に10～20%の顧客数で全体の売上の7～8割を上げているということです。

ワンポイント　シェアランク法・主力絞り込み型

シェアランク法は、マーケットシェアの完全独占型のシェアが73.9%であるという考え方によるランクの指定法です。主力絞り込み型は、Aランクの割合を少なくしてより主力を際立たせ、Aランクへの集中対応と、Bランクのランクアップを図る方法です。

図①の上では、主力のAランクの顧客に頼り、Bランク顧客が少なく、売上の小さいCランク顧客が多いことを示しています。ここでの対策は、Bランク顧客自体の売上増加と顧客数を増加させることです。そのためには、Cランク顧客の中から有望な顧客を選択し、集中してアプローチすることが必要です。

逆に図②は、Cランク顧客が非常に少なくAランクが多いというバランスが非常に良い例です。どちらの例にしても、顧客数は数百あり、顧客名はほとんど見えません。ABC分析では、個々の顧客の動向ではなく全体としてどのような構成になっているかを見ることが重要です。

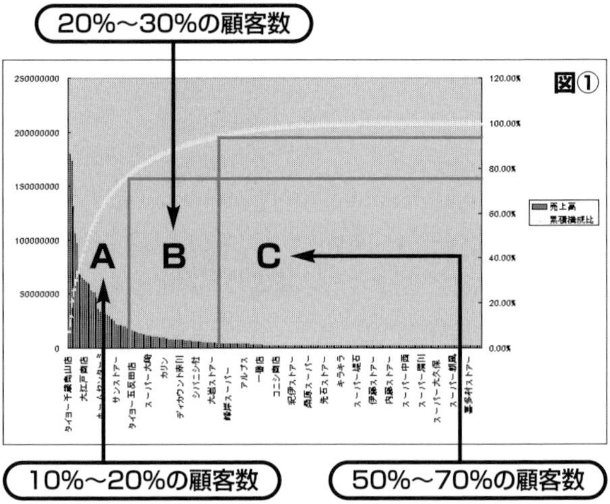

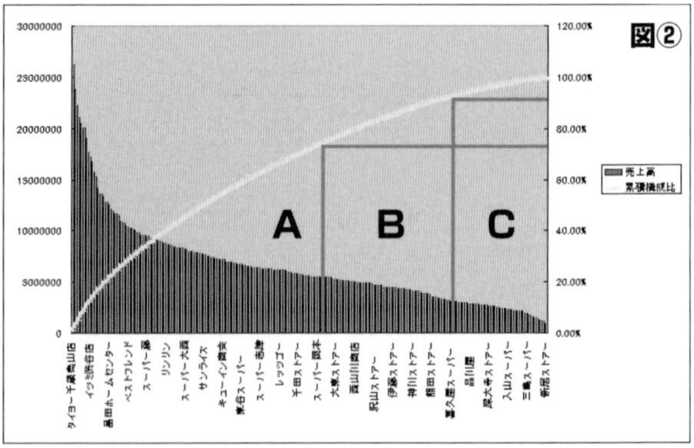

ワンポイント　ABC分析グラフの作成のポイント

エクセルでのABC分析グラフ（パレート図＋ランク分け）の作成は、棒グラフと折れ線グラフを「2軸上の折れ線と縦棒」で作成します。ABCのランク分けの線はあとから図形ツールバーの［直線］を利用して追加します。売上のグラフ作成に必要な項目は、「項目名」と「売上高」と「構成比累計」の3項目です。

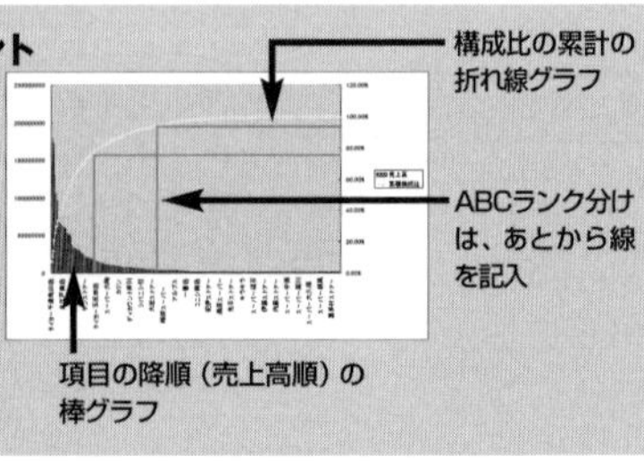

実際にABC分析グラフを作ってみよう

エクセルでABC分析グラフを作成するには、まずパレート図を作成します。次にオートシェイプの線を利用して、ABCランク分けの線を追加して仕上げます。

操作事例 6-1 ABC分析グラフを作成する

得意先別売上表から、ピボットテーブルで得意先別売上額と構成比の表を作成します。その表を別シートにコピーして構成比累計を追加し、パレート図を作成します。その後、ランク分けの線を加えABC分析グラフとします。

	A	B	C	D	E	F
1	課名	担当者名	得意先名	地区名	業種名	売上高
2	営業1課	山本 哲朗	タイヨー新宿西店	新宿区	量販スーパー	172849190
3	営業1課	山本 哲朗	八方満足社	新宿区	ディスカウントショップ	17487754
4	営業1課	山本 哲朗	カリン	新宿区	ディスカウントショップ	9203250
5	営業1課	山本 哲朗	一番社	新宿区	ディスカウントショップ	8803500
6	営業1課	山本 哲朗	サンキュート	新宿区	ディスカウントショップ	4674440
7	営業1課	山本 哲朗	東谷スーパー	新宿区	スーパー	3982840
8	営業1課	山本 哲朗	峰岸スーパー	新宿区	スーパー	3813940

操作前の表

1 「得意先別売上表」の作成

ピボットテーブルを起動し、[得意先名]を行欄へ、[売上高]をデータ欄へ2回、それぞれドラッグします。売上高を2回ドラッグするのは、ひとつを構成比として算出用に使用するためです。

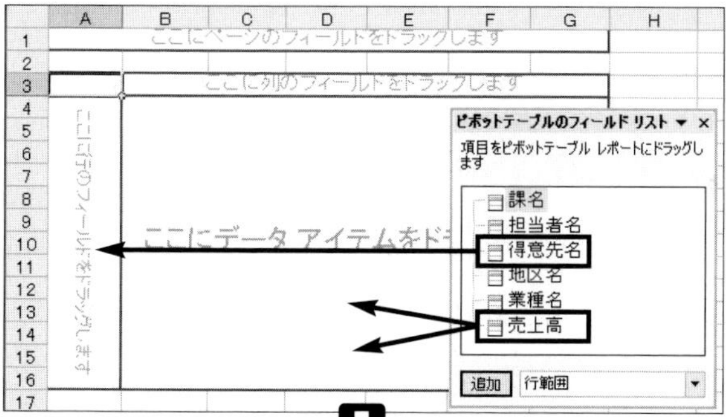

2 データ欄の整理

B3にある[データ]ボタンを、ここではC3の列欄へドラッグします。

	A	B	C	D	E	F
1	ここにページのフィールドをドラックします					
2						
3		データ				
4	得意先名	合計 / 売上高	合計 / 売上高2			
5	アルプス	3510276		セルの書式設定(F)...		
6	イツミ渋谷店	60449676		ピボットグラフ(C)		
7	イツミ晴海店	558600		ウィザード(W)...		
8	イツミ千駄ヶ谷店	96718822		データの更新(R)		
9	イツミ大井町店	4606410				
10	イツミ日本橋店	5067340		表示しない(D)		
11	イノウエ屋	31756888		選択(S)		▶
12	ウグイス	893380		グループと詳細の表示(G)		▶
13	カリン	9203250		順序(E)		▶
14	キャロン	15589322				
15	キューイン商会	4645920		フィールドの設定(N)...		❶
16	キラキラ	524800		オプション(O)...		
17	キリン屋	6209700		[ピボットテーブル] ツールバーを表示しない(T)		
18	キロロストアー	330740		フィールドリストを表示しない(L)		
19	コニシストアー	39700				
20	コニシ商店	1910480				

3 売上構成比の算出

C4にある「合計／売上高2」セル上で右クリックし、表示されたメニューから❶をクリックします。

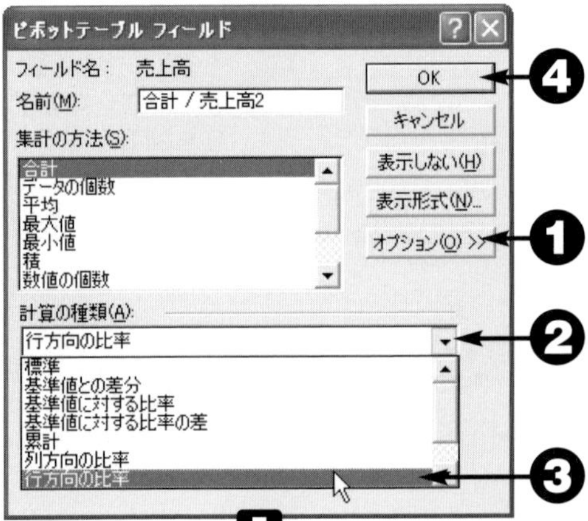

4 「売上高2」を比率表示へ変更

❶をクリックします。表示された❷をクリックし、❸を選びます。❹をクリックし、すべてのダイアログボックスを閉じます。

これで、総売上高に対する構成比の表示に変更され、各得意先の「売上構成比」が作成できました。

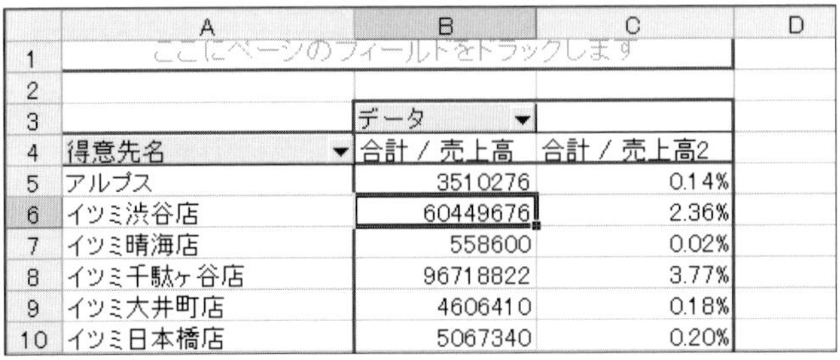

	A	B	C	D
1	ここにページのフィールドをトラックします			
2				
3		データ		
4	得意先名	合計 / 売上高	合計 / 売上高2	
5	アルプス	3510276	0.14%	
6	イツミ渋谷店	60449676	2.36%	
7	イツミ晴海店	558600	0.02%	
8	イツミ千駄ヶ谷店	96718822	3.77%	
9	イツミ大井町店	4606410	0.18%	
10	イツミ日本橋店	5067340	0.20%	

5 データを降順で並べ替える

「売上高」(B列) の数字項目をクリックし、[降順で並べ替え] ボタンをクリックして並べ替えます。

	A	B	C	D
1	得意先名	売上高	売上構成比	
2	タイヨー千歳烏山店	193021886	7.53%	
3	タイヨー調布店	179872518	7.02%	
4	タイヨー新宿西店	172849190	6.74%	
5	タイヨー井の頭店	131058434	5.11%	
6	リョーリンホームセンター	105578084	4.12%	
7	イツミ千駄ヶ谷店	96718822	3.77%	
8	タイヨー飯田橋店	68499470	2.67%	
9	西東ストアー	67740356	2.64%	
10	ホームセンター三上	64800574	2.53%	

6 並べ替えた表をコピーする

続いて、総計行を除いた表の内容（ここではA4～C236）を範囲指定してコピーし、別シートに貼り付けます。貼り付けた表の「合計／売上高」を「売上高」に変更し、「合計／売上高2」を「売上構成比」に変更します。

	A	B	C	D
1	得意先名	売上高	売上構成比	売上構成比累計
2	タイヨー千歳烏山店	193021886	7.53%	=C2
3	タイヨー調布店	179872518	7.02%	
4	タイヨー新宿西店	172849190	6.74%	
5	タイヨー井の頭店	131058434	5.11%	
6	リョーリンホームセンター	105578084	4.12%	
7	イツミ千駄ヶ谷店	96718822	3.77%	

7 売上構成比累計の作成 1

D1に「売上構成比累計」と項目名を入力します。D2はC2と同じなので、「=C2」と入力します。

	A	B	C	D
1	得意先名	売上高	売上構成比	売上構成比累計
2	タイヨー千歳烏山店	193021886	7.53%	7.53%
3	タイヨー調布店	179872518	7.02%	=D2+C3
4	タイヨー新宿西店	172849190	6.74%	
5	タイヨー井の頭店	131058434	5.11%	
6	リョーリンホームセンター	105578084	4.12%	
7	イツミ千駄ヶ谷店	96718822	3.77%	

8 売上構成比累計の作成 2

D3は「=D2+C3」と入力します。D4以降は、D3のセルからオートフィルでコピーします（セル右下のフィルハンドルをダブルクリックします）。

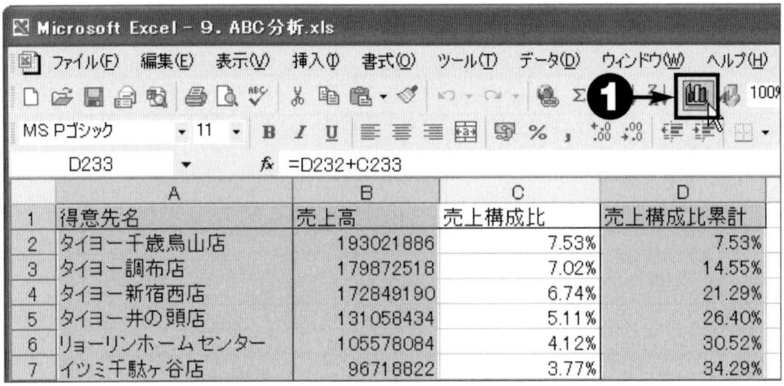

	A	B	C	D
1	得意先名	売上高	売上構成比	売上構成比累計
2	タイヨー千歳烏山店	193021886	7.53%	7.53%
3	タイヨー調布店	179872518	7.02%	14.55%
4	タイヨー新宿西店	172849190	6.74%	21.29%
5	タイヨー井の頭店	131058434	5.11%	26.40%
6	リョーリンホームセンター	105578084	4.12%	30.52%
7	イツミ千駄ヶ谷店	96718822	3.77%	34.29%

9 グラフの範囲指定

A列、B列、D列の見出しを、[Ctrl] キーを押したままクリックして範囲指定し、❶をクリックします。

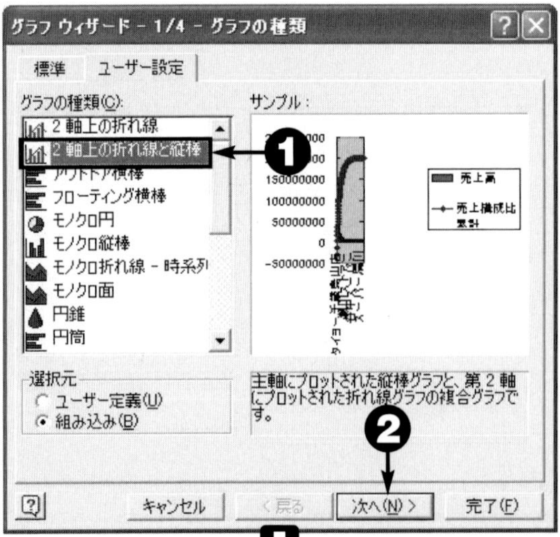

10 パレート図の指定

[グラフウィザード] 画面が表示されたら、[ユーザー設定] タブをクリックし、❶を選択します。❷をクリックし、「グラフウィザード4／4」に進みます。

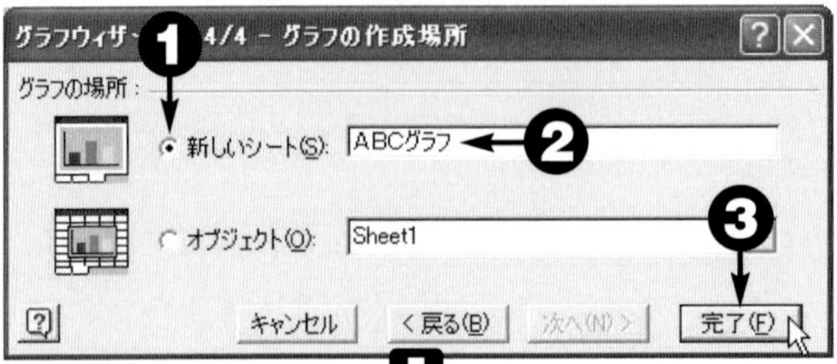

11 グラフの範囲指定

❶をクリックし、❷にシート名を入力し、❸をクリックします。

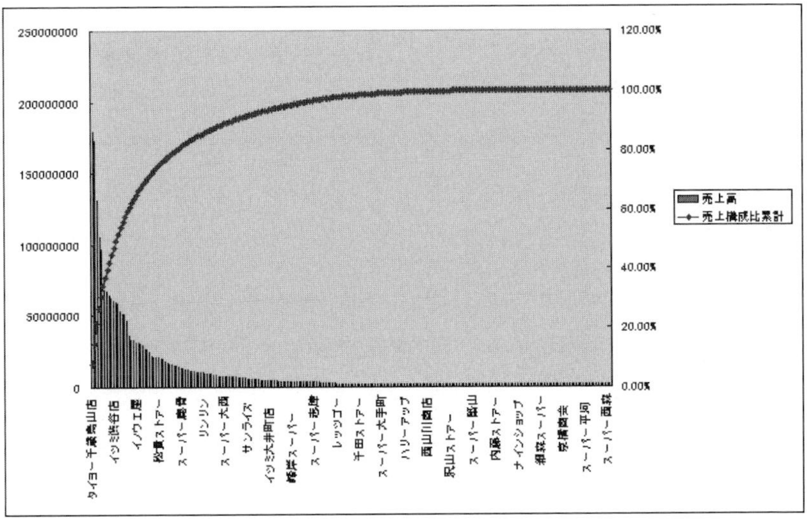

12 グラフが作成された

売上額が縦棒グラフに、累積構成比が折れ線グラフで表示されたグラフが作成できました。

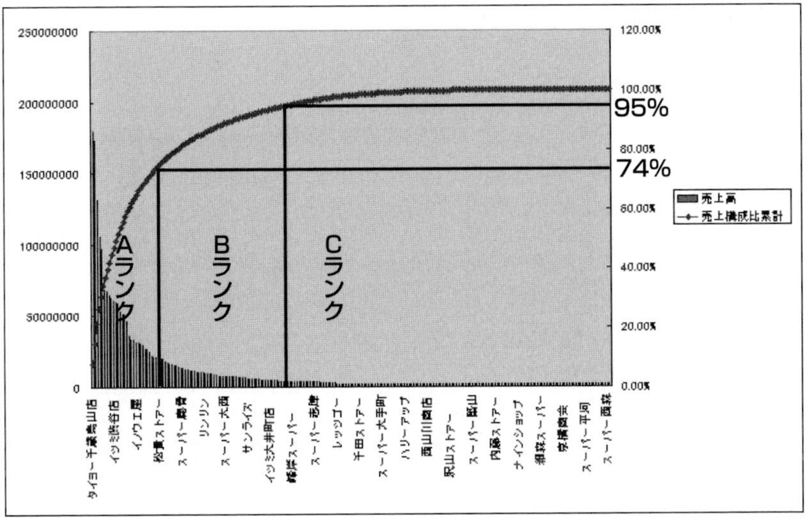

13 補助線の追加

[図形描画]ツールバーにある[直線]ボタンを利用して、補助線を引きます。ここではAランクを74%と考えて、右軸の74%のところから直線を引き、折れ線グラフとぶつかったら、今度は下へ直線を引きます。ランクは95%までと考えて、同じように線を引きます。これでABC分析グラフが作成されました。

2　月別変動の大きい売上はZチャートで推移分析

Zチャートとは、売上の傾向を分析する手法のひとつで、季節変動や月別変動が大きい場合、その変動を取り除いた推移傾向をつかむことができます。

Zチャートなら年度データだけでは見えない傾向を読みとれる

Zチャートでは、季節変動などを排した年間の推移動向をつかむために、「移動年計」と呼ばれる集計方法を利用します。移動年計とは、各月ごとに、その月を含む過去12ヶ月分の毎月の計を合計した値です。Zチャートは、移動年計の12ヶ月分をグラフ化します。これにより、季節変動や月々の変動を吸収して推移動向を表示できます。Zチャートでは、「移動年計」と「売上累積」と「毎月の売上」の3項目を折れ線で表します。「移動年計」の上がり下がりが、純粋なここ1年の推移です。

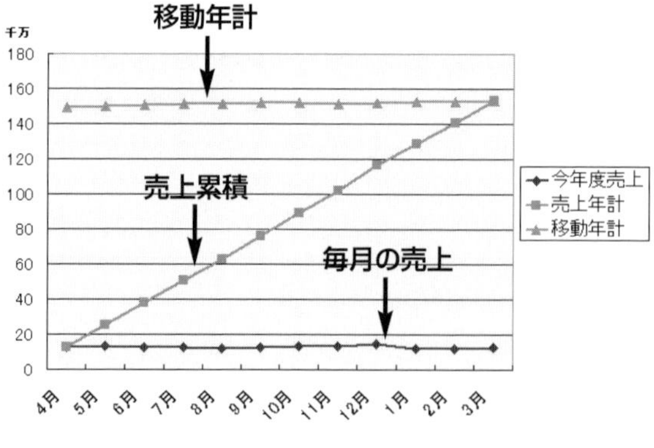

ワンポイント

移動年計の算出方法

下記のような売上表があり、2008年4月の移動年計を算出するとします。その場合、2007年5月〜2008年4月まで（表の網掛け部分）の売上高を合計した値である「76350」が2008年4月の移動年計となります。

	2007年度売上高	2008年度売上高	移動年計
4月	6150	6250	76350
5月	6600	6700	
6月	6200	6300	
7月	6400	6550	
8月	6000	6200	
9月	6450	6650	
10月	6600	6550	
11月	6500	6500	
12月	7200	7000	
1月	6100	6150	
2月	5850	5800	
3月	6200	6100	

◆Zチャートグラフの基本的な読み方

Zチャートグラフは、「移動年計」の傾向から、成長しているか、現状維持か、衰退しているかを分析するためのグラフです。Zチャートを作成することにより、単年のグラフでは見えなかったことが見えてきます。Zチャートは、移動年計の傾きの推移から、大まかに右図の3種類のパターンがあります。

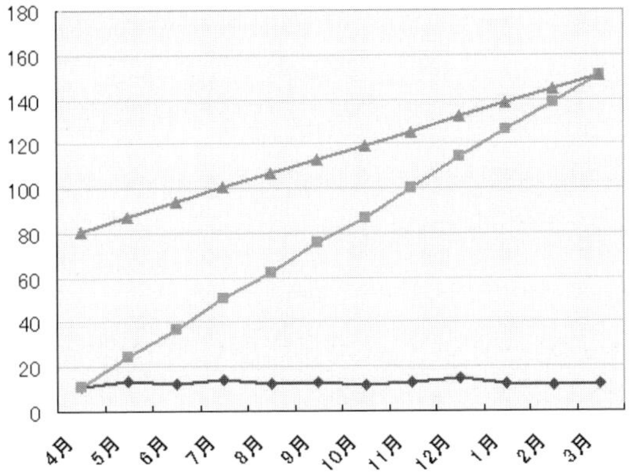

成長タイプ

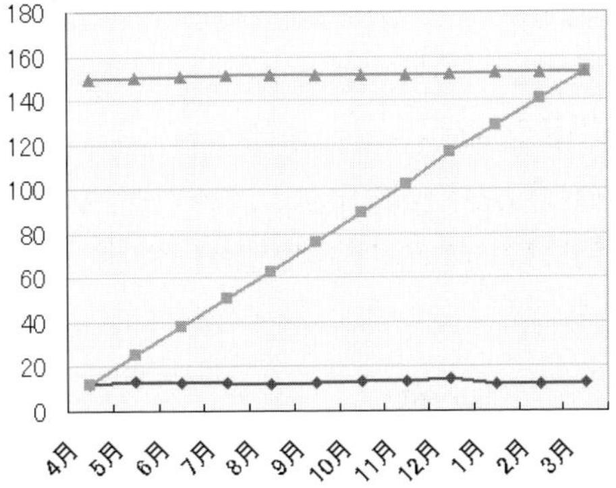

横ばいタイプ

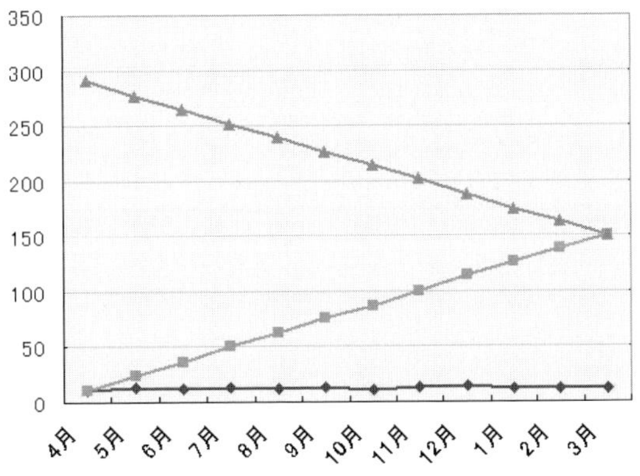

衰退タイプ

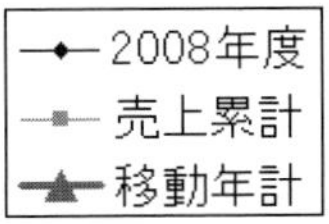

上記3つの
Zチャートの凡例

◆Zチャートの読み方の例

Zチャートには、季節変動の差を排した読み方だけでなく、前年度の売上と対比した読み方もあります。2年分の推移グラフとZチャートグラフを比較して説明します。右ページの3パターンの例で考えます。2008年度の売上推移と売上額が一定でも、前年度の売上推移によりZチャートが異なる例です。

・パターン1　2008年度の売上額が2007年度の売上額の約半分の場合
・パターン2　2008年度の売上額が2007年度の売上額の約130%の場合
・パターン3　2008年度の売上額が2007年度の売上額の約倍額の場合

今年の売上推移は同じでも、昨年の推移とで作成するZチャートグラフを作成してみると、右ページの図のように全然違ったパターンになります。

パターン1は、Zチャートグラフにしてみると移動年計の落ち込み状態がよくわかります。パターン2の場合は、Zの傾きが右上がりで順調な伸びを示しています。そして、パターン3ではZの傾きが急激に上がっていることから、売上が急激に伸びていることがつかめます。このように売上変動を排し、当年度だけでは見えない部分まで表すのがZチャートの特徴です。

パターン1 前年度の売上額の約半分	パターン2 前年度の売上額の約130%	パターン3 前年度の売上額の約倍額
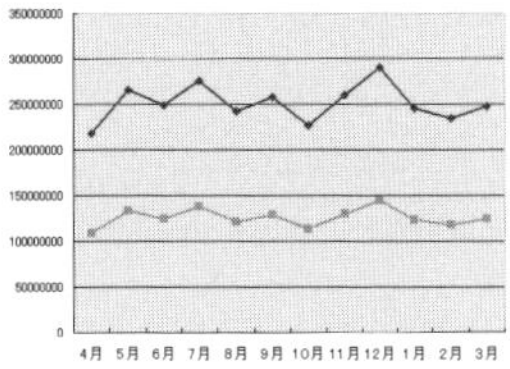	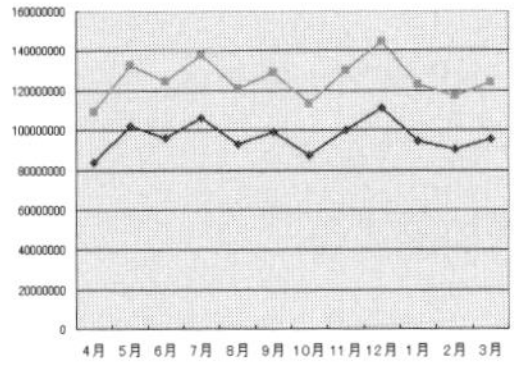	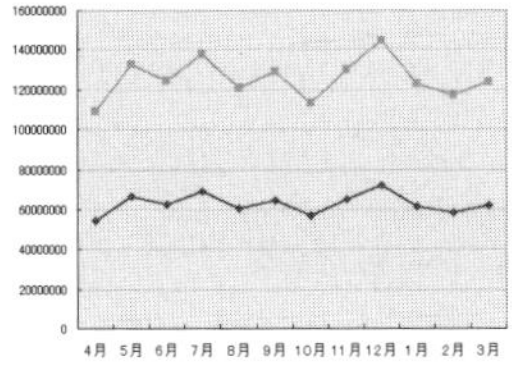
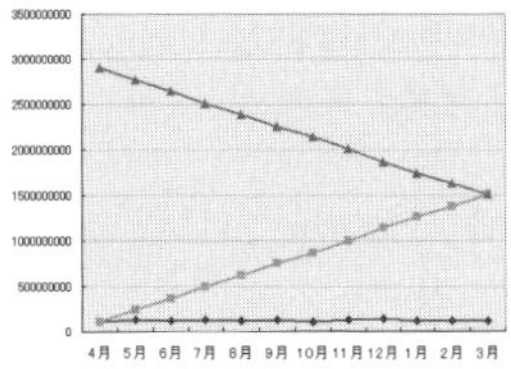	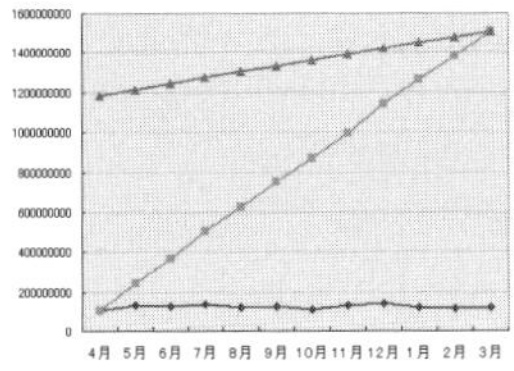	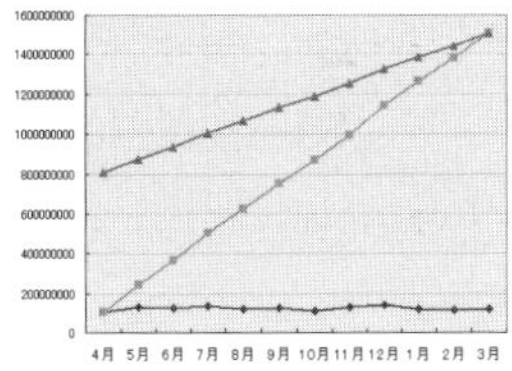

2007年度
2008年度

2ヶ年推移グラフの凡例（上）

2008年度
売上累計
移動年計

Zチャートグラフの凡例（下）

Zチャートで売上傾向推移を分析してみよう

2ヶ年の月次売上データを利用して、今年の純粋な売上傾向推移を見るZチャートグラフを作成します。

操作事例 6-2 Zチャートを作成する

得意先別月別売上データから、ピボットテーブルで年別月別売上額の合計表を作成します。その表を別シートにコピーして、売上累計、移動年計の項目を作成し、Zチャートグラフを作成します。

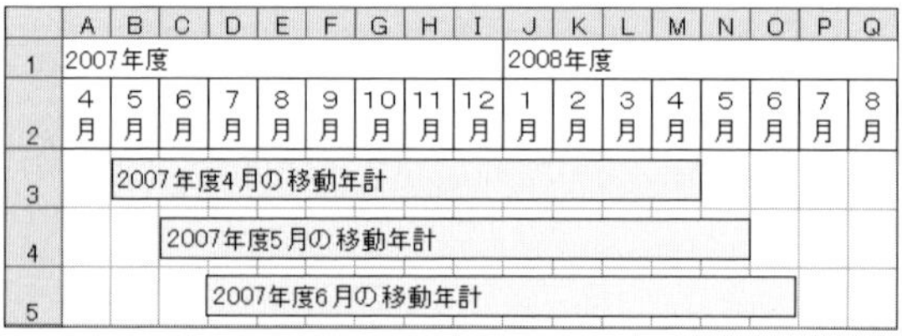

上記のようになっている移動年計を、エクセルで計算するには、2007年度の売上合計と2007年度の各月の売上、2008年度の各月の売上の数字を利用して、下記の計算式で算出します。

2008年4月の移動年計＝2007年度合計－2007年4月売上＋2008年4月売上
2008年5月の移動年計＝2008年4月の移動年計－2007年5月売上＋2008年5月売上
2008年6月の移動年計＝2008年5月の移動年計－2007年5月売上＋2007年6月売上

	A	B	C	D	E	F	G	H
1	年	月	部門名	担当者名	得意先名	業種	地区	売上額
2	2007	4	営業1課	伊藤　三郎	サーモビレー	レストラン	江東区	1,080,725
3	2007	4	営業1課	伊藤　三郎	ビバーサン	コンビニ	江東区	945,836
4	2007	4	営業1課	伊藤　三郎	スーパー野村	スーパー	江戸川区	475,036
5	2007	4	営業1課	伊藤　三郎	スーパーたのくら	スーパー	江東区	917,909
6	2007	4	営業1課	伊藤　三郎	池本スーパー	ミニスーパー	江東区	196,480
7	2007	4	営業1課	伊藤　三郎	原田給食	給食業	江戸川区	1,261,600
8	2007	4	営業1課	伊藤　三郎	スーパーさくらい	ミニスーパー	江戸川区	1,033,766

操作前の表

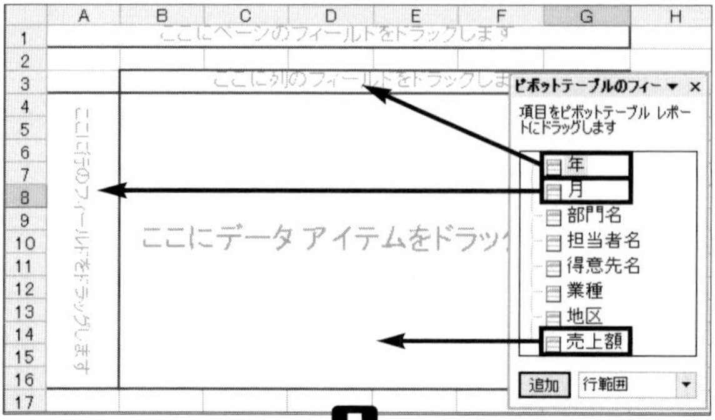

1 「得意先別月別売上表」の作成

ピボットテーブルを起動し、「月」を行欄へ、「年」を列欄へ、「売上額」をデータ欄へドラッグします。

2 年度別売上表の作成

4月から始まる年度別の表を作成するため、必要な部分を何回かに分けてコピーし、別シートなどに貼り付けます。

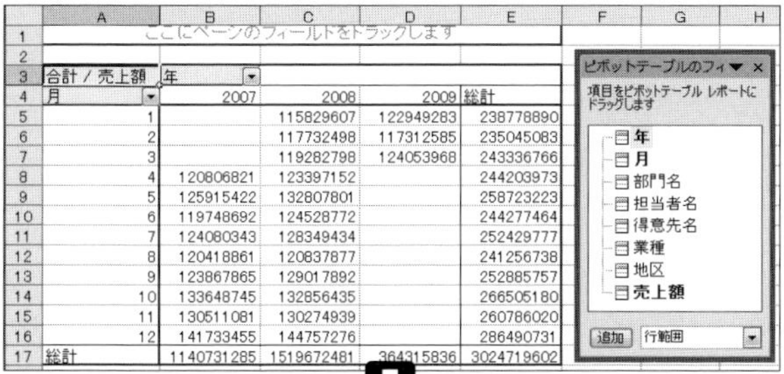

	A	B	C	D	E
1	ここにページのフィールドをドラッグします				
2					
3	合計 / 売上額	年			
4	月	2007	2008	2009	総計
5	1		115829607	122949283	238778890
6	2		117732498	117312585	235045083
7	3		119282798	124053968	243336766
8	4	120806821	123397152		244203973
9	5	125915422	132807801		258723223
10	6	119748692	124528772		244277464
11	7	124080343	128349434		252429777
12	8	120418861	120837877		241256738
13	9	123867865	129017892		252885757
14	10	133648745	132856435		266505180
15	11	130511081	130274939		260786020
16	12	141733455	144757276		286490731
17	総計	1140731285	1519672481	364315836	3024719602

3 作成された年度別売上表

別シートに作成された年度別売上表。さらに、「売上年計」「移動年計」「合計」の新規項目を追加します。

	A	B	C	D	E	F
1		2007年度	2008年度	売上年計	移動年計	
2	4月	120806821	123397158			
3	5月	125915482	132807801			
4	6月	119749292	124528772			
5	7月	124080343	128349434			
6	8月	120418861	120837877			
7	9月	123867865	129017892			
8	10月	133648745	132856441			
9	11月	130511081	130274939			
10	12月	141733455	144757276			
11	1月	115829607	122949283			
12	2月	117732558	117312585			
13	3月	119282798	124053968			
14	合計					

4 年度合計の算出

この例の場合は2007年度の合計値を出します（古い年度の合計値を計算します）。合計を算出するセル（ここではB14）をクリックし、❶をクリックして[Enter]キーを押します。

	A	B	C	D	E	F
1		2007年度	2008年度	売上年計	移動年計	
2	4月	120806821	123397152			
3	5月	125915422	132807801			
4	6月	119748692	124528772			
5	7月	124080343	128349434			
6	8月	120418861	120837877			
7	9月	123867865	129017892			
8	10月	133648745	132856435			
9	11月	130511081	130274939			
10	12月	141733455	144757276			
11	1月	115829607	122949283			
12	2月	117732498	117312585			
13	3月	119282798	124053968			
14	合計	=SUM(B2:B13)				
15						

	A	B	C	D	E
1		2007年度	2008年度	売上年計	移動年計
2	4月	120806821	123397152	=C2	
3	5月	125915422	132807801		
4	6月	119748692	124528772		
5	7月	124080343	128349434		
6	8月	120418861	120837877		
7	9月	123867865	129017892		

5 売上年計の算出 1

2008年度の売上累計を計算します。D2は「=C2」と入力します。

	A	B	C	D	E
1		2007年度	2008年度	売上年計	移動年計
2	4月	120806821	123397152	123397152	
3	5月	125915422	132807801	=D2+C3	
4	6月	119748692	124528772		
5	7月	124080343	128349434		

6 売上年計の算出 2

D3は、「=D2+C3」と入力します。D4以下D13セルまでは、計算式がD3と同じなので、D3のセルをオートフィルでコピーします。

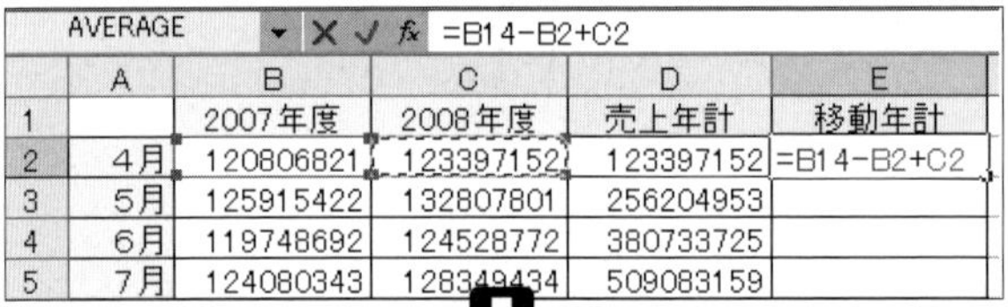

	A	B	C	D	E
1		2007年度	2008年度	売上年計	移動年計
2	4月	120806821	123397152	123397152	=B14-B2+C2
3	5月	125915422	132807801	256204953	
4	6月	119748692	124528772	380733725	
5	7月	124080343	128349434	509083159	

7 移動年計の算出 1

E列に、移動年計を作成します。説明は前でしていますので、ここでは具体的な計算式を説明します。E2は「=B14-B2+C2」と指定します。

	A	B	C	D	E
1		2007年度	2008年度	売上年計	移動年計
2	4月	120806821	123397152	123397152	1496166519
3	5月	125915422	132807801	256204953	=E2-B3+C3
4	6月	119748692	124528772	380733725	
5	7月	124080343	128349434	509083159	

8 移動年計の算出 2

E3は「=E2-B3+C3」と指定します。E4～E13までは、E3のコピーで作成しますので、E3のセルからオートフィルでコピーします。

	A	B	C	D	E	F	G
1		2007年度	2008年度	売上年計	移動年計		
2	4月	120806821	123397152	123397152	1496166519		
3	5月	125915422	132807801	256204953	1503058898		
4	6月	119748692	124528772	380733725	1507838978		
5	7月	124080343	128349434	509083159	1512108069		
6	8月	120418861	120837877	629921036	1512527085		
7	9月	123867865	129017892	758938928	1517677112		
8	10月	133648745	132856435	891795363	1516884802		
9	11月	130511081	130274939	1022070302	1516648660		
10	12月	141733455	144757276	1166827578	1519672481		
11	1月	115829607	122949283	1289776861	1526792157		
12	2月	117732498	117312585	1407089446	1526372244		
13	3月	119282798	124053968	1531143414	1531143414		
14	合計	1493576188					

9 Zチャートグラフの作成

Zチャートグラフ作成のため、合計を除いたA列、C列、D列、E列を範囲指定します。飛び飛びの範囲指定は、[Ctrl]キーを押しながら、マウスで範囲指定します。そして、❶をクリックします。

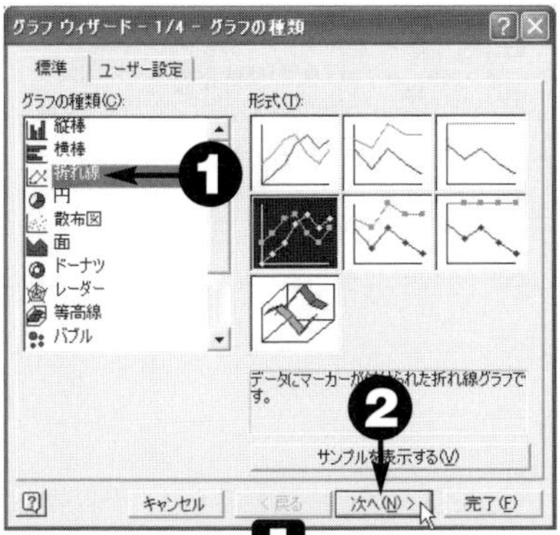

10 折れ線グラフの指定

[グラフの種類] ボックスから❶を選択します。ここでは、新規グラフシートに表示させるため、❷をクリックして [グラフウィザード4／4] まで進みます。

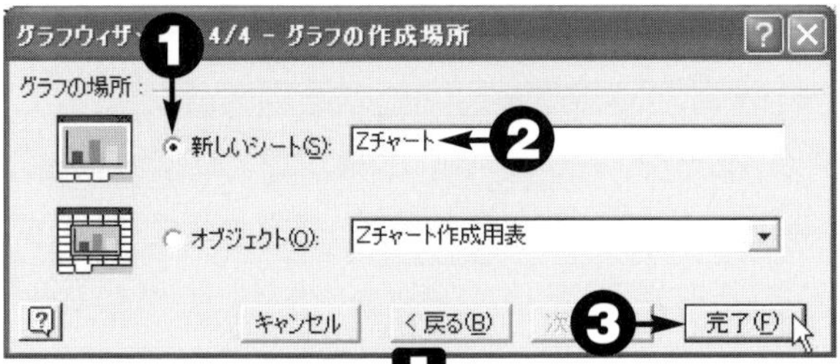

11 新規グラフシートの指定

❶をクリックし、❷にシート名を入力します。❸をクリックします。

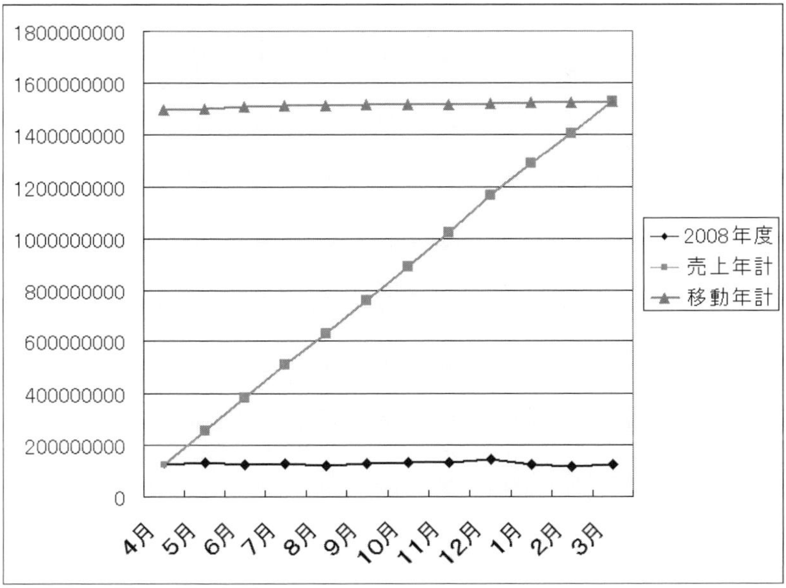

12 Zチャートグラフの表示

新規グラフシートにZチャートのグラフが表示されました。

3 次のヒット商品はファンチャートで見つける

ファンチャートとは、伸びや落ち込みを指数で表すグラフで、売上額などの大小を問わず急激に伸びているものや落ち込んでいるものを見つけ出したりするために利用します。

ファンチャートにすると伸びや落ち込みが把握しやすい

ファンチャートとは、ある基準となる時点、たとえば4月の数値を100%とした場合に、それ以降の時点を4月に対する百分比の指数で表し、成長率を折れ線グラフにしたものです。本来は2つの時点を結ぶものだけをファンチャートと呼び、複数の時点を結ぶものは指数グラフと呼んでいますが、ここでは両方をファンチャートとして取り扱います。

ファンチャートは、伸びや落ち込みを指数で表すため、売上額などの大小を問わず、急激に伸びているもの、落ち込んでいるものを視覚

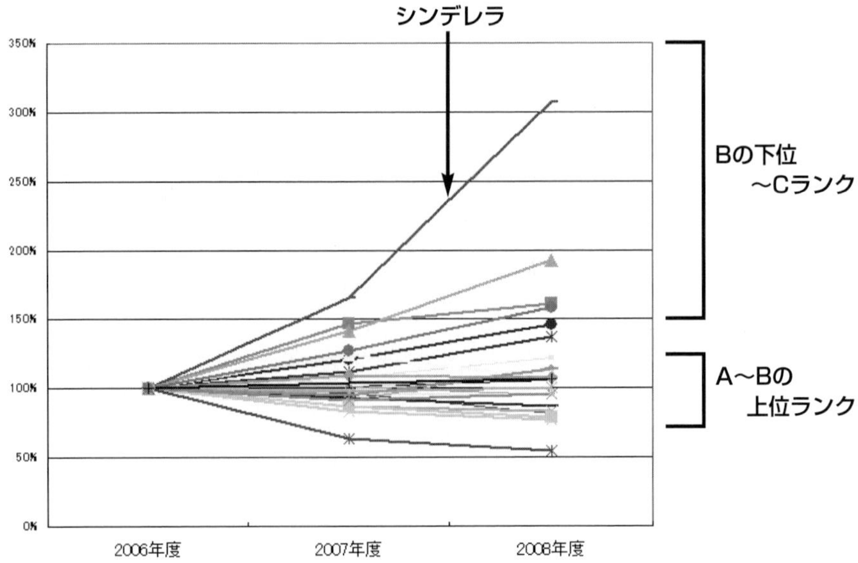

化し、把握しやすくしてくれます。そのため、シンデレラ商品などのように、売上は小さいけれど急激に伸びている商品を発見するときなどに利用されます。

基準点が100%のため、2倍3倍伸びているものは200%、300%の値でグラフ化されます。このような何百%の伸びや落ち込みを示すものは、売上高が小さいCランクのものです。売上高が大きいAランクは、伸びても110%のように急激に何倍も伸びません。一般的に100%前後がAランク、200～300%のものはCランクと予測してグラフを読みます。

ファンチャート利用時にはここに注意

◆いつを基準とするかがポイント

ファンチャートは、基準となる時点の選び方が重要です。売上などの低迷時期を100%の基準にした場合、伸びや落ち込みの傾向が実態より大きく見えます。逆に、一番よく売れている時期を基準にすると、その後の伸びや落ち込みが実態より小さく見える場合があります。

◆縦軸を広げてわかりやすくする

全体的に伸びや落ち込み変化が少なく、あまり上下の差が少ない場合には、折れ線グラフが中心に固まります。その場合は、縦軸の目盛の単位を大きくすることで、判別しやすくなります。エクセルの埋め込みグラフの場合、縦方向にグラフをドラッグして拡大すると、その差が広がりわかりやすくなります。

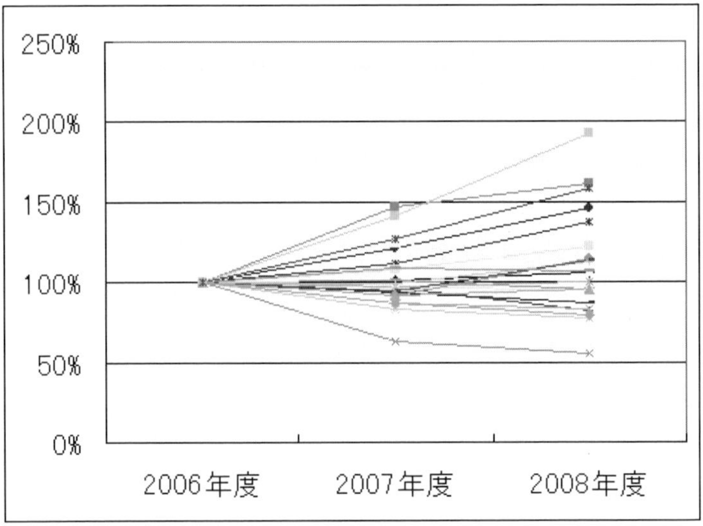
250%
200%
150%
100%
50%
0%
2006年度
2007年度
2008年度

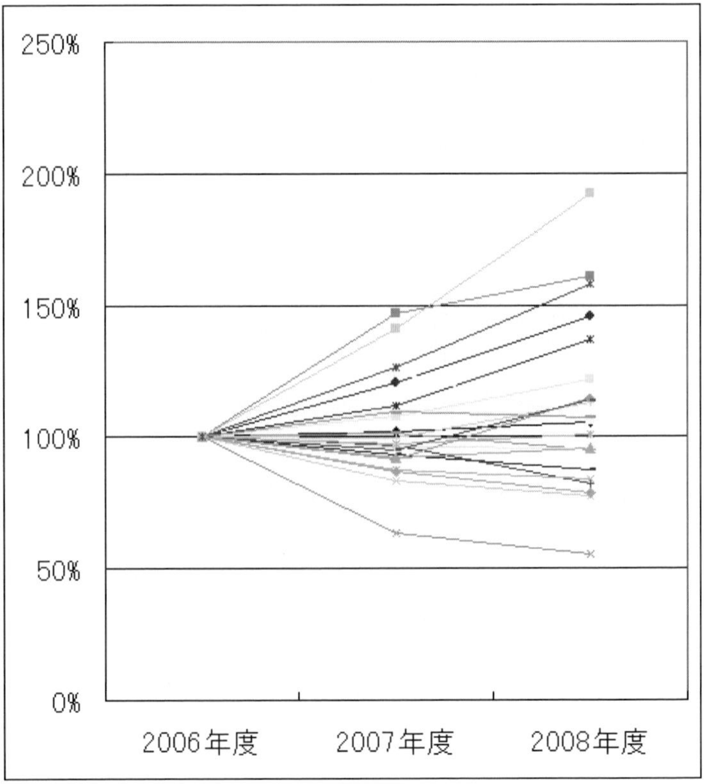
250%
200%
150%
100%
50%
0%
2006年度
2007年度
2008年度

売上データのファンチャートから要注目商品を探る

ここでは、3年分の売上データを利用して、商品のファンチャートグラフを作成し、シンデレラ商品を発見してみましょう。

操作事例 6-3　ファンチャートを作成する

商品別年度別売上表より、2006年度を100として、2007年と2008年の各年度の%を算出し、その表からファンチャートを作成します。ここではピボットテーブルは使わず、通常のエクセルの表から作成します。

	A	B	C	D	E	F	G
1	商品名	2006年度	2007年度	2008年度			
2	いりこのだし	78122000	79354250	82428250			
3	ベーキングパウダ業務用	20393880	29941080	32831760			
4	クリームシチュー	22709940	24933700	24294160			
5	みりん風調味料	28395084	23528376	21929040			
6	いんど風カレー	10399760	11626720	14280560			
7	鰹だし	9757200	11815800	14212800			
8	そうめんつゆ	16333560	15753000	13359960			
9	ベーキングパウダ　中	13338000	12437750	11609000			
10	お子さまカレー	11724720	11889360	11136720			
11	調理用ワイン白	11091600	10656360	10567440			
12	お料理上手の素　グリーン袋	8261910	8903970	10092150			
13	一番カレー　甘口	8910480	11121660	9485880			
14	寿司酢	10884100	9498400	9086100			
15	上白糖	8807400	8561700	8837640			
16	お料理上手の素　青袋	5497000	5021390	6285700			
17	調理用ワイン赤	4460040	4422600	5026320			
18	ポンズ　ゆず風味	1492260	2468400	4577760			
19	上白糖業務用	3237588	3071956	3687900			
20	麺つゆだし　かつお風味	3005700	3283050	3218550			
21	料理塩　純正	3600960	3120480	2835360			
22	コーンスターチ	928200	1313760	1785000			
23	米酢　寿司用	1506960	1380600	1438320			
24	本場のインドカレー	1931160	1220560	1061720			
25	醸造酢　純正	388500	493500	614250			
26	総計	285178002	295818422	304682340			

1 「商品別年度別売上表」を表示する

24件の商品がある商品別年度別売上表です。

⬇

	A	B	C	D	E	F	G
1	商品名	2006年度	2007年度	2008年度	2006年度	2007年度	2008年度
2	いりこのだし	78122000	79354250	82428250	=B2/$B2		
3	ベーキングパウダ業務用	20393880	29941080	32831760			
4	クリームシチュー	22709940	24933700	24294160			
5	みりん風調味料	28395084	23528376	21929040			
6	いんど風カレー	10399760	11626720	14280560			
7	鰹だし	9757200	11815800	14212800			
8	そうめんつゆ	16333560	15753000	13359960			
9	ベーキングパウダ　中	13338000	12437750	11609000			
10	お子さまカレー	11724720	11889360	11136720			

2 各年度の%を算出する 1

各年度の%を計算するセルを用意し（E列、F列、G列）、セルの表示形式をパーセンテージにします。ここでは小数点以下2桁表示とします。E2に「=B2/$B2」と入力します。ここではB列を固定するので、「$B2」とします。E2のセルをコピーし、E2～G26まで貼り付けます。

⬇

	A	B	C	D	E	F	G
1	商品名	2006年度	2007年度	2008年度	2006年度	2007年度	2008年度
2	いりこのだし	78122000	79354250	82428250	100.00%	101.58%	105.51%
3	ベーキングパウダ業務用	20393880	29941080	32831760	100.00%	146.81%	160.99%
4	クリームシチュー	22709940	24933700	24294160	100.00%	109.79%	106.98%
5	みりん風調味料	28395084	23528376	21929040	100.00%	82.86%	77.23%
6	いんど風カレー	10399760	11626720	14280560	100.00%	111.80%	137.32%
7	鰹だし	9757200	11815800	14212800	100.00%	121.10%	145.66%
8	そうめんつゆ	16333560	15753000	13359960	100.00%	96.45%	81.79%
9	ベーキングパウダ　中	13338000	12437750	11609000	100.00%	93.25%	87.04%
10	お子さまカレー	11724720	11889360	11136720	100.00%	101.40%	94.98%

3 各年度の%を算出する 2

これでE列F列G列に、B列の2006年度を100とした割合の新規項目が作成できました。

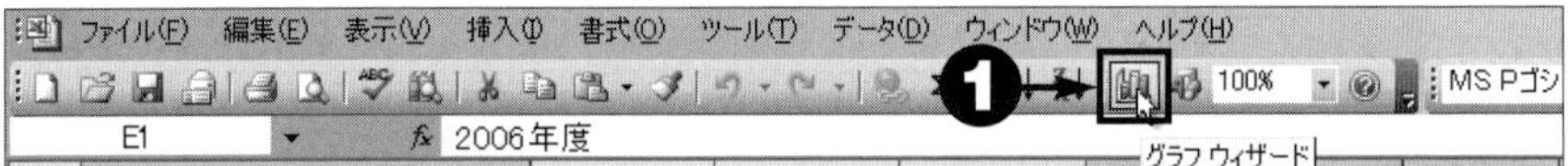

	A	B	C	D	E	F	G
1	商品名	2006年度	2007年度	2008年度	2006年度	2007年度	2008年度
2	いりこのだし	78122000	79354250	82428250	100.00%	101.58%	105.51%
3	ベーキングパウダ業務用	20393880	29941080	32831760	100.00%	146.81%	160.99%
4	クリームシチュー	22709940	24933700	24294160	100.00%	109.79%	106.98%

4 グラフの範囲指定

この例の場合は、A列のA1～A25、E列のE1～E25、F列のF1～F25、G列のG1～G25を範囲指定します。❶をクリックします。

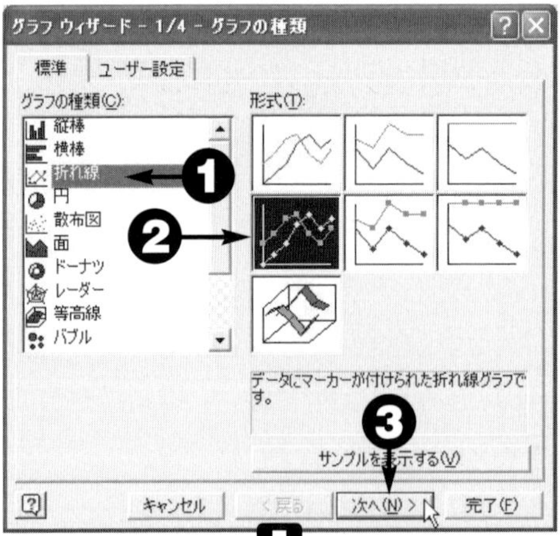

5 グラフの種類の指定

［グラフの種類］から❶を選び、［形式］で❷を選択して、❸をクリックします。

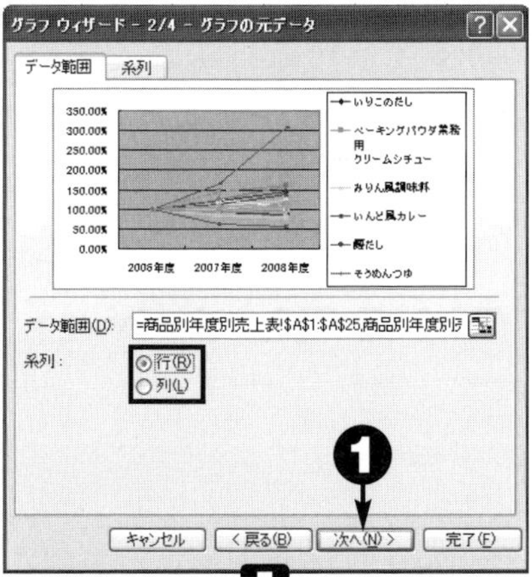

6 系列の指定

[データ範囲]タブの[系列]で[列]が選択されていた場合は、[行]に変更します。❶をクリックし、[グラフウィザード4／4]まで進みます。

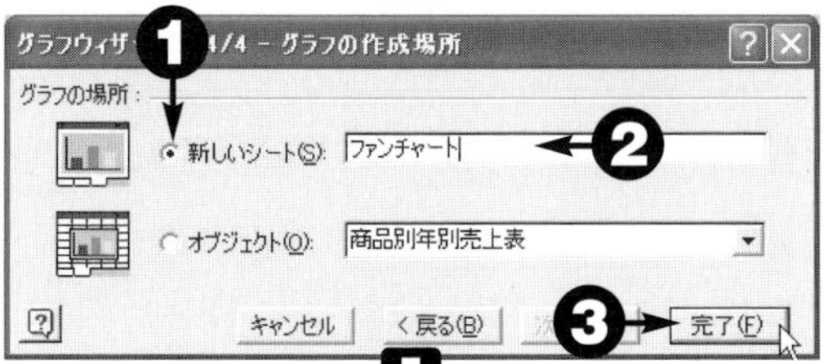

7 新規シートに表示

❶を選択し、❷にシート名を入力して❸をクリックします。

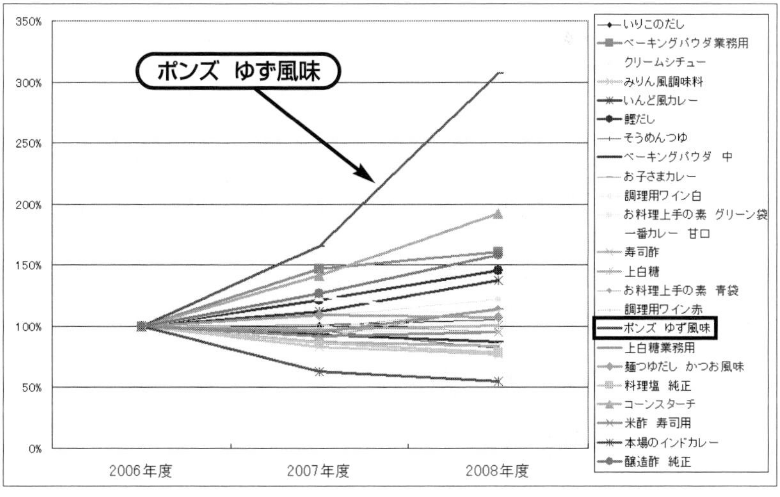

8 ファンチャートの表示

あまりに商品数が多すぎて、どれがどの商品かわかりにくい場合は、商品名を知りたい折れ線グラフの上にマウスポインタを移動させると、ポップアップ表示されます。
この事例では、「ポンズ ゆず風味」がシンデレラ商品であることがわかります。

4　強みと弱みを同時に分析するならレーダーチャートを

レーダーチャートとは、複数項目を総合的に比較するグラフです。それぞれの項目の強みや弱みと、全体としての強み弱みを同時に分析するのに利用されています。

レーダーチャート活用のポイント

元々のレーダーチャートは、時系列の変化などを見るものに利用されていました。時計のように1月から12月までを円の上で表現し、それぞれの月の売上などを結んでその変動を見るものです。これらは、データの推移を折れ線グラフ的に見るもので、本来は推移分析に利用されています。

現在は、複数項目間の値を結び、その全体の面積の大小などで、項目や全体としての強みや弱みを分析するのによく活用されています。

種類	概要	グラフイメージ
時系列レーダーチャート	1月から12月までを時計回りに配置し、それぞれの売上データを月ごとに結んだ時系列の推移を見るグラフです。月ではなく、年度や24時間で表す場合もあります。	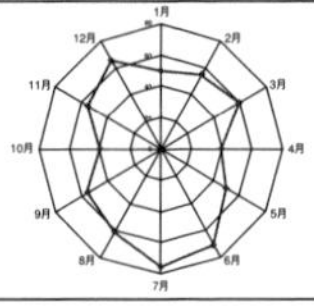
クモの巣レーダーチャート	時系列レーダーチャートがひとつのデータを表すのに対し、こちらは複数の年などを表示します。もともと手書きで作成する場合に、複数年を繋げていたため、クモの巣状になっていました。エクセルでは同心円状に作成されます。	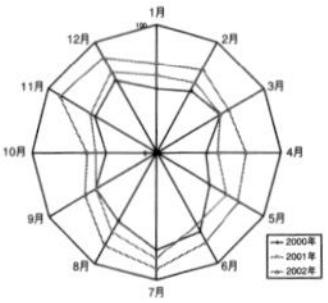
面積比較レーダーチャート	複数項目（5～8程度）の、それぞれの軸の値を結び、作られた形の面積の大小やへこみ具合などで、項目や全体の強みと弱みを分析します。この面積レーダーチャートは、外側にいくほど高い数値になり、正多角形に近いほどバランスが良いとされます。	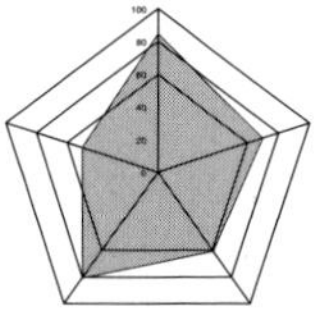

レーダーチャートは5角形～8角形くらいが見やすい

現在、いろいろな評価や価値判断で利用されている「面積比較レーダーチャート」の作成ポイントを説明します。

◆レーダーチャート作成時の注意

軸の数は、通常5～8本ぐらいまでが見やすいようです。レーダーチャート内に複数のデータを表示するときは、3データくらいまでにします。そして、外側にいくほど価値が高いように設定します。ひとつのデータ表示のときには面積を塗りつぶします。複数表示のときには、折れ線で表示します。

複数の比較を、面積で塗りつぶしたレーダーチャートで行いたいときは、複数のレーダーチャートを作り、並べて比較します。

項目	最大値からの率	本来の値	最大値
売上高	70.0%	2100	3000
売上構成比	64.0%	3.2%	5.0%
売上伸び率	80.0%	12.0%	15.0%
粗利益率	83.3%	25.0%	30.0%
在庫回転率	34.3%	12	35

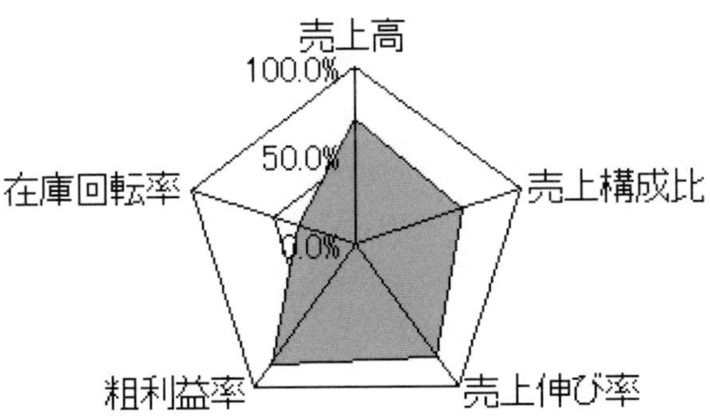

◆エクセルで作るときは目盛軸に注意

エクセルでは、軸の目盛は共通でなければなりません。たとえばテストの点などで最大値が100点ならば、各教科とも同じ目盛を利用します。

単位の異なる項目を同じレーダーチャートに表示する場合は、各項目を100%の単位に計算し直し、その目盛軸で作成します。

前ページの図のように、商品別の成長比較のレーダーチャートを作成する場合、本来の値では「率」と「金額」のように単位がまちまちです。そこで、評価基準の最大値を決めて、その最大値からの率を算定した結果（表の左2列）でレーダーチャートを作成します。

また、エクセルでは範囲指定した表の値から、目盛の最大値が自動的に設定されます。そのため、テストの点などで最高点が60点の場合、最大値が60点になります。こうした場合、[軸の書式]で目盛の最大値を100点に指定します。

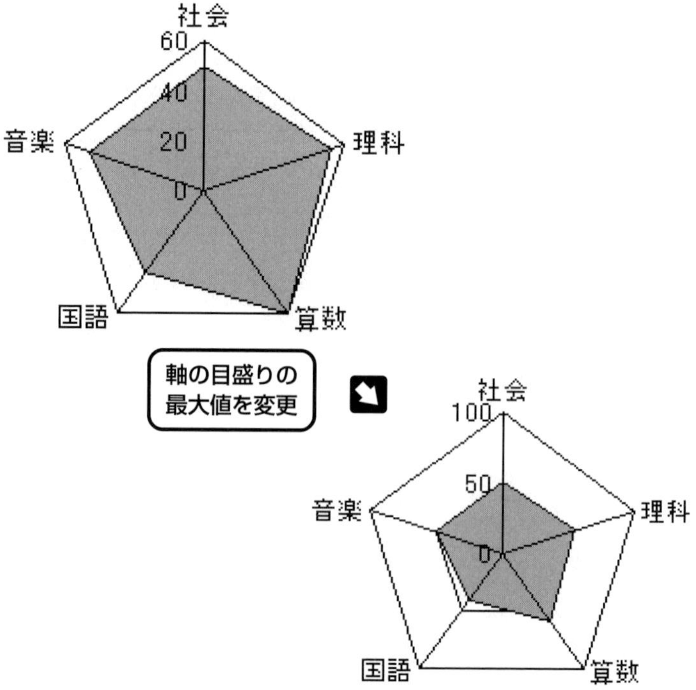

レーダーチャートで商品別評価比較を行おう

前項で紹介した方法で、実際にレーダーチャートを作成する操作を解説します。

操作事例 6-4　レーダーチャートを作成する

ここでは、3種類の商品について、売上高や粗利益率など5項目からなる商品別評価の面積比較レーダーチャートを作成してみます。

項目	A商品	B商品	C商品	A商品の値	B商品の値	C商品の値	最大値
売上高				2100	1500	1000	3000
売上構成比				3.2%	2.3%	1.5%	5.0%
売上伸び率				12.0%	5.0%	10.0%	15.0%
粗利益率				25.0%	20.0%	15.0%	30.0%
在庫回転率				12	20	28	35

1 「商品評価別評価表」を表示する

商品評価別評価表です。3種類の商品を比較します。

	A	B	C	D	E	F	G	H
1	項目	A商品	B商品	C商品	A商品の値	B商品の値	C商品の値	最大値
2	売上高	=E2/$H2			2100	1500	1000	3000
3	売上構成比				3.2%	2.3%	1.5%	5.0%
4	売上伸び率				12.0%	5.0%	10.0%	15.0%
5	粗利益率				25.0%	20.0%	15.0%	30.0%
6	在庫回転率				12	20	28	35

2 最大値を基準に3商品の指数を計算する

B2に「=E2/$H2」と入力し、セルの書式を小数点第一位表示のパーセントにします。B2をコピーしてB2～D6に貼り付けます。

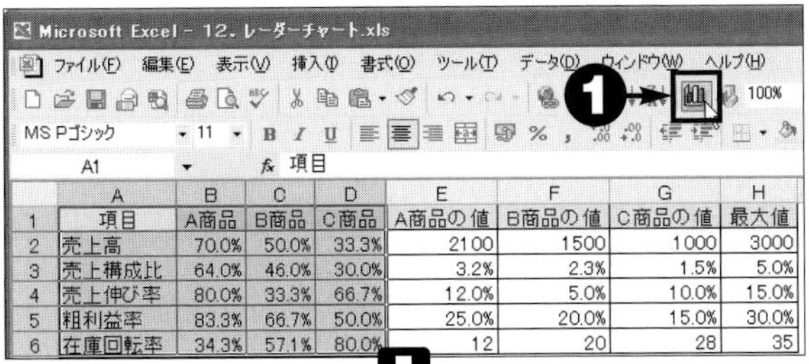

	A	B	C	D	E	F	G	H
1	項目	A商品	B商品	C商品	A商品の値	B商品の値	C商品の値	最大値
2	売上高	70.0%	50.0%	33.3%	2100	1500	1000	3000
3	売上構成比	64.0%	46.0%	30.0%	3.2%	2.3%	1.5%	5.0%
4	売上伸び率	80.0%	33.3%	66.7%	12.0%	5.0%	10.0%	15.0%
5	粗利益率	83.3%	66.7%	50.0%	25.0%	20.0%	15.0%	30.0%
6	在庫回転率	34.3%	57.1%	80.0%	12	20	28	35

3 グラフ化する範囲の選択

グラフ作成のため、A1～D6まで範囲指定し、❶をクリックします。

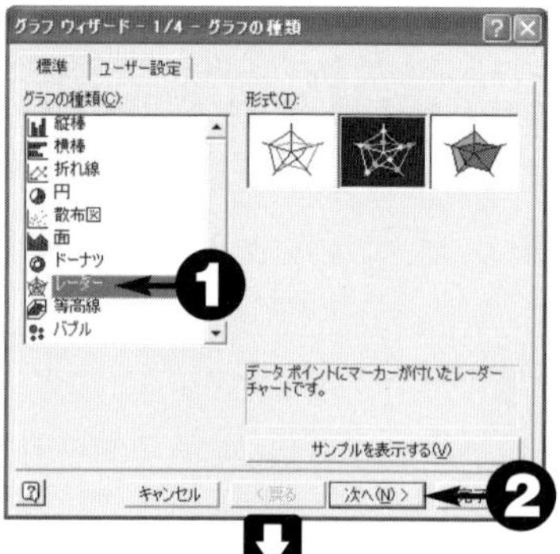

4 グラフの種類の指定

［標準］タブの［グラフの種類］ボックスから❶を選択します。❷をクリックし、「グラフウィザード4／4」まで進みます。［新しいシート］を選択して、ボックスにシート名を入力し、［完了］ボタンをクリックします。

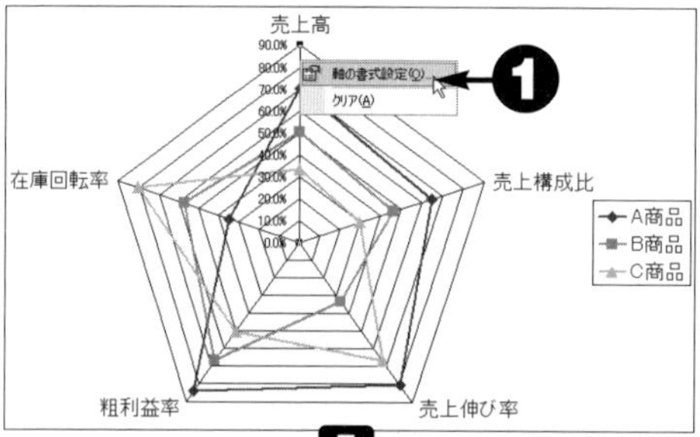

5 補助線の非表示

レーダーチャートの軸上で右クリックし、表示されたメニューから❶をクリックします。

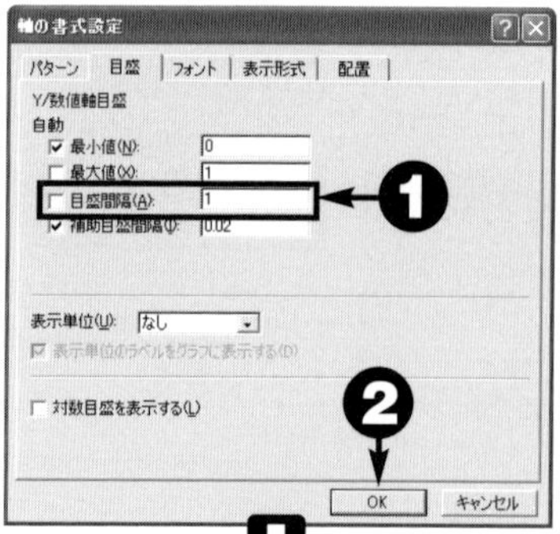

6 目盛りの変更

表示された画面で、［目盛］タブをクリックし、❶に「1」(=100%)を入力します。❷をクリックします。なお、最大値の変更もこの画面で行います([最大値]の値に「1」を入力します)。

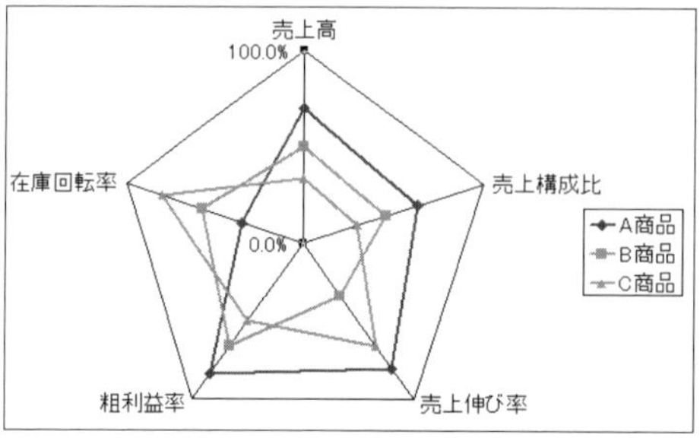

7 レーダーチャートの完成

目盛の補助線が消え、レーダーチャートが表示されました。

このレーダーチャートを見ると、バランスが一番よく、主力商品であるのはA商品であり、B商品は伸び率は低いが、安定した中堅商品と見受けられます。また、C商品は、成長性と回転率の高い低価格商品のパターンが見られます。

5 ランクやクラス別分布状況をヒストグラムで調べる

ヒストグラムは柱状グラフとも呼ばれ、ある階級にわけたデータの度数（個数）をグラフ化したものです。単価ランク別の商品点数や、売上高範囲別の顧客数など、実務でも利用範囲が広いグラフです。

実務で幅広く使えるヒストグラム

ヒストグラムは、ある階級（階層）を設定し、その階級にわけられたデータの度数（個数）をグラフ化して、分析に利用するグラフです。も

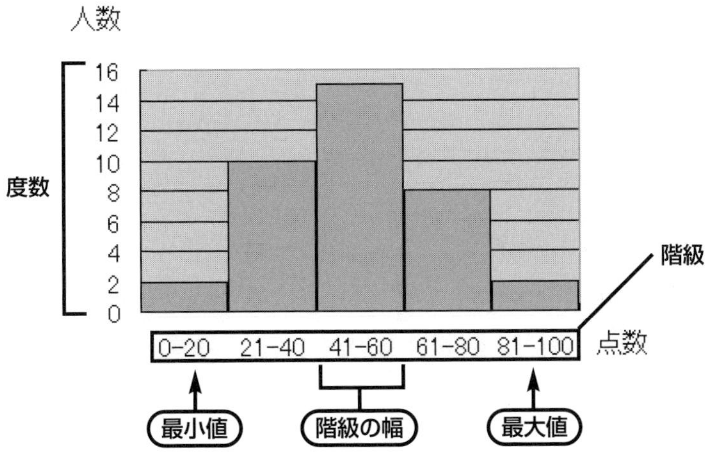

項目	説明
階級（階層）	階層別に分けるデータ
階級の幅	最大値と最小値を見て適宜に階級の幅を決める
度数	その階級毎の発生個数の集計
最大値	階級の最大値
最小値	階級の最小値

ともとは統計学的な利用の多いグラフですが、実務面でも非常に役立つグラフです。これまで紹介してきたグラフのほとんどが、ある要素の集計された金額や数量を表していましたが、このヒストグラムは個数を表すグラフです。

まず、データをある階級にわけます。たとえば、テストであれば100点満点を20点刻みに5階級にわけます。次に、その階級にある個数を集計します。この階級別の個数を縦棒グラフにしたものがヒストグラムです。

ヒストグラム利用のポイント

「個数」を集計するグラフは、物事の全体のバランスと、そのバラツキを分析するうえで不可欠なものです。

全体のバランスは、棒グラフの構成バランスから判断します。釣り鐘型をした構成は「正規分布型」（図A）で、山の中心が平均になります。また、最初が大きく次第に小さくなるような構成は「指数分布型」

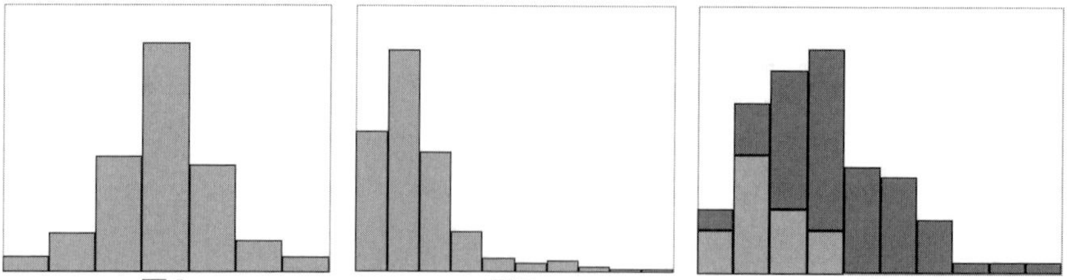

図A　図B　図C

利用項目	階級	階級の幅	度数
売上額ランク別数	売上額	最大値・最小値を10階級ぐらいにわける	顧客数、部門別顧客数、部門別営業数商品数、商品群別商品数
単価ランク別商品数	単価	最大値・最小値を10階級ぐらいにわける	商品数、商品群別商品数
年齢構成別社員数	年齢	5歳区切りにわける	社員数、性別社員数、役職別社員数

(図B)で、山の頂上が最初のほうに位置します。

工場などでの製品の統計的な分布は正規分布型になることが多く、また売上データの分析などでは指数分布型になることが多いようです。応用として、グラフを1項目の単純棒グラフだけでなく、積み上げ縦棒にすれば、度数を詳細に分析することもできます(図C)。

ワンポイント　エクセルで行うヒストグラム作成のポイント

エクセルはアドインソフトに「ヒストグラム」がありますが、ピボットテーブルのグループ化を行えば簡単に作成できます。ヒストグラムの作成のポイントは、階級・階層分けです。この操作をピボットテーブルでは「グループ化」で行います。図のように最大値と最小値が表示され、グループ分けの単位(階級の幅)をいくつにするかを指定します。あとは、個数集計を行い、棒グラフ化するだけです。

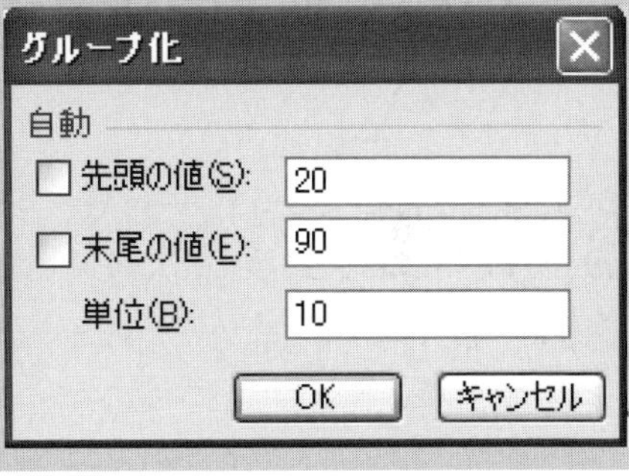

ヒストグラムで得意先の売上高ランク分布を分析してみよう

売上高ランク別得意先数のヒストグラムを作成します。そして、そこからさらに部門別のヒストグラムを作成します。

操作事例 6-5 ヒストグラムを作成する

得意先別売上表から、売上高ランク別に、度数を顧客数としたヒストグラムを作成します。そして、その表に「課名」の項目を加えて、売上高ランク別課別得意先ヒストグラムを作成します。

	A	B	C	D
1	課名	担当者名	得意先名	売上高
2	営業１課	太田　俊正	ニコニコショップ	6,296,857
3	営業１課	太田　俊正	スーパー川岡	7,240,920
4	営業１課	太田　俊正	スーパー高峰	2,203,821
5	営業１課	太田　俊正	東谷スーパー	2,782,679
6	営業１課	太田　俊正	スーパー橋本	2,431,234

操作前の表

1 「売上高別得意先数」の作成

ピボットテーブルを起動し、[売上高] を行欄へ、[得意先名] をデータ欄へドラッグします。

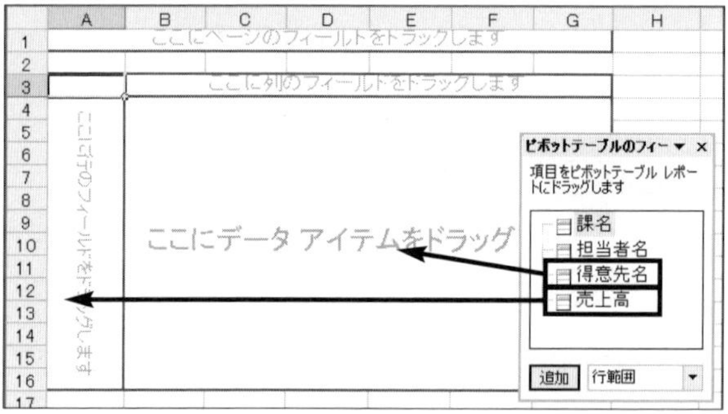

2 階級に分けるためのグループ化の利用

売上高の数字上で右クリックし、表示されたメニューから❶をポイントして❷をクリックします。

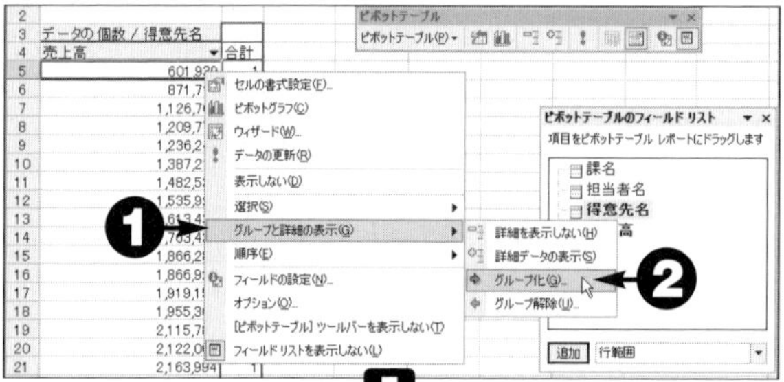

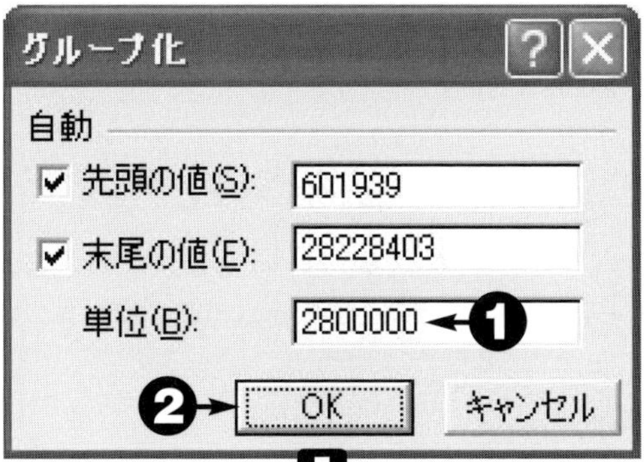

3 階級幅の設定

ここでは、売上額ランク別数で作成するので、10階級に分けます。最大値と最小値の差が、約2800万円なので、その1/10の「2800000」を❶に入力します。❷をクリックします。

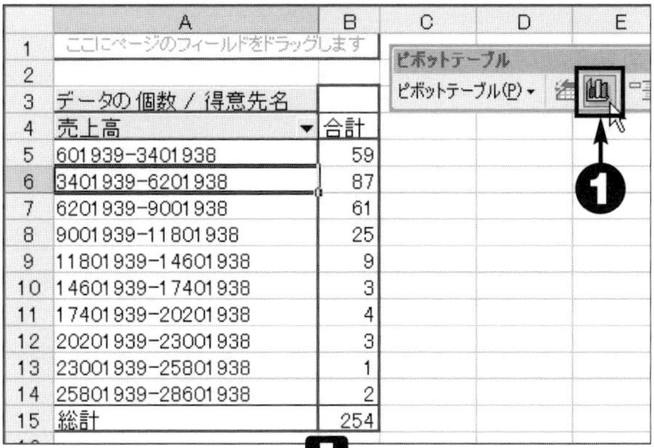

4 グラフの作成

10階級にわけられた表になります。❶をクリックします。

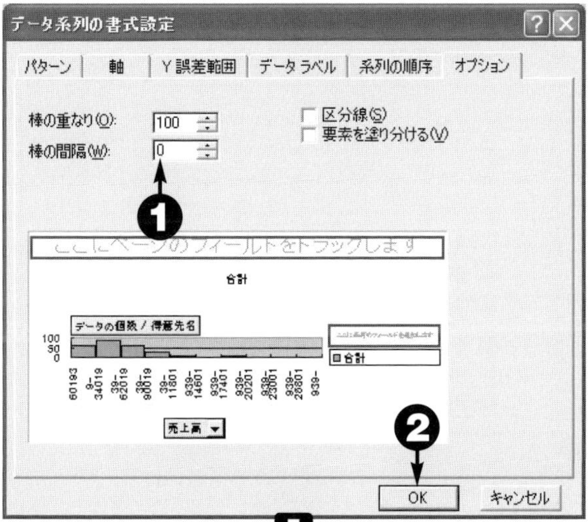

5 グラフ間隔を詰める

作成された棒グラフ上で右クリックし、表示されたメニューから［データ系列の書式設定］を選択します。［データ系列の書式設定］画面で［オプション］タブをクリックし、❶を「0」にして❷をクリックします。

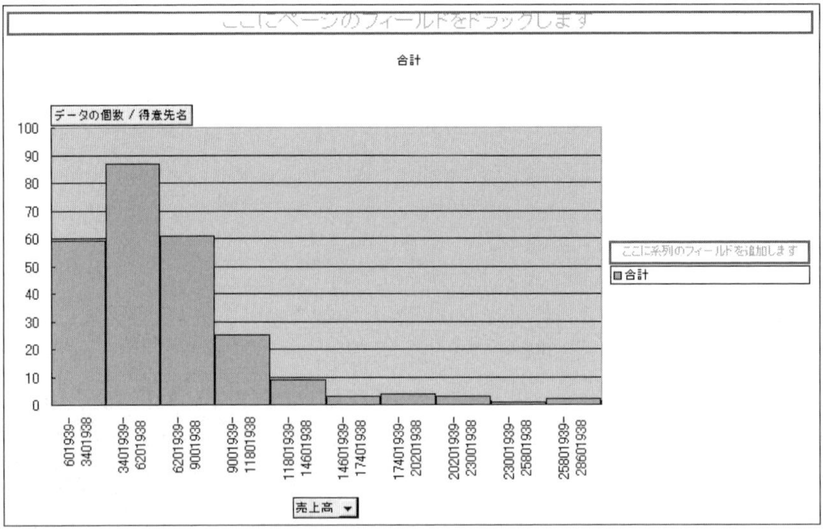

6 売上高ランク別得意先数ヒストグラムの完成

売上階級が低いところに得意先数が多いことがわかります。これは売上高ABC分析グラフと比較するとちょうど逆のパターンになります。

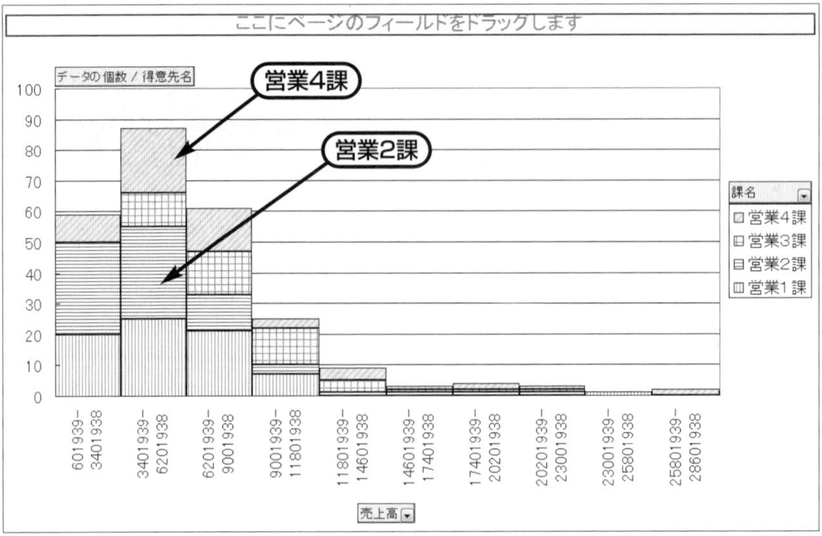

7 さらに課別に分析する

系列欄に「課名」をドラッグすると、売上高ランク別課別得意先数のヒストグラムになります。これを見ると、営業4課（斜め線）の得意先数が少なく、また営業2課（横線）の得意先が売上高の少ない階層に多いことがわかります。

STEP

7

業務別データ分析の実践A to Z

1 営業部門で行うビジネスデータ分析

営業部門で行うデータ分析は、ビジネスデータ分析でも中心的なものです。組織や顧客、商品の動向の分析など、数多くのデータ分析を行います。

営業部門で行うデータ分析項目と観点

営業部門では、営業組織の観点、顧客の観点、商品の観点などの分析項目から見たデータ分析を行います。そして、それぞれの分析項目には、予算と実績の分析、伸びや落ち込みの分析、マーケティングからの分析、売掛債権の分析、在庫の分析などの分析観点があります。

分析項目と分析観点の例は、下記の表のようになります。どの項目でどういった観点から分析を行うかという方針を明確にして、ビジネスデータ分析を行います。

営業部門のデータ分析			分析観点												
			予算と実績の分析	伸び落ち込み分析	マーケティング分析	顧客層の分析	受注動向の分析	売掛債権の分析	粗利益・率の分析	値引の分析	返品の分析	在庫の分析	欠品の分析	発注動向の分析	買掛債務の分析
分析項目	組織	営業部門の分析	●	●	△	●	△	●	●	●	△	●	●		
		営業担当者の分析	●	●	△	●	●	●	●	●	●				
	顧客	顧客・得意先の分析	●	●	●	●	●	●	●	●	●		●		
		業種・チャネルの分析	△	●	●	●	△	●	●	●	△		△		
		地域・エリアの分析	△	●	●	●	△		△	●	△		△		
	商品	商品群の分析	△	●	●				●	△	△	●	●		
		商品の分析	●	●	●		●		●	●	●	●	●	●	△
		仕入先の分析	●	●	●				●	●	●	●	●	●	●

●…利用頻度が高い　△…通常利用

営業部門で行うデータ分析の切り口

営業部門でのデータ分析の基本的な切り口は、収益を拡大させるという観点から分析を行うことです。売上を拡大し、利益を増大させ、ロスやコストを低減させるというそれぞれの観点からデータ分析の切り口や内容を考えます。

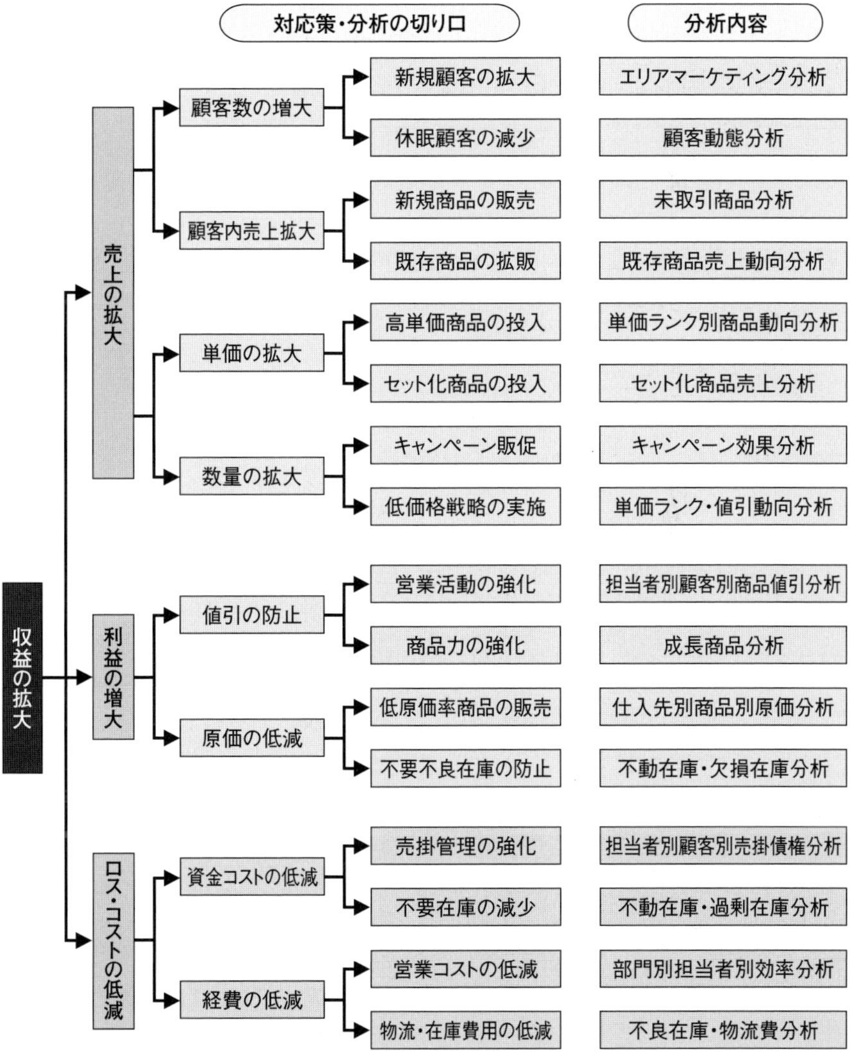

営業部門で最も重要なのは売上伝票明細データ

営業部門分析で最も詳細なデータとなる売上伝票明細データは、データ分析での宝の山です。いつ、誰が、どこに、何を、いくつ、いくらで販売したという、分析すべき全てのデータが入った基本データです。

◆売上伝票明細データからこんなデータが引き出せる

売上伝票明細データは、請求明細データとほぼ同じもので、売上、返品、値引伝票が入った伝票1行1行の明細データです。この売上伝票データは、時間項目、組織項目、顧客項目、商品項目を組み合わせて、各種の数値項目を集計して分析します。

売上伝票明細データの項目例	
時間項目	年月日
組織項目	営業部門
	営業担当
顧客項目	顧客名
	業種名
	地区名
品目項目	商品
	商品群
	仕入先
数値項目	原価
	単価
	売上数量
	売上額
	返品額
	値引額
	消費税額
	粗利額

伝票明細データの分析組合せ例									
時間項目	分析組合せ項目			数値項目					
				売上額	粗利額	値引額	返品額	単価	数量
年月	部門			○	○				
年月	部門	担当		○	○	○	○		○
年月	担当	顧客		○	○	○	○		○
年月	担当	業種	顧客	○	○	○	○		○
年月	担当	地区	顧客	○	○	○	○		○
年月	担当	顧客	商品	○	○	○	○	○	○
年月	商品群	商品		○	○	○	○	○	○
年月	部門	商品群	商品	○	○	○	○	○	○
年月	仕入先	商品群	商品	○	○	○	○	○	○

売上伝票明細データから何が分析できるか

売上伝票明細データの分析は、組織項目、顧客項目、商品項目の各項目を、売上動向分析（伸び・落ち込み分析）、粗利益率分析、値引率・返品率分析の切り口で分析します。時間データが入っている売上伝票明細データは、特に顧客の動態分析や曲がり角分析に有効です。

ワンポイント　動態分析
動態分析とは、顧客が近づきつつあるか、遠のきつつあるかといった関係を、発注（売上）間隔や発注（売上）単位、発注（売上）点数の動きでつかみ、早めに手を打つための分析手法です。売上伝票明細データを利用して、顧客別商品別の売上伝票単位での分析を行います。

ワンポイント　曲がり角分析
曲がり角分析とは、顧客との取引が急に低下したり、上昇したりする曲がり角をつかみ、早めに対処するための分析手法です。特に落ち込みは、曲がりきってからでは遅すぎて、適切な対処ができません。曲がり始めたときをつかんで、対策を立てます。そのために、売上伝票明細データを利用して、月、日の推移分析を行います。

項目	売上伝票明細データの分析例	分析グラフ
部門、担当分析	部門、担当別、月別売上推移分析	折れ線グラフ
	部門、担当別、売上高順位分析	棒グラフ
	部門、担当別、売上高粗利益率推移分析	折れ線グラフ
	部門、担当別、売上高粗利益率順位分析	棒＋折れ線グラフ
	部門別担当別値引率、返品率比較分析	棒グラフ
顧客分析	担当別顧客別、月別売上推移分析	折れ線グラフ
	担当別顧客別、売上高順位分析	棒グラフ
	担当別顧客別、売上高粗利益率推移分析	折れ線グラフ
	担当別顧客別、売上高粗利益率順位分析	棒＋折れ線グラフ
	担当別顧客別値引率、返品率比較分析	棒グラフ
	顧客別商品別、月別売上推移分析	折れ線グラフ
	業種別、地区別、月別売上推移分析	折れ線グラフ
	業種別、地区別、顧客別、売上高順位分析	棒グラフ
	業種別、地区別、売上高粗利益率推移分析	棒＋折れ線グラフ
商品分析	商品群別商品、月別売上推移分析	折れ線グラフ
	商品群別商品別、売上高順位分析	棒グラフ
	商品群別商品別、売上高粗利益率推移分析	折れ線グラフ
	商品群別商品別、売上高粗利益率順位分析	棒＋折れ線グラフ
	商品別値引率、返品率比較分析	棒グラフ

2 経理部門で行うビジネスデータ分析

経理部門では、事実をつかむ「一般会計」、問題点をつかむ「管理会計」、問題点などの要因分析を行う「データ分析」という流れでビジネスデータ分析を行います。

経理部門のデータ分析の流れ

経理部門で行う業務は、まず決算処理を確実に行う一般会計業務が基本です。管理会計業務では、その会計データを元としてPL・BSなどの勘定科目ごとに、予算と実績の比較、部門間の比較、期別月別の

ワンポイント PL、BS

PL (Profit and Loss statement)とは、損益計算書のことであり、決算時に作成する、一定期間の収益と費用、利益を表した表のことです。
BS (Balance Sheet)は、決算時に作成する、ある時点での賃借対照表のことであり、資産と負債、資本を表した表です。

会計業務	作成資料や行う業務
一般会計	決算処理を行う 仕訳伝票処理・合計残高試算表作成・総勘定元帳作成 決算書作成（貸借対照表・損益計算書等の作成）など
管理会計	問題点の発見と事実の分析を行う 経営分析（経営比率分析）・予算実績比較分析・期別推移分析・月別推移分析・四半期別推移分析・部門間比較分析　など
ビジネスデータ分析	問題点の要因の分析を行う 損益計算書要因分析（売上・原価分析、販売管理費分析） 貸借対照表要因分析（売掛債権分析、棚卸資産分析） 製造原価報告書要因分析 （原材料仕入在庫分析、外注加工費分析）　など

推移の比較、3ヶ年比較経営比率分析などを行います。

この管理会計で発見された問題点や課題の要因分析を行うのが、経理部門のデータ分析です。特に多量なデータの発生する販売管理費や、売上債権などの科目の分析がポイントです。

経理部門のデータ分析で利用するデータ例

経理部門では、財務会計システムで多様な集計資料が作成でき、管理会計では、各種の比較資料や経営分析資料が作成・利用できます。

そのため、ビジネスデータ分析は、仕訳データや総勘定元帳データなどの一般会計業務での詳細データ、複数期の部門別勘定科目別の月別データなどの管理会計データを元に、問題点の要因や原因分析を中心にして行います。

また、売上債権や棚卸資産、買掛債務の分析は、販売管理データの担当別顧客別売掛データや商品在庫データ､仕入伝票明細データなど、ほかのデータも利用して分析を行います。

経理部門のデータ分析例	利用するデータ
部門別科目別分析（複数階層での自由集計分析）	期別部門別科目別月別推移データ
部門別販売管理費分析（伸び落ち込み分析）	期別部門別科目別月別推移データ
勘定科目別推移分析（伸び落ち込み分析）	総勘定元帳明細データ
売掛債権分析（問題担当・顧客分析）	総勘定元帳明細データ 担当別顧客売掛データ
棚卸資産分析（不良資産分析）	総勘定元帳明細データ 商品在庫データ
買掛債務分析（急増仕入先分析）	総勘定元帳明細データ 仕入伝票明細データ
部門別人件費分析（急増部門分析）	期別部門別科目別月別推移データ 給与台帳明細データ
販売管理費別摘要分析（急増経費分析）	仕訳伝票明細データ

部門別科目推移データを分析してみよう

ここでは、経理部門で行うデータ分析例として、販売管理費の伸びの動向分析とその要因分析を、期別部門別科目別月別データを利用してドリルダウン分析で行う方法を紹介します。

操作事例 7-1 経理部門で行うデータ分析例

販売管理費で落ち込んでいる科目の要因分析を、3期間（35期～37期）の部門別科目別月別のデータを利用して行います。今回は通信費の部門別分析を行います。

	A	B	C	D	E	F	G	H	I
1	期	部門	科目	4月	5月	6月	7月	8月	9月
2	35期	営業部	給与	1,403,899	1,331,831	1,335,332	1,383,100	1,350,716	1,359,253
3	35期	営業部	交際費	89,569	114,330	121,254	255,213	98,413	120,993
4	35期	営業部	交通費	354,871	341,688	325,701	361,882	308,156	308,810
5	35期	営業部	賞与	0	0	0	1,920,801	0	0
6	35期	営業部	販売手数料	664,320	552,343	511,323	567,631	405,534	555,226
7	35期	営業部	給与	1,269,745	1,289,586	1,223,594	1,324,612	1,258,173	1,300,378
8	35期	営業部	交際費	95,095	103,563	83,570	262,501	80,547	69,487

操作前の表

	A	B	C	D	E
1	ここにページのフィールドをドラッグします				
2					
3	合計 / 年間計	期			
4	科目	35期	36期	37期	総計
5	給与	271376964	298320338	325493637	895190939
6	運送費	110279677	119925402	134201192	364406271
7	役員報酬	77994583	81159805	85431373	244585761
8	賞与	67927470	74594418	81545900	224067788
9	保管料	58344163	61887057	65767711	185998931
10	法定福利費	57879328	59060525	62564115	179503968
11	賃貸料	43786367	44273369	45537502	133597238
12	通信費	42496863	43341565	42977161	128815589
13	減価償却費	46993903	38837926	32364938	118196767
14	販売手数料	26361615	29412801	32008968	87783384
15	荷造費	26314099	29326704	31602932	87243735
16	広告宣伝費	21889947	29691333	32133477	83714757
17	交通費	24913997	27088320	28722782	80725099
18	交際費	19496672	21197314	22709073	63403059
19	地代家賃	18106292	18106292	18891700	55104284
20	販売促進費	14334887	19765431	20442063	54542381
21	消耗品費	17529335	18015748	18669168	54214251
22	修繕費	15129102	16198169	16699143	48026414

ピボットテーブルのフィールド
項目をピボットテーブル レポートにドラッグします
期
部門
科目
4月
5月
6月
7月
8月
9月
10月
11月
12月
1月
2月
3月
年間計

1 科目別期別推移表の作成

ピボットテーブルを起動し、[科目] を行欄へ、[期] を列欄へ、[年間計] をデータ欄へドラッグします。「統計」の数値をクリックし、[降順に並べ替え] ボタンをクリックします。

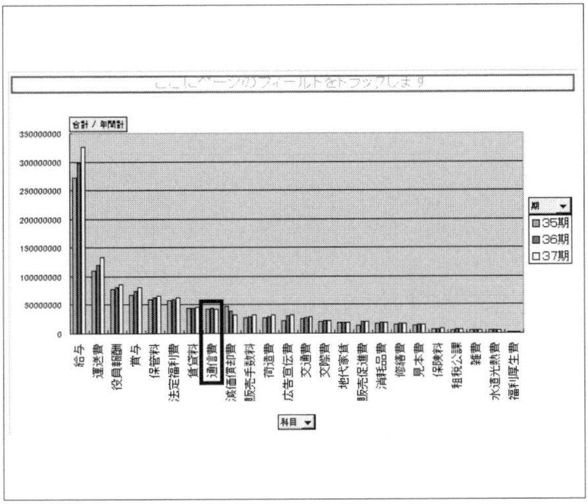

2 ピボットグラフで動向を調べる

[グラフウィザート] ボタンをクリックし、そのグラフの種類を集合縦棒に指定します。

ワンポイント　販売管理費グラフの動向

この3期は売上が伸びているという前提のうえで、この推移を見ると、「給与」「運送費」などはすべて上昇しています。顧客の伸びも順調ならば、伸びていない費目が異常ということになります。ここでは通信費が伸びていないので、その要因分析を行います。

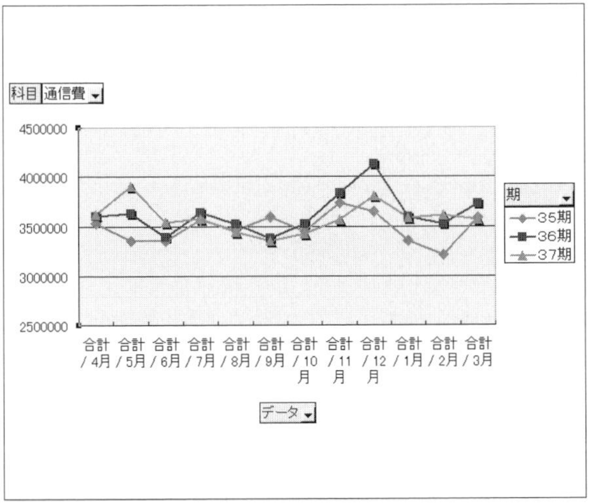

3 通信費推移グラフの作成

ピボットテーブルのシートを表示し、[科目] をページ欄へ移動して「通信費」を条件指定します。[年間計] を削除し、データ欄へ [4月] ～ [3月] まで順番にドラッグします。ピボットグラフを作成し、折れ線グラフにします。

ワンポイント　会社の通信費推移グラフ

36期が37期をほとんど上回っています。なぜ通信費は伸びなかったのでしょうか?　ドリルダウンして、部門別に見ます。まず、通信費の一番多い営業部を見てみます。

STEP7 業務別データ分析の実践A to Z

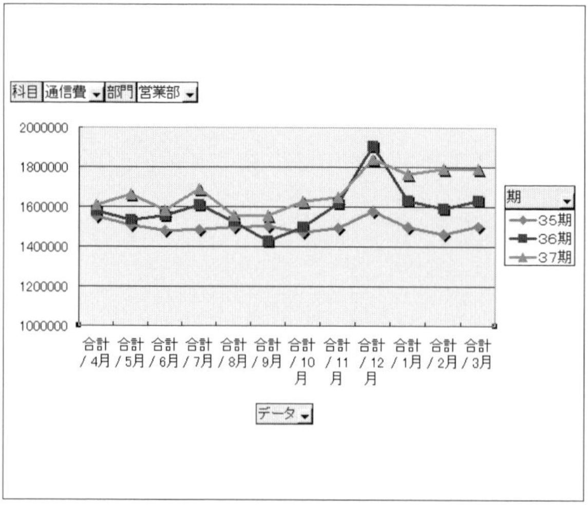

4 営業部の通信費推移グラフの作成

ページ欄に［部門］をドラッグし、その中の「営業部」を指定します。

ワンポイント 営業部の推移グラフからわかること

全社と異なり、営業部は37期が36期を上回っています。なぜでしょうか。その答えは現場にありました。営業部では37期から全員に携帯電話が配布され、通信費が増加したのです。では、次に通信費の多い仕入部を見てみます。

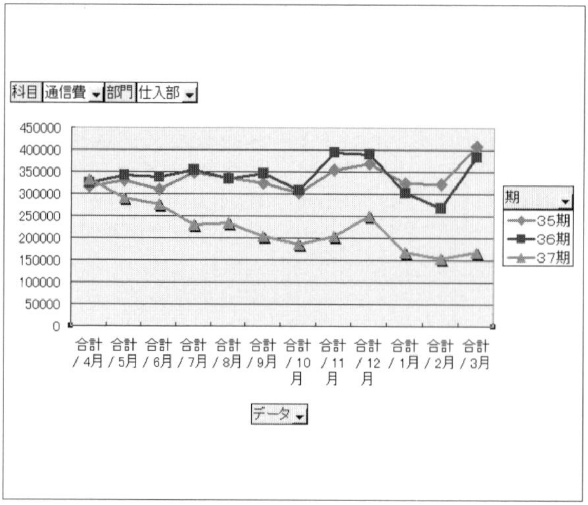

5 仕入部の通信費推移グラフの作成

ページ欄の［部門］で、「仕入部」を指定します。

ワンポイント 仕入部推移グラフ

37期は落ち込みが大きく、この全社の落ち込み要因のようです。現場に聞くと、今まで市外通話で行っていた仕入交渉を、37期から電子メールに変えたと判明しました。電話による交渉先の減少が通信費の低下につながったのです。

3　企画部門で行うビジネスデータ分析

企画部門は、経営陣の参謀部門です。数々の経営戦略の元になるデータや数字を作成し、意思決定の支援材料として経営陣へ提供します。そのプロセスでビジネスデータ分析を行います。

利用するのは社内データと外部データ

企画部門でのビジネスデータ分析は、社内外のデータを利用して経営戦略立案に役立つデータを作成することが目的です。

企画部門が利用する社内データには、販売データ、財務データ、人事データ、生産データなどがあり、社内の実態把握と課題の発見にまず利用します。

また、外部データには、業界データや競合会社データ、マーケット（市場）データ、エリア（地域）データなどがあり、世の中全体の実態把握と、これからの対策立案のための課題発見に利用します。

社内データは、多量のデータリスト形式のデータで、さまざまな角度からデータ分析を行うことができます。また、社外データは集計されたデータが多く、社内の集計データと比較して利用します。

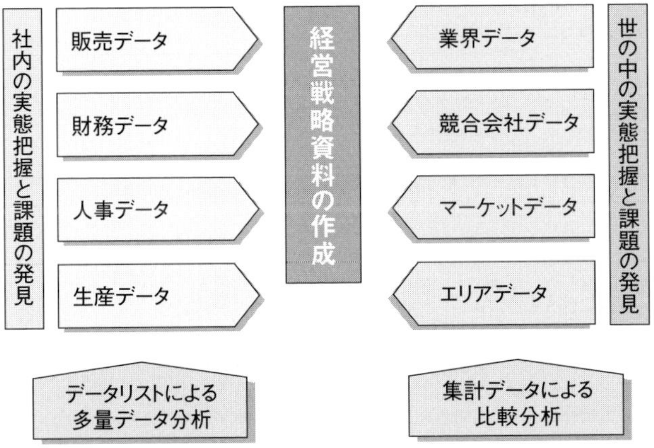

◆企画部門のデータ分析で何ができるか

企画部門では、社内の実態把握、課題発見、対策立案を目的として、販売データ、財務データ、人事データ、生産データのビジネスデータ分析を行い、経営戦略立案の基礎資料を作成します。

項目	企画部門のビジネスデータ分析例	利用するデータ
販売データ分析	・全社売上損益動向分析 ・部門拠点別売上損益動向分析・要因分析	部門別販売データ 部門別損益データ
	・業種・チャネル別売上利益動向分析 ・地域別業種別売上利益動向分析・要因分析 ・主要顧客別売上利益動向分析 ・エリアマーケティング動向分析	顧客別販売データ
	・商品群別売上利益動向分析・要因分析 ・主要商品別売上利益動向分析 ・商品群別部門拠点別在庫動向分析	商品別販売データ 部門拠点別在庫データ
	・主要仕入先別動向データ ・商品群別仕入先別動向データ	仕入先別データ 商品別仕入データ
財務データ分析	・企業損益推移分析　（損益構造分析） ・部門別損益推移分析　（課題部門要因分析）	PL損益科目推移データ
	・流動資産分析　（当座資産・棚卸資産分析） ・固定資産分析　（不要資産分析） ・流動負債分析　（買掛支払分析） ・固定負債分析　（長期借入金分析）	BS科目推移データ
	・販売管理費動向分析　（経費削減検討分析） ・給与・賞与分析　（人件費対策分析）	PL販管費科目推移データ
	・製造原価分析（製造原価構造分析） ・労務費分析（過剰人員分析） ・外注加工費分析　（取引再検討分析）	製造原価データ
人事データ分析	・全社人員動向分析（部門・役職・性別分析） ・人員構成分析（部門別役職別年齢構成分析） ・職能、資格分析（組織移動分析）	人事データ
	・部門別人件費動向分析　（給与賞与費用分析） ・給与体系分析　（基本給・諸手当等分析）	給与台帳データ
生産データ分析	・工場別生産効率分析（生産高人員分析） ・工場別経費分析（経費削減検討分析） ・工場別物流費分析（生産ライン再検討分析）	工場別生産人員データ 製造原価データ
	・製品別生産動向分析（生産高・仕掛在庫分析） ・製品別製造原価分析（製造コスト削減分析） ・原材料在庫分析（不要在庫分析）	製品別生産データ 製造原価データ 原材料仕掛品在庫データ

4 エリアマーケティングで行うデータ分析

エリアマーケティングでのデータ活用は、社内データの分析からスタートします。そして、外部データとの比較を行い、これからの戦略立案を行います。

販売データから新たな販売戦略を練る

エリアマーケティングは、エリアの市場動向に合わせた販売戦略を立案するために行います。その進め方は、社内のエリアの実態をつかむことからスタートします。

販売データを利用したビジネスデータ分析を行い、その実態の把握と課題の発見を行います。そして、外部情報と比較し、その差異からこれまでの問題点とこれからの課題を見出します。その認識を持ったうえで、外部エリア情報を利用して、人口・世帯数とその傾向や産業特

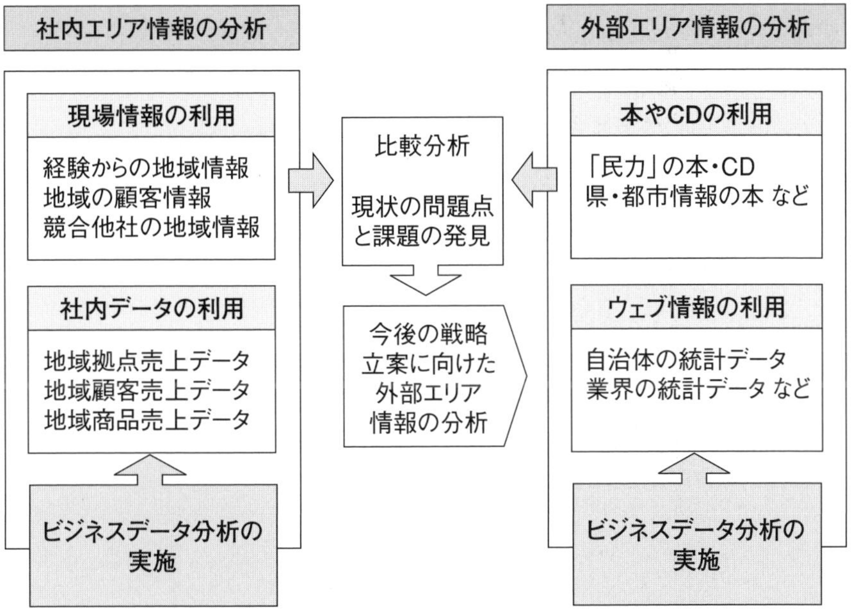

性、市場特性など、エリアの今後の販売戦略につながるマーケティング分析を行います。

これらを簡易的に行うのが、社内エリアデータやウェブエリアデータなどを利用して行うビジネスデータ分析です。

◆社内データでのエリア情報分析

社内データで行うエリア情報分析は、「地域の拠点売上データ」「地域の顧客売上データ」「地域の商品売上データ」の3つのデータを利用します。まずは比較分析や推移分析を行い、それぞれの実態をつかむことから始めます。

◆ウェブデータでのエリア情報分析

まず、総務省統計局や都道府県、市、業界団体などのウェブ上の統計データを利用してエリアの状況を分析します。これらのデータは、表やエクセルデータとしてウェブページに公開されています。

利用する所	利用するデータ
総務省統計局 （http://www.stat.go.jp/）	国政調査、事業所・企業統計調査、家計調査、労働力調査などを利用
地方自治情報センター （http://www.lasdec.nippon-net.ne.jp/）	地方公共団体のサイトリンク情報
Web商工会議所名簿 （http://www.cin.or.jp/cin-cgi/me_list99open.asp）	全国の商工会議所のサイト情報
全国中小企業団体中央会 （http://www.chuokai.or.jp/）	全国の中小企業組合のサイト情報、業種別情報の利用
地域情報ナビ impulse （http://www.impulse-navi.ne.jp/）	都道府県別ポータルサイト、統計情報のサイト情報を利用

統計データの収集方法と活用法

ウェブ上の統計データは、表形式で表示されているものと、エクセルデータをダウンロードするものなどがあります。ここでは、表形式の統計データを、エクセルで利用する方法を説明します。

操作事例 7-2 ウェブ上の表データをエクセルに取り込む

自治体のウェブ上の表形式の統計データを、エクセルに取り込む方法を説明します。今回は、東京都千代田区のホームページの統計情報「区のあらまし」の「町丁別世帯数および人口」を利用します。

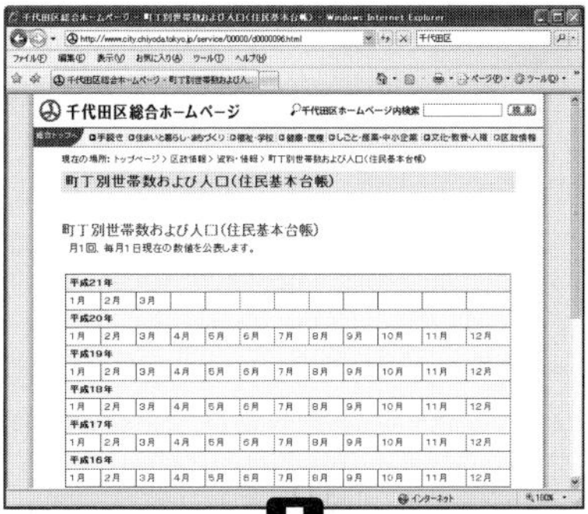

1 統計データのあるウェブページの表示

入手したい統計データがあるウェブページを表示します。ウェブページ上の表をエクセルにコピーするときは、インターネット・エクスプローラーを利用します。この表を、エクセルの白紙シートにコピーします。

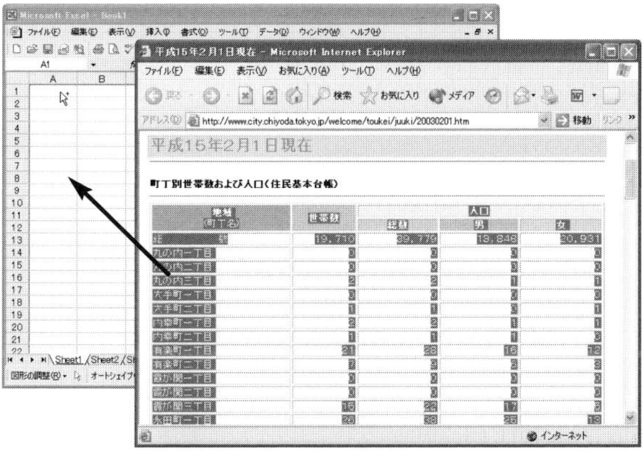

2 ウェブページからエクセルへドラッグ&ドロップでコピー

ウェブページの表上で、文字や数字を範囲指定します。次に、範囲指定エリア上でマウスの左ボタンを押し、そのままマウスをドラッグしてエクセルの白紙シートに移動させ、左ボタンを放します。

ワンポイント 表のコピー

ウェブページ上で、「表」として作成されたものは、上記の操作でエクセルシートにコピーすることができます。ただし、絵として表示されている表は利用できません。

地域（町丁名）	世帯数	人口		
		総数	男	女
総数	19,710	39,779	18,848	20,931
丸の内一丁目	0	0	0	0
丸の内二丁目	0	0	0	0
丸の内三丁目	2	2	1	1
大手町一丁目	0	0	0	0
大手町二丁目	1	1	0	1
内幸町一丁目	2	2	1	1
内幸町二丁目	1	1	1	0
有楽町一	21	[illegible]	16	12

3 表が貼り付けられる

エクセルシートに表がそのままのデザインでコピーされます。

（町丁名）	世帯数	人口総数	男人口	女人口
丸の内一丁目	0	0	0	0
丸の内二丁目	0	0	0	0
丸の内三丁目	2	2	1	1
大手町一丁目	0	0	0	0
大手町二丁目	1	1	0	1
内幸町一丁目	2	2	1	1
内幸町二丁目	1	1	1	0
有楽町一丁目	21	28	16	12
有楽町二丁目	7	9	6	3
霞が関一丁目	0	0	0	0
霞が関二丁目	0	0	0	0
霞が関三丁目	15	22	17	5
永田町一丁目	26	38	25	13
永田町二丁目	179	274	158	116
隼町	328	448	338	110
平河町一丁目	351	638	289	349
平河町二丁目	260	504	224	280
麹町一丁目	228	479	226	253
麹町二丁目	153	[illegible]	145	186

4 表を修正する

表の見出行を1行に修正します。なお、ウェブ上の表は、見出項目が2行で作成されていることが多く見受けられます。ピボットテーブルで利用するデータリスト形式の表は、見出行が1行でなければなりません。シートにコピー後、見出し行を1行に修正します。

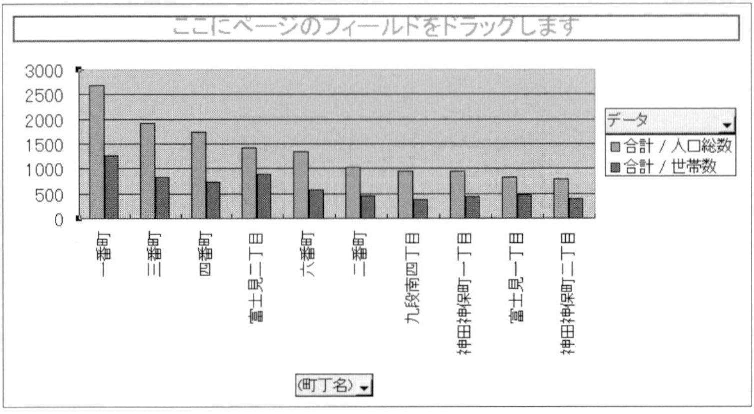

5 データ分析の開始

見出行が1行になれば、後は普通のピボットテーブルやピボットグラフの操作を行います。

5 広告部門で行うデータ分析

広告部門で行うデータ分析は、マーケティングデータや、アンケートデータ、販売データを利用して、広告対象の分析や、広告内容の分析、広告効果の分析を行います。

広告部門のビジネスデータ分析の流れ

広告部門では、外部の市場調査情報やマーケティング情報と、自社の販売データをベースとして、広告対象の分析や広告内容の分析、広告効果の分析を行います。

外部情報では、各種の市場調査情報、商品カテゴリー別の市場動向、メディア別の広告効果や費用などの情報、視聴率や広告注目率などの情報を利用し、また、業界ごとのマーケティング情報などを入手し

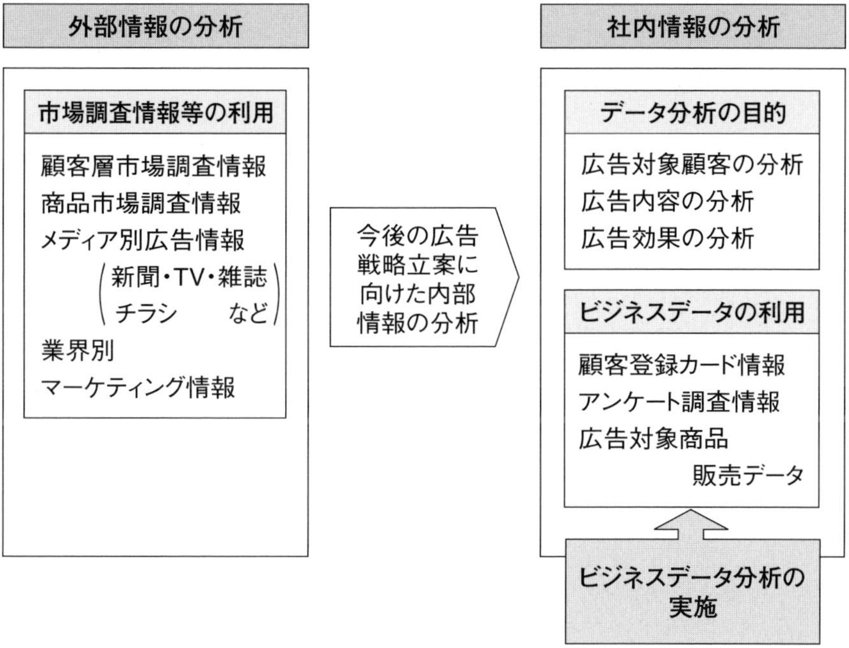

ます。

多くの場合、これらは集計情報です。そこで、これらの情報との比較と、社内の実態把握を行うために、社内の「顧客登録データ」「アンケート調査データ」「商品販売データ」などを利用してビジネスデータ分析を行います。

項目	分析観点	分析の内容
顧客層分析	個人顧客層分析	ユーザー登録した顧客を、登録年月・地域・年齢・年代・性別・職業別・購入商品・購入店舗・購入理由などの観点から分析
	法人顧客層分析	取引年月・地域・業種・従業員数・資本金・系列・主取引商品・対応部門拠点などの観点から分析
アンケート分析	回答者属性分析	回答者の属性を度数と割合で分析し、棒グラフで度数、内訳グラフで割合を示す
	単純集計分析	質問項目単位の分析、棒グラフで度数、内訳グラフで割合を示す
	クロス集計分析	質問項目と質問内容、複数の質問項目同士などのクロス集計分析を行う
	コメント分析	自由記述のコメントを属性や質問項目単位にまとめて表示
商品分析	商品別購入者分析	ユーザー登録データから、ある商品を購入した顧客の属性を分析
	広告商品販売分析	広告実施期間の販売データから、ある商品の売上推移、地域別販売動向、顧客層別動向、店舗別販売動向、関連販売商品動向などを分析
	広告効果分析	広告実施期間と、広告しなかった期間の商品別販売動向を、販売データを利用し比較して分析

◆広告部門で利用するデータと分析内容

広告部門が社内データで行うビジネスデータ分析は、「顧客データ」「アンケートデータ」「商品販売データ」などの多量なデータを用います。

顧客データは、現状の顧客を分析し、今後の広告ターゲットの選定資料とした「顧客層分析」に利用します。アンケートデータは、ユーザー登録時や調査会社を利用した市場調査アンケートなどを元に入手したものを、より詳細な顧客のニーズや実態把握を行い、今後の商品開発や広告戦略に役立てる「アンケート分析」に用います。

そして、商品販売データは、購入済み商品の顧客層分析や、広告期間の販売動向の分析、広告期間と期間外との販売動向分析による効果把握といった「商品分析」に利用します。

ワンポイント　アンケート分析専門の市販ソフト

アンケート分析には、SPSSなどの分析専門ソフトや、自由記述式アンケート分析ソフトなど、数々の市販ソフトが販売されています。また、エクセルのアドインとして販売されている分析パッケージソフトもあります。

ワンポイント　クロス集計

1～2の項目を行欄に、別項目1つを列欄に置いて表を作成し、集計を行うデータ集計や分析を「クロス集計」と呼びます（右表は一番シンプルな例）。ピボットテーブルは、クロス集計の進化したものです。

	購入済み	購入予定	購入しない
女性	20	30	50
男性	40	40	20
全体	60	70	70

アンケートデータを分析してみよう

多量なアンケートデータを元に、顧客属性分析、質問項目の単純集計分析、質問項目と内容・質問項目同士のクロス分析などを、ピボットテーブル・グラフで行います。

操作事例 7-3 アンケートデータを分析する

OAソフトセミナーのアンケートデータを利用して、まずはグラフで属性分析を行い、次に度数と割合の入ったクロス分析を行います。

	A	B	C	D	E	F	G	H
1	受付No	住所地域	性別	年齢	年代	職業別	セミナー評価	ITレベル
2	1	杉並区	男性	58	50代	自営業	5	4
3	2	新宿区	女性	18	10代	高校生	4	4
4	3	新宿区	男性	18	10代	高校生	4	3
5	4	新宿区	女性	22	20代	大学生	4	3
6	5	新宿区	男性	46	40代	その他	4	2
7	6	杉並区	男性	47	40代	自営業	5	4

I	J	K	L	M
ホーページを持っている	インターネット利用	自宅にパソコン所有	Officeソフトを利用	受付締切日
0	1	1	1	2002/1/24
0	1	1	1	2002/1/24
0	0	1	1	2002/1/24
0	1	1	1	2002/1/24
0	0	0	0	2002/1/24
0	1	1	1	2002/1/24

1 アンケートデータの表示

これは、OAソフトのセミナーのアンケート集計データで、受講者のプロフィールと、セミナー評価、そしてIT利用状況が入ったアンケートです。

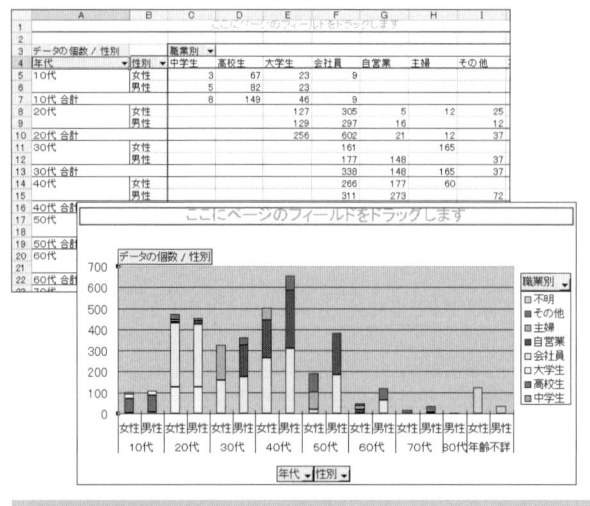

	A	B	C	D	E	F	G	H	I
1									
2									
3	データの個数 / 性別		職業別						
4	年代	性別	中学生	高校生	大学生	会社員	自営業	主婦	その他
5	10代	女性	3	67	23	9			
6		男性	5	82	23				
7	10代 合計		8	149	46	9			
8	20代	女性			127	305	5	12	25
9		男性			129	297	16		12
10	20代 合計				256	602	21	12	37
11	30代	女性				161		165	
12		男性				177	148		37
13	30代 合計					338	148	165	37
14	40代	女性				266	177	60	
15		男性				311	273		72
16	40代 合計								
17	50代								
18									
19	50代 合計								
20	60代								
21									
22	60代 合計								

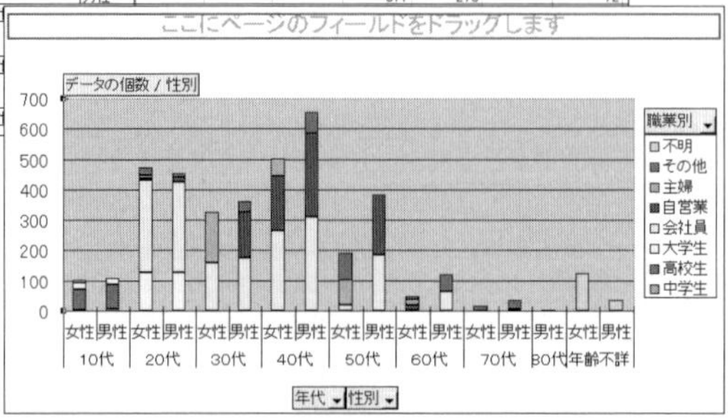

2 属性グラフの作成

ピボットテーブルを起動し、[年代][性別]を行欄へ、[職業別]を列欄へ、[性別]をデータ欄へ、それぞれドラッグして個集計します。わかりやすく、職業別にデータを並べ替えます。それをピボットグラフにします。

ワンポイント 属性グラフ

この属性グラフは、セミナーに参加した人々の年代別性別職業別グラフです。20代は男女とも会社員が多く、40代は、男女とも自営業が多いことがよくわかります。

3 年代別ITレベル別のクロス表を作成

次に、ピボットテーブルのシートを表示してすべての項目を外し、白紙にします。[年代]を行欄へ、[ITレベル]を列欄へドラッグします。続けて、[年代]を2回データ欄にドラッグし、個数集計を行います。度数（個数）と割合を表示させるための準備です。

	A	B	C	D	E	F	G	H
1	ここにページのフィールドをドラッグします							
2								
3			ITレベル ▼					
4	年代 ▼	データ ▼	2	3	4	5	無回答	総計
5	10代	データの個数 / 年代	91	21	96	4		212
6		データの個数 / 年代2	91	21	96	4		212
7	20代	データの個数 / 年代	215	131	540	38	4	928
8		データの個数 / 年代2	215	131	540	38	4	928
9	30代	データの個数 / 年代	180	89	387	31	1	688
10		データの個数 / 年代2	180	89	387	31	1	688
11	40代	データの個数 / 年代	308	186	606	58	1	1159
12		データの個数 / 年代2	308	186	606	58	1	1159
13	50代	データの個数 / 年代	144	111	294	27	2	578
14		データの個数 / 年代2	144	111	294	27	2	578
15	60代	データの個数 / 年代	45	32	79	10	2	168
16		データの個数 / 年代2	45	32	79	10	2	168
17	70代	データの個数 / 年代	16	7	23	3		49
18		データの個数 / 年代2	16	7	23	3		49
19	80代	データの個数 / 年代	1		1			2
20		データの個数 / 年代2	1		1			2
21	年齢不詳	データの個数 / 年代	75	18	54	2	9	158
22		データの個数 / 年代2	75	18	54	2	9	158
23	全体の データの個数 / 年代		1075	595	2080	173	19	3942

4 割合の表示

「年代2」を割合表示にします。「データの個数／年代2」のセル（B6）で右クリックし、表示されたメニューから［フィールドの設定］を選択します。表示された［ピボットテーブルフィールド］画面で、❶をクリックし、❷を選びます。❸をクリックします。

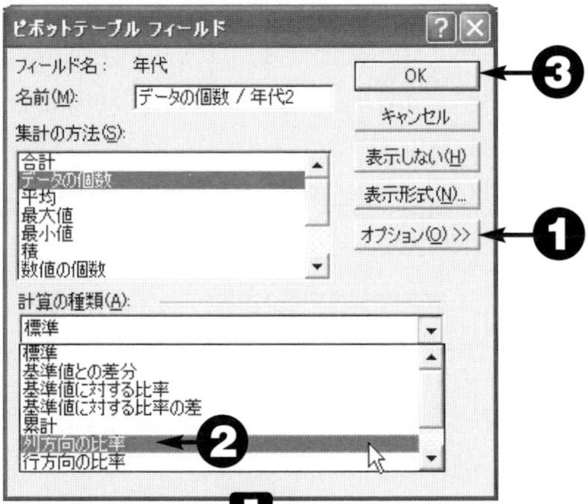

5 見出名称の変更

「データの個数／年代」の項目を「度数」に、「年代2」を「割合」に見出を変更すると、画面のようなクロス集計表ができ上がります。

	A	B	C	D	E	F	G	H
2								
3			ITレベル ▼					
4	年代 ▼	データ ▼	2	3	4	5	無回答	総計
5	10代	度数	91	21	96	4		212
6		割合	42.92%	9.91%	45.28%	1.89%	0.00%	100.00%
7	20代	度数	215	131	540	38	4	928
8		割合	23.17%	14.12%	58.19%	4.09%	0.43%	100.00%
9	30代	度数	180	89	387	31	1	688
10		割合	26.16%	12.94%	56.25%	4.51%	0.15%	100.00%
11	40代	度数	308	186	606	58	1	1159
12		割合	26.57%	16.05%	52.29%	5.00%	0.09%	100.00%
13	50代	度数	144	111	294	27	2	578
14		割合	24.91%	19.20%	50.87%	4.67%	0.35%	100.00%
15	60代	度数	45	32	79	10	2	168
16		割合	26.79%	19.05%	47.02%	5.95%	1.19%	100.00%
17	70代	度数	16	7	23	3		49
18		割合	32.65%	14.29%	46.94%	6.12%	0.00%	100.00%
19	80代	度数	1		1			2
20		割合	50.00%	0.00%	50.00%	0.00%	0.00%	100.00%
21	年齢不詳	度数	75	18	54	2	9	158
22		割合	47.47%	11.39%	34.18%	1.27%	5.70%	100.00%
23	全体の 度数		1075	595	2080	173	19	3942
24	全体の 割合		27.27%	15.09%	52.77%	4.39%	0.48%	100.00%

❗ ワンポイント　クロス集計

ピボットテーブルの一番の得意技がクロス集計です。項目を自由にスライス&ダイスして、いろいろな切り口のクロス集計表を作成できます。

6 自治体業務で行うデータ分析

企業でのデータ分析だけでなく、自治体でも数多くのビジネスデータ分析が行えます。データ分析は、自治体業務そのものの大きな仕事のひとつです。

豊富なデータをサービス向上につなげる

自治体の業務活動のひとつがデータ集計やデータ分析です。各部署において、「現状の分析→課題の抽出→情報の公開→住民との共通理解」と、データの面から見た情報加工と活用が求められています。

個々の情報の持つ意味を「取り出し」、その中から問題点や要因を「読み取り」ます。さらに、その成果を組織内で共有し、組織の健全な前進に向けて利用します。それらを住民に積極的に公開することにより、開かれた自治体と住民サービスの向上につながります。

そのためには、客観性があり、現状分析に必要な情報資源である「予算・決算」「人口」「国勢調査」などの各種指定統計調査結果や、行政各部署の施策成果、各施設の施策成果などのデータを駆使して、データ

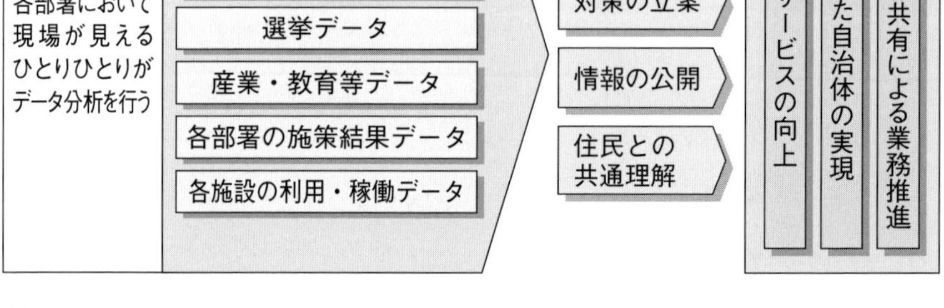

分析を行います。単年度だけでなく、中期、長期的な年度データを利用したデータ分析は、行政活動に新たな視点や道標を与えてくれます。

◆自治体でのビジネスデータ分析活用シーン

自治体業務での代表的なビジネスデータ分析は、一般会計の決算書の分析、人口統計の増減などの分析、指定統計分析による国税調査データ分析、行政報告関連データの分析などがあります。それぞれを階層化したり、切り口を変化させてグラフ化したりして、分析します。

項目	データ分析項目例	概要
一般会計分析	一般会計歳出決算	款、項、目、節別に歳出の推移分析を行う
	一般会計歳入決算	款、項、目、節別に歳入の推移分析を行う
	財政指標分析	おもな財政指標の推移分析を行う
	決算統計	歳出歳入のおもな科目の構成比推移分析
人口統計分析	人口統計分析	年齢別、男女別、行政区別、階層別に分析
	人口増減分析	総人口増減、出生死亡、転入転出推移分析
	高齢者動態分析	年齢別推移、5歳単位推移、構成比分析
	青少年動態分析	年齢別推移、5歳単位推移、構成比分析
指定統計分析	国勢調査:5歳階層分析	5歳階層別人口の推移・構成比分析
	国勢調査:家族構成分析	世帯の家族類型、世帯人員などの推移・構成分析
	国勢調査:住居世帯分析	住居種類、世帯数などの推移・構成比分析
	国勢調査:就業者分析	産業別・地位別就業者数の推移・構成比分析
	工業・商業統計調査分析	事業所数・従業員数などの推移・構成比分析
	学校基本調査	学校数・学級数・学年別数の推移・構成比分析
行政報告分析	住民基本台帳分析	戸籍、住民票、印鑑登録などの取扱件数分析
	公債費借入支出分析	公債費の借入、支出の内訳推移分析
	税務課業務分析	町民税、固定資産税などの取扱分析
	生涯学習利用分析	公民館、児童館、福祉センターなどの利用分析
	国民健康保険動態分析	加入、給付、診療費などの推移動態分析

操作手順索引

索引

[さ行]

[た行]

[な行]

[は行]

住中 光夫 (mitsuo@suminaka.com)

広島県生まれ　広島大学卒業
情報システムコンサルタント
コンピュータを販売サポートする立場、企業の情報システム部門で構築する立場、経営者として情報を見る立場の三点を経験し、情報システムコンサルタントとして20数年のキャリアを持って活躍中。

情報システムの構築·活用などのコンサルティングや、営業や幹部社員などの情報活用社員教育、情報システム活用のセミナー講師などを年100回ほど行っている。

パソコンを駆使して行う提案営業手法や、実際に顧客のデータで行うデータ分析手法などは、多くの現場の営業の方や管理職の方の仕事を楽しくし、また効率アップを図っている。

また、春と秋に毎年実施されているマイクロソフト社の「The Microsoft Conference」のセミナーで、数多くの講師陣の中から3回連続して受講者からNo.1の評価を受けている。マイクロソフト社でのWebセミナーや、「Excelでマスターするビジネスデータ分析実践の極意」(アスキー·メディアワークス)「PowerPointでマスターする　勝ち抜く提案プレゼン実践の極意」(アスキー·メディアワークス)「売上が伸びる　ビジネスデータ分析術」(日経BPソフトプレス)など、情報活用のWebサイトや著書を発表している。

システムリサーチ＆コンサルト株式会社　代表取締役
情報発信サイト　www.suminaka.com
E-mail　mitsuo@suminaka.com

●本書の読者アンケート、各種ご案内、お問い合わせ方法は下記よりご覧ください。
小社ホームページ　http://asciimw.jp/
※ただし、本書の記述を超えるご質問（ソフトウェアの使い方など）にはお答えできません。

売上向上、業務効率化に直結
エクセルだけで実践！データ分析

2009年 4月30日　初版 発行

著　者　住中 光夫
発行者　髙野 潔
発行所　株式会社アスキー・メディアワークス
〒160-8326　東京都新宿区西新宿4-34-7
編集 0570-003030
発売元　株式会社角川グループパブリッシング
〒102-8177　東京都千代田区富士見2-13-3
営業 03-3238-8605（ダイヤルイン）
印刷・製本　大日本印刷株式会社

ISBN978-4-04-867660-1 C2030

カバーデザイン　ヒラノコウキ＋上野レイコ（有限会社ワンズマーク）
本文デザイン／制作　神田 美智子
編集協力　ジャムハウス（井上健語）

ビジネスアスキー書籍編集部　編集長　木下 修
編　集　市嶋 佑宇